GERHARD BINKERT

Gewerkschaftliche Boykottmaßnahmen im System des Arbeitskampfrechts

Schriften zum Sozial- und Arbeitsrecht

Band 54

Gewerkschaftliche Boykottmaßnahmen im System des Arbeitskampfrechts

Von

Dr. Gerhard Binkert

DUNCKER & HUMBLOT / BERLIN

Gedruckt 1981 bei Buchdruckerei Bruno Luck, Berlin 65
Printed in Germany
ISBN 3 428 04849 0

Vorwort

Die Diskussion des Arbeitskampfrechts, deren Ende auch mit den Urteilen des Bundesarbeitsgerichts vom 10. 6. 1980 kaum prognostiziert werden kann, ist nahezu ausschließlich auf die Kampfmittel Streik und Aussperrung konzentriert. Mag dieser Primat angesichts der sozialen Faktizität zwar durchaus begründet sein, so ist doch nicht zu legitimieren, andere Arbeitskampfmittel, wie beispielsweise Boykott, weitgehend in einen wissenschaftlichen Randbereich abzudrängen, mit dem inhaltlich häufig eine restriktive Beurteilungstendenz einhergeht. Hiermit würde nicht nur der prinzipielle Freiheitsrechtscharakter des Art. 9 Abs. 3 GG zugunsten institutioneller Sichtweisen eingeengt. Materiell verknüpft wäre zugleich eine Reduzierung des arbeitskampfrechtlichen Handlungsspielraums, da insbesondere die Gewerkschaften — deren Verwiesensein auf die „Angreiferrolle" jüngst auch vom Bundesarbeitsgericht attestiert wurde — das Risiko von Arbeitskämpfen in juristisch ungesichertem Terrain scheuen (müssen).

Für die Praxis stellen sich Konsequenzen einer ungenügenden wissenschaftlichen Aufbereitung bestimmter Formen des Arbeitskampfes vor allem dann ein, wenn judikativ über sie zu befinden ist. Anhand der Boykottgeschehen in der Seeschiffahrt im Jahre 1973 werden diese Folgen deutlich. Die hierzu ergangene Judikatur ist vom Ansatz her uneinheitlich und im Ergebnis widersprüchlich; ein Resultat, das die wissenschaftlichen Defizite deutlich widerspiegelt.

Eine Einordnung des Arbeitskampfmittels Boykott in das System des Arbeitskampfrechts ist Aufgabe und Ziel der vorliegenden Untersuchung. Im Ansatz war hierzu eine Loslösung sowohl von den zivilrechtlichen Implikationen des auch dort bekannten Kampfmittels Boykott als auch von den speziell für Streik und Aussperrung geltenden arbeitskampfrechtlichen Kriterien geboten. Ausgangspunkt der Überlegungen mußte vordringlich Art. 9 Abs. 3 GG sein, dessen — umstrittener — Norminhalt zu bestimmen war. Insofern stellt die Arbeit auch einen Beitrag zum Umfang der Koalitionsfreiheit des Art. 9 Abs. 3 GG dar.

Die thematische Anregung zu der Arbeit, die dem Fachbereich Rechtswissenschaft der Freien Universität Berlin im Sommersemester 1980 als Dissertation vorgelegen hat, ging von *Prof. Dr. Horst Konzen* aus, dem ich hierfür sowie für die zahlreichen Gespräche über den

Gegenstand der Untersuchung danke. Gerade die nicht selten kontroversen Standpunkte haben mich in einer Reihe von Punkten zum Überdenken eigener Positionen veranlaßt; dies hat meine Problemsicht sicher geschärft.

Mein Dank gilt weiterhin Herrn Ministerialrat a. D. Prof. Dr. J. Broermann für die Aufnahme der Arbeit in die Schriftenreihe zum Sozial- und Arbeitsrecht.

Berlin, im Februar 1981

Gerhard Binkert

Inhaltsverzeichnis

Erster Teil

Sozialgeschehen des Boykotts und prinzipielle Wertungsmaßstäbe innerhalb der Rechtsordnung

Zweiter Teil

Verfassungsrechtliche und arbeitskampfsystematische Problematik der Boykottfälle

Dritter Teil

Konsequenzen der verfassungsrechtlichen und arbeitskampfsystematischen Grundlagen für die Boykottbewertung im einzelnen

Erster Teil

Sozialgeschehen des Boykotts und prinzipielle Wertungsmaßstäbe innerhalb der Rechtsordnung

§ 1 Einführung in die Problematik

I. Die Boykottgeschehen in der Seeschiffahrt als aktualtypische Realform

Die rechtswissenschaftliche Diskussion des fast „vergessenen" Arbeitskampfmittels „Boykott" ist aktualisiert durch Kampfmaßnahmen der Gewerkschaft ÖTV, die diese im Jahre 1973 gegen eine Reihe von sogenannten Außenseiter-Reedereien — mit Erfolg — durchführte[1].

Ausgangspunkt dieser Kampfmaßnahmen war eine tarifpolitische Umstrukturierung des Verbands Deutscher Reeder, des tariflichen Gegenspielers der ÖTV im Bereich der Seeschiffahrt. Dieser hatte im Jahre 1972 seine Arbeitgeberverbandseigenschaft abgelegt und innerhalb seiner Organisation eine Tarifgemeinschaft gebildet, der die Mitgliedsreeder nicht notwendig angehören mußten und der infolgedessen nicht mehr sämtliche Reeder beitraten. Zur Erreichung eines tariflichen Gesamtgefüges in der Seeschiffahrt versuchte die ÖTV daraufhin, für diese (Außenseiter-)Reedereien ihrerseits eine Tarifbindung, meist durch Anschlußtarifverträge, zu bewirken.

Sie verlangte daher im Jahre 1973 von den betreffenden Reedern ultimativ den Abschluß von eigenen oder Anschlußtarifverträgen, zumindest aber durch Beitritt zur Tarifgemeinschaft eine Tarifbindung zu bewirken. Gegenüber Reedern, die tarifunwillig blieben, führte die ÖTV daraufhin Kampfmaßnahmen mit Unterstützung ihrer internationalen Dachorganisation ITF (Internationale Transportarbeiter-Förderation) durch. Diese bestanden neben einem Streikaufruf an die Schiffsbesatzungen darin, daß die Abfertigung der Schiffe der auf eine „schwarze Liste" gesetzten, nicht tarifwilligen Reeder in den

---

[1] Eingehende Darstellung des Sachverhalts bei *Gröbing*, in: Kittner (Hrsg.), Streik und Aussperrung, S. 107 ff.; *Säcker*, Boykott, S. 5 ff.; *Seiter*, Arbeitskampfparität, S. 15 ff.; jeweils mit Zahlenbelegen.

angelaufenen Häfen dadurch verhindert wurde, daß die entsprechenden Hafenarbeiter die Schiffsentladung verweigerten. Über die ITF konnten diese Maßnahmen international[2] durchgeführt und so ein Ausweichen der Reeder auf ausländische Häfen verhindert werden.

II. Meinungsstand zu den Boykottfällen in der Seeschiffahrt

Die bezeichneten Aktionen der ÖTV wurden Gegenstand zweier Rechtsstreite[3] sowie einer Reihe von wissenschaftlichen Abhandlungen[4]. Als deren Fazit ergeben sich eine uneinheitliche systematische Einordnung sowie beträchtlich divergierende Bewertungen der rechtlichen Zulässigkeit der Maßnahmen.

1. Begriffliche Einordnung

Seiter[5] rückt bei seiner Einordnung der Geschehen die Arbeitsniederlegung der Hafenarbeitnehmer gegenüber dem Hafenarbeitgeber, mit der die Sperre der Reeder faktisch bewirkt wurde, in den Vordergrund. In diesen sieht er das *unmittelbare Kampfmittel gegen den Reeder* selbst, nicht aber ein Druckmittel gegenüber dem eigenen Hafenarbeitgeber, um ihn zur (freiwilligen) Blockierung der inkriminierten Schiffe zu bewegen. Auf der Basis dieser Akzentuierung gelangt er zu einer Qualifizierung der Maßnahmen als bestimmte (Sonder-) Form des Sympathiestreiks, dessen Eigenart darin bestehe, daß zusammen mit dem (sympathie-)bestreikten Hafenarbeitgeber zugleich und unmittelbar der im Hauptkampf stehende Arbeitgeber (Reeder) von den Folgen der Arbeitseinstellung betroffen werde.

Demgegenüber verklammern die Judikatur[6] und das übrige Schrifttum[7] das Geschehen mit dem finalen Bezug zum Hauptkampf zwi-

---

[2] z. B. in Dänemark, vgl. BAG AP Nr. 6 zu Art. 1 TVG Form.

[3] ArbG Stuttgart, SeeAE Nr. 1 (I) zu Art. 9 GG; LAG Baden-Württemberg, AR-Blattei, Arbeitskampf IV, Entsch. 1 = SeeAE Nr. 1 (II) zu Art. 9 GG = AuR 1974, 316 ff. – ArbG Lübeck, SeeAE Nr. 2 (I) zu Art. 9 GG; LAG Schleswig-Holstein, SeeAE Nr. 2 (II) zu Art. 9 GG; BAG AP Nr. 6 zu § 1 TVG Form. – Vgl. weiter: LAG Schleswig-Holstein, SeeAE Nr. 2 (IV) zu Art. 9 GG; ArbG Hamburg, SeeAE Nr. 3 zu Art. 9 GG; ArbG Lingen, SeeAE Nr. 4 zu Art. 9 GG.

[4] *Birk*, Rechtmäßigkeit, S. 93 ff.; *ders.*, AuR 1974, 289 ff.; *ders.*, AuR 1977, 235 ff.; *Coester*, RdA 1976, 282 ff.; *Geffken*, Seeleutestreik, S. 375 ff.; *ders.*, DuR 1974, 329 ff.; *Löwisch*, Anm. AR-Blattei, Arbeitskampf IV, Entsch. 1; *ders.*, RdA 1977, 356 ff.; *Säcker*, Boykott, S. 10 ff.; *Säcker / Streckel*, Anm. AR-Blattei, Arbeitskampf IV, Entsch. 2; *Seiter*, Arbeitskampfparität, S. 27 ff.; *Wiedemann*, Anm. AP Nr. 6 zu § 1 TVG Form. Vgl. weiter: *Binkert*, AuR 1979, 234 ff. (Rezensionsaufsatz zu *Birk*, Rechtmäßigkeit und *Seiter*, Arbeitskampfparität); *Keßler*, KJ 1977, 328 ff. (Rezension von *Säcker*, Boykott).

[5] *Seiter*, Arbeitskampfparität, S. 29.

[6] Vgl. oben Fn. 3.

schen Gewerkschaft und Reeder und gehen durchgehend vom Vorliegen eines Boykotts, der üblicherweise durch die Aufforderung zur Unterlassung des Geschäftsverkehrs mit einem Dritten gekennzeichnet ist, aus. Jedoch läßt sich auch hier ein breites Spektrum von Begründungsansätzen und systematischen Zuordnungsvarianten der Einzelakte ausmachen. *Birk*[8] etwa stellt, in der Sache übereinstimmend mit einem früheren Beitrag von *Nipperdey*[9], auf die Sicht der betroffenen Reeder ab, für die sich jeweils der gleiche Effekt — der Sperre — einstelle, ob er nun auf freiwilligem Entschluß des Hafenarbeitgebers oder auf der Faktizität der Verweigerung der Entladearbeiten durch die Arbeitnehmer beruhe. Demgegenüber propagiert etwa *Geffken*[10] einen eigenständigen Boykott*begriff* für den Bereich der Seeschiffahrt: dort sei nicht die Verhinderung des Abschlusses von Verträgen, sondern die tatsächliche Blockierung des Schiffes gemeint.

Aber auch die Verfechter des Vorliegens eines Boykotts weisen innerhalb ihrer eigenen Ausführungen sowie untereinander eine uneinheitliche systematische Einordnung der Geschehen auf. So entbehrt etwa die Frage, wer als *Adressat* des Boykottaufrufs der Gewerkschaft anzusehen ist, einer hinlänglich klärenden Antwort. *Birk*[11] glaubt den Boykottaufruf als an die Hafenarbeitnehmer als Adressaten gerichtet, obgleich diese in keinerlei Vertragsbeziehungen *zum Reeder* stehen und demgemäß diesem gegenüber auch keine Geschäftsverweigerung im engeren Sinne durchführen können. Demgegenüber sieht *Wiedemann*[12] den Hafenarbeitgeber als „in den Boykott einbezogen" an, ohne sich jedoch auf diesen als *Adressaten* des Boykottaufrufs festzulegen. Auch eine exakte Herausstellung der Boykott*handlung* bleibt offen. *Säcker*[13] etwa erblickt sie in der *Nichtentladung* der Schiffe, was die Annahme, hiermit sei die faktische Arbeitsverweigerung der Hafenarbeitnehmer gemeint, zumindest nicht ausschließt, während zuvor die Boykotthandlung im Kern mit einer Geschäftsverweigerung definiert wurde. Ebenfalls nicht frei von Unstimmigkeiten ist die Kennzeichnung der Ebene, auf der die Druck-

---

[7] Vgl. oben Fn. 4 (mit Ausnahme von *Seiter*).

[8] *Birk*, Rechtmäßigkeit, S. 98 ff., 114.

[9] *Nipperdey*, Festgabe Küchenhoff, S. 133 (138), der eine andere Wertung als „Begriffsspielerei" bezeichnet. Nipperdeys Ausführungen sind allerdings vom Bestreben nach dem Festhalten an einem Boykott*begriff* geprägt.

[10] *Geffken*, Seeleutestreik, S. 376.

[11] *Birk*, Rechtmäßigkeit, S. 98 f., 114. Auch *Löwisch*, Anm. AR-Blattei, Arbeitskampf IV, Entsch. 1, tendiert zu dieser Einordnung.

[12] *Wiedemann*, Anm. AP Nr. 6 zu § 1 TVG Form, Bl. 4.

[13] *Säcker*, Boykott, S. 10 f.

ausübung durch die Boykotthandlung erfolgt. So grenzt *Birk*[14] seinen Untersuchungsbereich auf eine Druckausübung „durch Unterbrechung oder Nichtaufnahme arbeitsrechtlich relevanter Beziehungen" ein, um sich von Konsumentenboykotten abzugrenzen. Hiermit kontrastiert allerdings die Situation in der Seeschiffahrt, wo der betreffende Reeder gerade in seinen *Außenbeziehungen*, in seinem „Güterabsatz" in Form der Transportleistung behindert wird, nicht aber in seinen arbeitsrechtlichen Binnenbeziehungen.

2. Rechtliche Bewertung

Mit diesen systematischen, vielleicht begrifflichen Divergenzen korrespondiert auch eine unterschiedliche rechtsdogmatische Beurteilung der Geschehen in der Seeschiffahrt, sofern eine solche über den vom BAG[15] eher lapidar festgestellten Status des Boykotts als prinzipiell zulässiges Arbeitskampfmittel hinausgeht.

Zunächst bereitet die Zuordnung der — übereinstimmend — als Sympathiekampfmaßnahmen qualifizierten Arbeitsniederlegungen der Hafenarbeitnehmer zu einem *Hauptkampf* Schwierigkeiten, die nach dem überkommenen „Akzessorietätsgrundsatz"[16] geboten war. Als Hauptkampf wird dabei überwiegend der Boykott gegenüber dem Reeder selbst und dort bereits der Boykott*aufruf* als eigenständige Kampfmaßnahme angesehen[17]. Demgegenüber lehnt *Löwisch*[18] dessen Qualität als Hauptkampfmaßnahme ab und möchte Boykottaufruf und Boykottdurchführung als Einheit bewerten. Von dieser Ausgangslage her ist es — bei der Annahme der Geltung des Akzessorietätsprinzipes — konsequent, die Statthaftigkeit der Sympathiekampfmaßnahme der Hafenarbeitnehmer mit Blick darauf in Zweifel zu ziehen, daß die Schiffsbesatzungen selbst nicht in einen Streik eingetreten waren.

Unterschiedliche Beurteilungen ergeben sich auch innerhalb der für das Arbeitskampfrecht relevanten Gesichtspunkte der Kampfparität und des Übermaßverbotes. *Seiter*[19] sieht nach detaillierter Analyse der Kampfsituation die materielle Parität bei Sympathiekampfmaßnahmen der Hafenarbeitnehmer als nicht mehr gegeben

[14] *Birk*, Rechtmäßigkeit, S. 107.

[15] BAG AP Nr. 6 zu § 1 TVG Form.

[16] Zu dieser Problematik vgl. unten, § 10, III.

[17] *Birk*, Rechtmäßigkeit, S. 101; *ders.*, AuR 1974, 289 (298 f.); *Coester*, RdA 1976, 282 (290); *Säcker*, Boykott, S. 76 f.; *Säcker / Streckel*, Anm. AR-Blattei, Arbeitskampf IV, Entsch. 2, unter 2 a.

[18] *Löwisch*, Anm. AR-Blattei, Arbeitskampf IV, Entsch. 1 unter 2 a; *ders.*, RdA 1977, 356 (357).

[19] *Seiter*, Arbeitskampfparität, S. 83, 87.

an und plädiert für einen entsprechenden Eingriff in das Kampfmittelsystem zur (Wieder-)Herstellung der branchenspezifischen Paritätslage. Demgegenüber stehen *Birk*[20] und *Löwisch*[21] einer konkreten Verletzung des Paritätserfordernisses eher zurückhaltend gegenüber. Ein unentschiedener Ausgang jeden Arbeitskampfes, eine stetige Patt-Situation könne dem Paritätsgrundsatz als Inhalt nicht zugemessen werden.

Als — besonders im Hinblick auf das Resultat — wichtiger Ansatzpunkt der Bewertung der Ereignisse in der Seeschiffahrt fungiert der Grundsatz der Verhältnismäßigkeit. Das LAG Baden-Württemberg[22] gelangt zum Verdikt der Unverhältnismäßigkeit, an der „keine vernünftigen Zweifel" denkbar sein sollen. Dabei wird insbesondere auf eine Etikettierung des Boykotts als „schärfste Waffe" durch das RAG[23] aus dem Jahre 1928 Bezug genommen. *Seiter*[24], ähnlich auch *Löwisch*[25], postulieren in diesem Kontext einen Grundsatz des schonendsten Mittels; *Seiter* hält im Hinblick darauf, daß ein Streik der Schiffsbesatzung möglich gewesen sei, beim Sympathiekampf der Hafenarbeitnehmer einen Verstoß gegen den Grundsatz der Erforderlichkeit für gegeben. Demgegenüber lehnt *Birk*[26] einen solchen Grundsatz des schonendsten Kampfmittels als arbeitskampfrechtlich nicht begründbar generell ab.

III. Merkmale der divergenten Fallgruppenbeurteilung

Analysiert man die Ursachen der doch beträchtlich voneinander abweichenden Beurteilung in der Seeschiffahrt, so kristallisiert sich als ein erstes Merkmal die Unschärfe deren begrifflicher Einordnung heraus. Dies resultiert teilweise bereits aus der Zugrundelegung eines keineswegs einheitlichen und zudem eher vagen Boykottbegriffes. Zudem aber ist die Zuordnung der Einzelakte zu dieser definitorischen Boykotterfassung durch unpräzise Schlüsse geprägt; dies mit der Folge, daß etwa bezüglich der *Adressaten* des Aufrufs oder der Boykott*handlung* zwischen dem Realgeschehen und der begrifflichen Subsumtion die aufgezeigten Wertungswidersprüche auftauchen. Es versteht sich, daß diese begrifflichen Vorfragen die rechtlichen

[20] *Birk*, Rechtmäßigkeit, S. 69; abl. auch *Säcker*, Boykott, S. 29 ff.

[21] *Löwisch*, Anm. AR-Blattei, Arbeitskampf IV, Entsch. 1, *ders.*, RdA 1977, 356 (359).

[22] LAG Baden-Württemberg, AR-Blattei, Arbeitskampf IV, Entsch. 1 = SeeAE Nr. 1 (II) zu Art. 9 GG = AuR 1974, 316 ff.

[23] RAG ARS 2, 217 (221, 222); hierauf weist auch *Wiedemann*, Anm. AP Nr. 6 zu § 1 TVG Form, Bl. 4 R, hin.

[24] *Seiter*, Arbeitskampfparität, S. 93 ff.

[25] *Löwisch*, RdA 1977, 356 (359 f.).

[26] *Birk*, Rechtmäßigkeit, S. 104.

Bewertungen determinieren und die Divergenzen auch auf diese Ebene projizieren.

Ein zweites Merkmal der uneinheitlichen Bewertung der Geschehen ist die Unsicherheit hinsichtlich der anzulegenden Maßstäbe der rechtlichen Zulässigkeitsprüfung. Durchgängig werden bezüglich dieser Frage diejenigen Kriterien geprüft, die im Zivilrecht — teilweise im Wettbewerbsrecht — bei Boykottgeschehen bekannt sind. Eine Integration der Tatbestände in die in der Seeschiffahrt offenkundig relevanten arbeitskampfrechtlichen Regeln erfolgt kaum; gelegentlich werden zivilrechtliche und arbeitskampfrechtliche Fragen nebeneinander und gestuft geprüft[27]. Das Ineinandergreifen von zivilrechtlichen und arbeitskampfrechtlichen Phänomenen wird dogmatisch kaum bewältigt.

Zuletzt spiegeln sich in den arbeitskampfrechtlich begründeten Unterschieden der Bewertung schlicht die Unschärfen und der gelegentlich etwas volitive Gebrauch der arbeitskampfrechtlichen Generalklauseln wie Paritätsgrundsatz und Übermaßverbot selbst wider; dies zudem noch verstärkt durch die Unsicherheit hinsichtlich deren Inhalte gerade im Bezugspunkt des *Boykotts* als Arbeitskampfmittel.

Diese Ergebnisse der Analyse legen es nahe, zunächst eine tatbestandliche Eingrenzung der zu untersuchenden Geschehen vorzunehmen. Alleine auf der Grundlage einer exakten Kennzeichnung der Tatbestände ist eine dogmatische Erfassung überhaupt möglich, die dann ihrerseits eine Präzisierung der Problemlage insofern zuläßt, als die anzulegenden Bewertungsmaßstäbe offengelegt werden können.

---

[27] *Birk*, Rechtmäßigkeit, S. 104.

§ 2 Realformen und Typologie der Boykottatbestände

I. Die Unschärfe einer begrifflichen Boykotterfassung

Der Versuch einer begrifflichen Erfassung „des" Boykotts stößt bereits bei einer unbefangenen Betrachtung des allgemeinen Sprachgebrauchs auf nicht geringe Schwierigkeiten. Es werden zahlreiche Tatbestände im sozialen Geschehen als Boykott bezeichnet, die sich zwar durchaus ähneln, aber sowohl in der Konfliktlage als auch in der Art der Durchführung erheblich divergieren. So sind Kaufenthaltungen gegenüber Milchprodukten[1] oder Robbenfellen[2] ebenso als Boykotte angesehen worden wie die Meidung von Filmtheatern[3], das Fernbleiben von Studenten bei Vorlesungen ebenso wie dasjenige von Sportlern bei Veranstaltungen in bestimmten Ländern oder gegenüber bestimmten Nationen generell. Auch im politischen Bereich im engsten Sinne findet sich die Bezeichnung Boykott bei dem völkerrechtlich bekannten Tatbestand der Blockade bestimmter Nationen durch andere.

Innerhalb der rechtsdogmatischen Diskussion kann ebenfalls nicht von einem feststehenden Boykottbegriff ausgegangen werden. Besonders zu Beginn dieses Jahrhunderts wurde die Entwicklung eines einheitlichen Boykottbegriffes zwar versucht, der einem juristischen Tatbestand entsprechen und damit zugleich die Rechtsfolgen — Rechtmäßigkeit oder Rechtswidrigkeit — in sich tragen sollte[4]. Aber bereits damals begegnete man diesem Bemühen angesichts der Vielschichtigkeit des Boykotts[5] mit Zweifel.

Dennoch wurde auch später bisweilen pauschal von einem feststehenden Rechtsbegriff des Boykotts ausgegangen[6]; dies offenbar ebenfalls in dem Bestreben, dem „Boykott" bestimmte Rechtsfolgen zu unterlegen, und damit zu entscheidende Sachverhalte durch bloße

---

[1] Vgl. den Sachverhalt bei LG Stuttgart, JZ 1955, 653.

[2] Vgl. den Sachverhalt bei OLG Frankfurt, WuW 1969, 513.

[3] LG Mönchengladbach, dargestellt bei: *Spengler*, WuW 1953, 199 Fn. 23.

[4] Vgl. die Darstellung bei *Weick*, S. 28 f.

[5] *Lehnisch*, Die Wettbewerbsbeschränkung, 1956, S. 273, bezeichnet ihn als „Chamäleon".

[6] BGH GRUR 1965, 440 (442): „Rechtsbegriff des Boykotts"; *Nipperdey*, Festgabe Küchenhoff, S. 133 (136 f.).

Subsumtion unter den vorgegebenen Begriffsrahmen rechtlich qualifizieren zu können.

Entgegen dieser — Relikten der Begriffsjurisprudenz huldigenden — Methode wird jedoch überwiegend dem Boykott zu Recht das Attribut eines Rechtsbegriffes versagt[7]. Ausdrücklich befindet auch das BVerfG, daß der Boykott kein eindeutiger Rechtsbegriff sei[8]. Es ist auch keine Rechtsnorm ersichtlich, die von einem feststehenden Tatbestandsmerkmal „Boykott" ausgeht. Nicht einmal § 26 Abs. 1 GWB, der material einen Teilbereich von Boykottgeschehen auf dem Sektor des Wettbewerbsrechts verbietet, spricht in seinem Normtext[9] explizit von einem „Boykott". Das Dekartellierungsrecht, das in Art. V Ziff. 9 c 4 MRG Nr. 56/VO Nr. 78 den Boykott als Rechtsbegriff expressis verbis gebrauchte und seine Anwendung als wettbewerbsbeschränkende Maßnahme verbot, ist mit Inkrafttreten des GWB am 1. 1. 1958 nicht mehr gültig[10].

Es zeigt sich damit, daß die Vielschichtigkeit und die divergierenden Bezugspunkte der betreffenden sozialen Erscheinungen, die in wettbewerblichen, arbeitskampfmäßigen, ideellen, allgemein wirtschaftlichen Konflikten ihre Wurzeln haben und entsprechend unterschiedliche Antipoden und Methoden der Auseinandersetzung aufweisen, eine einheitliche Einordnung von vornherein scheitern lassen. Eine gewissermaßen von einem gleichförmigen Begriff ausgehende schematische Beurteilung der rechtlichen Konsequenz all jener Maßnahmen verbietet sich dann auf der Basis dieser begrifflichen Unschärfe bereits vom Ansatz her[11].

Exakte Bewertungsgrundlagen sind auf diesem Wege ersichtlich kaum zu erreichen; eine tatbestandliche Einfassung des Untersuchungsgegenstandes muß methodisch anders gefunden werden.

II. Historische Entwicklung der Boykottfälle

Da der Boykott immerhin eine historische Erscheinung ist, scheint es angesichts der mangelnden Begrifflichkeit sinnvoll, einen Blick auf die historische Entwicklung von Boykottgeschehen zu werfen, um auf diesem Wege das Arbeitsfeld abzustecken.

Die Herkunft des Namens Boykott ist unstreitig: Boycott war der Name eines irischen Gutsverwalters, gegen den die irische Landliga

[7] Vgl. *Müller / Gries / Giessler*, GWB, § 26 Rdnr. 2; *v. Köller*, S. 259; *Sinnecker*, S. 5 ff.; *Weick*, S. 28 ff. m. w. Nachw.

[8] BVerfGE 7, 198 (214).

[9] z. T. aber in der — nicht maßgeblichen — Überschrift.

[10] Vgl. § 109 I, II Nr. 14—16 GWB.

[11] Ebenso *Weick*, S. 29.

1879 wegen seiner Rücksichtslosigkeit gegenüber den Landpächtern einen Aufruf zur Vermeidung sämtlicher Beziehungen zu diesem erließ[12]. Durchgängig wird jedoch zugleich darauf verwiesen, daß die zugrundeliegende *soziale Situation* bereits sehr viel früher bekannt war[13]. So entwickelten sich bereits im Mittelalter innerhalb der Zünfte Formen der Ächtung mißliebiger Mitglieder in Gestalt schwarzer Listen, in die diese aufgenommen und so von der Möglichkeit der Arbeitsaufnahme bei anderen Zunftmitgliedern ausgeschlossen wurden[14]. Umgekehrt übernahmen späterhin auch Gruppen von Gesellen derartige Maßnahmen der Ächtung als Druckmittel gegenüber ihren Meistern, um diesen günstigere Arbeitsbedingungen abzutrotzen[15]. Da sie dies bisweilen auch auf den Entzug von Kundschaft der so Geächteten ausdehnten, sind die Bezüge auch bereits zu den Formen der Kundensperre späterer Zeit evident.

Besondere Beachtung verdient dabei die Erkenntnis, daß es sich bei diesen Auseinandersetzungen — vom zugrundeliegenden Interessenkonflikt her betrachtet — um frühe Formen des Arbeitskampfes handelt. Dieser Charakter kennzeichnet auch zahlreiche Boykottfälle im späteren 19. Jahrhundert[16], in denen sich der durch die Industrialisierung entwickelte Antagonismus zwischen den Interessen der Kapitalseite und denjenigen der Arbeitnehmer reflektierte. Besonders im Kampf der Arbeitnehmer um das Koalitionsrecht und in den Auseinandersetzungen im Anfang der Gewerkschaftsbewegung spielte der Boykott eine besondere Rolle. Sowohl die Arbeitnehmerorganisation im Wege der Verhängung von Zuzugssperren über bestimmte Arbeitgeber, als auch die Arbeitgeber bedienten sich dieses Mittels; letztere etwa durch die „klassische" Form der Erstellung schwarzer Listen oder der Kennzeichnung der Entlassungszeugnisse, angesichts derer die betreffenden Arbeitnehmer, namentlich Organisierte, von anderen Arbeitgebern nicht eingestellt wurden[17]. Von seiten der Arbeitnehmerorganisation ist dabei bisweilen eine Tendenz in Richtung von Warenboykotts zu erkennen, bei denen der Akzent der Maßnahmen auf der Beeinträchtigung des Warenabsatzes liegt.

Gegenwärtig ist der Boykott vor allem noch in den USA verbreitet. Dies hängt insbesondere mit der dort gegebenen Tarifstruktur zu-

---

[12] Vgl. hierzu die umfassende Darstellung bei *Juda*, S. 1 ff.

[13] Nachweise bei *Birk*, Rechtmäßigkeit, S. 94 Fn. 381 a.

[14] Einzelheiten bei *v. Heckel*, Jahrbuch für Nationalökonomie, 3. F. (1895), S. 482 ff.

[15] *v. Heckel*, Jahrbuch für Nationalökonomie, 3. F. (1895), S. 485.

[16] *Juda*, S. 5; *Schwittau*, S. 240 ff. mit Hinweisen auf die Situation in den USA.

[17] *Nestriepke*, S. 139, 166.

sammen, die von einer Begrenzung der Tarifgeltung auf kleinere Einheiten gekennzeichnet ist[18]. Spiegelbildlich korrespondiert der Rückgang der Boykottfälle hierzulande mit der Organisation der sozialen Gegenspieler nach dem Industrieverbandsprinzip mit der Folge großflächiger Tarifverträge. Interessanterweise sind Boykottgeschehen jüngst gerade dort erneut aufgetaucht, wo diese typischen Tarifstrukturmerkmale gerade nicht mehr gegeben waren.

In der Gesamtschau zeigt auch die Genese der Boykottfälle, daß unterschiedliche Ansatzpunkte — Arbeitsmarkt (schwarze Listen) und Gütermarkt (Kundensperre) — von Anbeginn an eine einheitliche Erfassung erschwerten. Gleichzeitig wird die Zugehörigkeit beider Schwerpunktformen zur generellen Typik von Boykotten dokumentiert. Auch und schon in der historischen Entwicklung ist die Vielschichtigkeit der Geschehen nachweisbar. Deren tatbestandliche Erfassung wird sämtliche Ausprägungen einzubeziehen haben.

III. Merkmale der Realformen der Boykottatbestände

Angesichts der begrifflichen Unschärfe des Boykotts erscheint eine typologische Erfassung der Boykottgeschehen zweckmäßig, innerhalb derer anhand der Merkmale der Fallgruppen typische Strukturen herauszuarbeiten sind. Aus diesen wird eine wenigstens tatbestandliche Eingrenzung der zu analysierenden Geschehen als Arbeitshypothese zu gewinnen sein, bezüglich derer die rechtlichen Bewertungen vorzunehmen sind.

1. Bezugspunkt der Boykottmaßnahmen

Der Überblick über historische Erscheinungsformen von Boykottgeschehen hat bereits verdeutlicht, daß die Druckausübung an unterschiedlichen Bezugspunkten ansetzt: Zum einen waren die (arbeitsrechtlichen) Binnenbeziehungen des Gegners, zum anderen aber dessen Außenkontakte, also Güter- oder Dienstleistungsumsatz, Gegenstand der vom Verrufer initiierten Einwirkung. Beide Varianten sind demgemäß zu unterscheiden.

a) Entzug von Arbeitskräften, Einstellungssperre

Im Bezugspunkt der Binnenbeziehungen der Kampfgegner resultiert die Druckausübung gegenüber dem Arbeitgeber aus dem Entzug von Arbeitskräften, im umgekehrten Fall aus der Verweigerung der Einstellung des oder der betreffenden Arbeitnehmer. Vom Interessenkonflikt her handelt es sich dabei zumeist um Auseinandersetzungen zwischen den sozialen Gegenspielern.

---

[18] *Birk*, Rechtmäßigkeit, S. 95 m. Nachw.

Der Entzug von Arbeitskräften kann sich sowohl auf die Verhinderung des Abschlusses neuer Arbeitsverträge — Zuzugssperre — als auch darauf richten, daß die Arbeitnehmer des betreffenden Arbeitgebers ihre schon bestehenden Arbeitsverträge *endgültig*[19] beenden. In dieser Fallkonstellation geht es letztlich darum, dem Boykottgegner die Arbeitskräfte zu entziehen und deren Ersetzung durch andere zu unterbinden. Von daher ist gerade die Zuzugssperre auch vielfach als streikbegleitende Maßnahme angewandt worden, die verhindern sollte, daß die streikweise Aussetzung der Arbeitsleistung der Arbeitnehmer durch die Einstellung von „Ersatzkräften" unterlaufen wird.

Die „Einstellungssperre" der Arbeitgeberseite gegenüber bestimmten Arbeitnehmern ist als ein typisches Kampfmittel in der gesamten historischen Entwicklung nachweisbar. Die Verweigerung der Einstellung als Arbeitnehmer bezog sich insbesondere auf solche Bewerber, die Arbeitnehmerorganisationen, später also der Gewerkschaft, angehörten und eine Entlohnung nach dem Tarifvertrag verlangten[20]. Oft geschah dies, wie erwähnt, über die Kennzeichnung des Entlassungszeugnisses oder über die Aufstellung von „schwarzen Listen"; letzteres spielt ganz offensichtlich auch gegenwärtig noch eine — über die Möglichkeiten der Datenverarbeitung perfektionierte — Rolle[21].

Mit zu dieser Fallgruppe zählt auch der historisch nicht ganz seltene Fall, daß Arbeitnehmer den Arbeitgeber zur Entlassung bestimmter anderer Arbeitnehmer bestimmen[22]. Diese Fälle sind oft durch einen organisationspolitischen Hintergrund geprägt und zielten bisweilen auf die Errichtung eines Systems des „closed shop". Als Spezifikum dieser Geschehen muß die Tatsache gelten, daß die Auseinandersetzung *innerhalb der Arbeitnehmerseite,* also nicht im antagonistischen Verhältnis zum Arbeitgeber angesiedelt ist, dennoch aber auf dem Umweg über den Arbeitgeber durchgesetzt wird. Die gleichwohl zu erfolgende Zurechnung zur hiesigen Fallgruppe wird dabei durch den Bezugspunkt der Kampfmaßnahmen, nämlich den Bestand des Arbeitsverhältnisses des Arbeitnehmers, legitimiert.

---

[19] Ansonsten handelte es sich um Streik, vgl. zur Abgrenzung unten, § 2, VI, 2.

[20] Vgl. *Nestriepke,* S. 139 m. w. Nachw.

[21] Vgl. etwa die — für Aufsehen sorgenden — schwarzen Listen der „Economic League", die sich als Informationsquelle für Unternehmer bei der Verhinderung der Einstellung aktiver Gewerkschaftler anbot, vgl. „Frankfurter Rundschau" v. 29. 6. 1978.

[22] RAG ARS 7, 404; RAG ARS 9, 179; RAG ARS 10, 617; vgl. auch RGZ 104, 327.

b) Absatzsperre, Kundensperre

Die zweite Variante der Boykottgeschehen ist durch die Verlagerung der Kampfebene auf den Güterumsatzmarkt gekennzeichnet. Der Boykottgegner wird nicht in seinen arbeitsrechtlichen Binnenbeziehungen, sondern in seinen Außenkontakten beeinträchtigt.

Besonders in dieser Form zeigt sich die Universalität des Kampfmittels, das als Boykott bezeichnet wird. Der Güterumsatz des Boykottgegners stellt sich als quasi „neutraler" Bezugspunkt einer Druckausübung dar, die in beliebiger Interessenlage und zwischen ebenso beliebigen Parteien einer Auseinandersetzung zur Anwendung gelangen kann. Insofern ist diese Variante als eine „allgemeine" Boykottform zu bezeichnen.

Sie ist vom Kampfgeschehen her dadurch geprägt, daß der Verrufer Dritte dazu aufruft, mit dem Boykottgegner keine Geschäftsbeziehungen einzugehen. Diese „Meidung" des Boykottierten kann erfolgen durch Kaufenthaltung gegenüber dessen Produkten (also Käuferstreik) oder durch Kooperationsverweigerung auf dem Dienstleistungsbereich; sie ist also abhängig von der Art der Produkte oder Leistungen, die der Boykottierte auf dem Güterumsatz- oder Dienstleistungsmarkt anbietet. Auch der Adressatenkreis ist von diesen Faktoren determiniert: bei Produzenten von Verbrauchsgütern wird sich der Aufruf zur Kaufenthaltung gegenüber diesen Produkten prinzipiell an alle Konsumenten richten, bei Anbietern hochwertiger Investitionsgüter dagegen eher alleine an die Marktteilnehmer der Branche. Entsprechendes gilt für den Dienstleistungssektor.

2. Durchsetzung des Boykotts

Innerhalb dieser Fallkonstellationen lassen sich weiterhin unterschiedliche *Formen der Durchsetzung* der „Meidung" herausarbeiten, die den nach Gegner und Konfliktslage spezifischen Situationen des Interessenaustrags in durchaus variabler Weise Rechnung tragen. Dabei ist eine Stufung der Intensität erkennbar.

a) Aufforderung an Dritte

Die „allgemeine" Form der Bewirkung der Sperre durch die Adressaten ist die bloße Aufforderung gegenüber diesen, den Boykottierten zu meiden. Diese Aufforderung kann individuell, in früherer Zeit etwa durch Boykottposten vor dem Geschäftslokal des Boykottierten[23], oder in allgemeiner Form gegenüber einem größeren Publikum, etwa

---

[23] Vgl. beispielsweise RGZ 76, 35 (Gaststättenboykott).

durch Zeitungsanzeigen[24], erfolgen. Inhaltlich besteht sie zumeist aus der Beschreibung des Konflikts, um dessen Austrag es sich handelt, und um die Aufforderung, den Boykottierten bis zu dessen Nachgeben in der Sache zu meiden. Die Adressaten werden zur Sperre alleine durch den Appell zur Unterstützung einer — vom Verrufer her gesehenen — billigenswerten Sache bewegt. Es soll eine bloße Überzeugung des Adressaten dahingehend, den Boykottgegner zu meiden, bewirkt werden.

b) *Androhung von Nachteilen bei Nichtbefolgung*

Eine qualifizierte Form der Boykottaufforderung an die Adressaten ist dadurch möglich, daß der Verrufer jenen bei Nichtbefolgung des Aufrufs Nachteile in Aussicht stellt. Diese Nachteilsandrohung kann ihrerseits wiederum in variabler Art und Weise in Abhängigkeit von der konkreten Kampfkonstellation erfolgen. Sie kann eher global und unspezifiziert ausgedrückt werden, andererseits aber auch bereits dezidiert den zu erwartenden Nachteil bezeichnen: etwa die Nichtweiterbelieferung mit eigenen Erzeugnissen[25] oder die Einstellung bestimmter Arbeiten durch die Arbeitnehmer des Adressaten[26]. Bisweilen wird in bestimmten Kampfkonstellationen eine gewisse (potentielle) Nachteilsandrohung auch ohne ausdrücklichen Hinweis des Verrufers schon aus dessen faktischer Stellung abgeleitet; etwa dann, wenn eine Gewerkschaft einen Arbeitgeber zur Sperre eines Dritten auffordert, soll angesichts der besonderen Stellung der Gewerkschaft und deren Möglichkeiten eine beachtliche, über das Maß einer bloßen Aufforderung hinausgehende Einflußnahme vorliegen[27].

Durch die Nachteilsandrohung wird der Boykottaufruf generell verschärft. Das Ausmaß dieser Qualifizierung ist dabei abhängig von der Stellung, die der Verrufer gegenüber dem Adressaten innehat. Die Steigerung der Einwirkung ist damit dann am größten, wenn der Adressat von den Leistungen, insbesondere von den Lieferungen des Verrufers weitgehend abhängig ist[28].

---

[24] Etwa im Falle OLG Celle v. 26. 2. 78 — 13 W 3/78 (unveröffentlicht).

[25] Blinkfüer, BGH NJW 1964, 29; BVerfGE 25, 256.

[26] Vgl. etwa *Birk*, Rechtmäßigkeit, S. 113; *Nipperdey*, Festgabe Küchenhoff, S. 133 (135 ff.).

[27] Eine solche Auffassung deutet *Nipperdey*, Festgabe Küchenhoff, S. 133 (137) an.

[28] Diese Situation war kennzeichnend für den Blinkfüer-Fall, BGH NJW 1964, 29; BVerfGE 25, 256.

c) Faktische Durchsetzung der Sperre mittels weiterer Kampfmaßnahmen

Der gesteigerte Grad der Einflußnahme auf die Durchführung der Sperre durch den Adressaten kulminiert in der faktischen Durchsetzung der Sistierung der Geschäftsbeziehungen selbst. Die Arbeitnehmer des Adressaten bewirken die Boykotthandlung, die Meidung, durch eigenes Handeln: Sie verweigern diejenigen Arbeiten, mit denen die Geschäftsbeziehungen zum Boykottierten bewerkstelligt werden sollen, also etwa die Entladung der Schiffe des boykottierten Reeders[29]. Die Arbeitnehmer stellen also faktisch diejenige Situation her, die der Boykottaufruf beim Adressaten, ihrem Arbeitgeber, als freiwilliges Verhalten hervorrufen sollte.

Die Zugehörigkeit dieser Fallvariante zu den Realformen der Boykottatbestände legitimiert auch die diesbezügliche Einbeziehung der geschilderten Ereignisse in der Seeschiffahrt. Sie ist insbesondere deswegen geboten, weil sich die Arbeitsverweigerung der Arbeitnehmer ersichtlich nur auf die Durchsetzung der Sperre gegenüber dem Boykottierten ausrichtet. Sie ist final auf die Sperre bezogen und von ihrer Funktion her Hilfsinstrument des Verrufers für den Fall, daß der Adressat das gewünschte Verhalten nicht exerziert. Ihre letztliche (umgekehrte) Korrespondenz mit dem Vorgehen des Adressaten zeigt sich besonders darin, daß die Arbeitnehmer zur sofortigen Einstellung ihrer Arbeitsniederlegung in der Regel bereit sein werden, wenn der Arbeitgeber die Sperre des Gegners freiwillig durchführte. Der Arbeitsniederlegung kommt insofern nur subsidiärer Charakter zu; daß sie ohnehin nur partiell ist, unterstreicht, daß sie nicht final auf einen Regelungskonflikt mit dem eigenen Arbeitgeber bezogen ist, sondern alleine dessen Verhalten gegenüber einem bestimmten Dritten gilt. Die Unterbrechung *dieser* Außenkontakte zum Boykottierten wird nicht als *Nebeneffekt* des (partiellen) Streiks *in Kauf genommen*, sondern als *Hauptzweck intendiert*[30]. Das ist das deutliche Unterscheidungsmerkmal zu der ähnlichen Erscheinungsform des bloßen „Sympathie"-Streiks zugunsten dritter Arbeitnehmer.

IV. Typologie der Fallgruppen des Boykotts

Aus diesen Merkmalen der Realformen des Boykottgeschehens läßt sich nunmehr eine Typologie der Fallgruppen des Boykotts gewinnen. Ein Rückgriff auf die — nicht exakten — Versuche der Begriffsdefinition wird dann entbehrlich.

---

[29] Vgl. die aktuellen Fallgruppen in der Seeschiffahrt, oben § 1, Fn. 3.

[30] Dies verkennt *Seiter*, Arbeitskampfparität, S. 29, Fn. 67.

1. Konfliktaustragung durch Willensbeugung

Ausgangspunkt von Boykottgeschehen ist eine Konfliktsituation zwischen den beteiligten Parteien, die nicht schiedsrichterlich oder im Wege von Vereinbarungen geregelt werden soll. Boykott ist ein Mittel zur *kampfweisen* Austragung eines Konflikts[31]. Unabhängig von der sozialen Verortung und der Qualität der Parteien des Konflikts ist in den hier interessierenden Fällen stets[32] die *wirtschaftliche Betätigung* des Kampfgegners Angriffspunkt der Boykottmaßnahmen. Produktion und Absatz von Gütern und Dienstleistungen auf der einen, die Leistung abhängiger Arbeit auf der anderen Seite sind die Bezugspunkte der Kampfmaßnahmen; die dort angesiedelte Beeinträchtigung des Gegners ist der Hebel, mit Hilfe dessen der Konflikt zu eigenen Gunsten entschieden werden soll. Dies gilt — wie angedeutet — unabhängig von dem zugrunde liegenden Interessengegensatz, der in durchaus anderen als wirtschaftlichen Sachkomplexen seine Ursache haben kann; etwa in politischen[33] oder religiös[34] bestimmten Absichten des Verrufers.

Ziel der Boykottmaßnahmen ist es, den Gegner zu einem bestimmten Verhalten zu bewegen, den Gegner zum „Nachgeben" im Sinne des Verrufers zu veranlassen. Eine Schädigungsabsicht gegenüber dem Gegner, die vielfach als kennzeichnendes Merkmal des Boykotts angesehen wird[35], ist demgegenüber nicht als konstitutiv anzuerkennen. Die Analyse der bekannten Fälle erweist deutlich, daß nicht final auf eine *Schädigung* des Kampfgegners hingearbeitet wird. Mit dem Einsatz des Boykotts soll dem Gegner ein Verhalten abgerungen werden, also etwa dem Tarifpartner ein günstiger Tarifvertrag oder dem Verleger die Unterlassung des Abdrucks bestimmter Fernsehprogramme. Nicht der *Maßregelung* des Gegners, sondern dessen *Willensbeugung* dient die Druckausübung. Sicher können durch die Sperrmaßnahmen beim Boykottierten zunächst Schäden auftreten. Diese sind in jedem Falle aber nur Durchgangselement[36], nicht finaler Zweck der Kampfmaßnahme. Das erweist sich ganz deutlich in den Fällen, in denen der Boykottierte bereits unter dem Eindruck der Boykottaufforderung[37] und vor Eintritt jeden Schadens sich zu dem gewünsch-

---

[31] *Weick*, S. 30. Der Kampfcharakter wird auch in sämtlichen Definitionsversuchen deutlich.

[32] „Gesellschaftliche" Boykotts mit dem Ziel der Verhinderung sozialen Kontakts des Boykottierten können vorliegend außer acht bleiben.

[33] Blinkfüer-Fall, BGH NJW 1964, 29.

[34] Constanze-Fall, BGHZ 3, 270.

[35] RAG ARS 2, 217 (221); *Juda*, S. 16; *Neumann*, S. 21.

[36] Als gleichrangige Ziele sieht sie offenbar *Neumann*, S. 21, an; vgl. auch *F. Mayer*, S. 7.

[37] Zu deren eigenständiger rechtlicher Relevanz vgl. unten, § 2, V.

ten Verhalten entschließt: Hier wird der Verrufer keineswegs auf einer Schädigung insistieren, seinem Ziel ist vielmehr mit dem Nachgeben des Boykottierten bereits Genüge getan.

Substrat des Kampfmittels Boykott ist der Abbruch oder die Nichtaufnahme wirtschaftlich relevanter Beziehungen. Der Boykottgegner soll „gesperrt“, isoliert werden. Das Abstinenzmoment ist kennzeichnend für Boykottgeschehen.

2. Einschaltung Dritter in das Kampfgeschehen

a) Drei-Parteien-Verhältnis

Einen Kernpunkt der zahlreichen Definitionsversuche des Boykottbegriffes bildet die Frage, ob dem Boykott ein Drei-Personen-Verhältnis immanent ist[38] oder ob sich ein Boykott alleine zwischen den Boykottgegnern abspielen kann[39].

Bei der Erörterung dieser Frage ist zunächst zu konstatieren, daß der allgemeine Sprachgebrauch auch solche sozialen Erscheinungen als Boykott bezeichnet, in denen lediglich die Kampfparteien selbst einander gegenüberstehen und Dritte nicht beteiligt sind. Beschließt etwa ein Unternehmen, einer bestimmten Zeitung keine Anzeigenaufträge mehr zu erteilen, sondern ausschließlich in einem oder mehreren anderen Presseorganen zu inserieren, so wird man dies ohne weiteres als Boykott jener Zeitung bezeichnen. Gleichwohl sind die in der Judikatur erwähnten Fälle in der Regel dadurch gekennzeichnet, daß Dritte am Kampfgeschehen teilnehmen, daß die „Meidung“ oder „Absperrung“ nicht allein von dem Boykottveranstalter selbst durchgeführt wird, sondern dieser weitere Personen oder einen unbestimmten Personenkreis zu einer Unterstützung durch gleichartiges und gleichgerichtetes Verhalten zu gewinnen sucht. Erst diese Aufforderung an andere, außerhalb des Primärkonfliktes Stehende, also erst die Boykott*aufforderung* oder Verrufserklärung, gibt dem Geschehen jene Qualität, die die besonderen rechtlichen Überlegungen herausfordert. Bleibt das Kampfgeschehen innerhalb des Verhältnisses der *am Konflikt* beteiligten Parteien, so richtet sich die recht-

---

[38] *Dafür:* BGHZ 19, 72 (77); BGH GRUR 1965, 440; OLG Düsseldorf, BB 1978, 1745; *Baumbach / Hefermehl,* § 1 UWG, Anm. 212, 227; *Benisch,* GK, § 26, Anm. 3; *Birk,* Rechtmäßigkeit, S. 96; *ders.,* AuR 1974, 289 (297); *Juda,* S. 16 ff.; *Kübler,* AfP 1973, 405; *F. Mayer,* S. 5; *Müller / Gries / Giessler,* GWB, § 26 Rdnr. 4; *Neumann,* S. 11; *Oertmann,* Politischer Boykott, S. 10; *Polzius,* S. 11; *Sattler,* S. 19; *Sinnecker,* S. 9; *Spengler,* WuW 1953, 195 (201); *Ulmer / Reimer,* III, Nr. 877.

[39] So etwa *Nikisch,* II, S. 99; *Nipperdey,* DVBl. 1958, 445; auch *Roepke,* S. 2, geht nicht von einem Drei-Personen-Verhältnis aus. Zweifelnd: RGZ 155, 257 (278); BGH GRUR 1960, 505 (507) weist auf den allgemeinen Sprachgebrauch hin, der ein Drei-Personen-Verhältnis nicht verlange.

liche Qualifikation alleine nach deren Rechtsverhältnis zueinander; erst die Einschaltung von Dritten ergibt die besondere Problematik der rechtlichen Erwägungen bei Boykottfällen. Gerade die Miteinbeziehung weiterer Personen und damit eine Transformation des Geschehens in den Bereich einer Interessenwahrnehmung durch kollektive Machtausübung ließ den Boykottatbestand in der Vergangenheit auch als „schärfste Waffe"[40] erscheinen, wie er in der Rechtsprechung bereits etikettiert wurde.

Gerade das Hinzutreten Dritter, die Einbeziehung dieser in das Kampfgeschehen, bewirkt sowohl auf der Ebene des realen Ablaufes der Geschehen als auch insbesondere auf derjenigen der rechtlichen Bewertung die besondere Aufmerksamkeit, die dem Boykott gewidmet wird. So lag auch etwa in der erwähnten Fallgruppe der Boykottgeschehen in der Seeschiffahrt die besondere — faktische wie rechtliche — Problematik bei den Aktionen der Hafenarbeitnehmer und damit mittelbar des Hafenarbeitgebers. Die aus den Realformen zu entwickelnde Typologie des vorliegenden Untersuchungsgegenstandes muß insofern das Drei-Parteien-Verhältnis zu den spezifischen Boykottmerkmalen zählen.

b) Unabhängigkeit des Adressaten

Geht man insoweit von einem Drei-Parteien-Verhältnis aus, so ist für diese Konstellation eine Unabhängigkeit des Adressaten gegenüber dem Verrufer erforderlich. Nur das Hinzutreten eines *autonomen* Dritten kann die erwähnten faktischen und rechtlichen Qualifizierungen auslösen.

Eine gesteigerte Intensität der Auseinandersetzung kann nur dann angenommen werden, wenn tatsächlich ein neuer Multiplikator eingreift, nicht aber bereits dann, wenn der Verrufer alleine von allen ihm selbst zur Verfügung stehenden Möglichkeiten Gebrauch macht. Eine dem Verrufer in bestimmter Weise nachgeordnete oder untergeordnete Stelle erfüllt diese — durchgängig geforderte[41] — Voraussetzung der Unabhängigkeit nicht[42]. Ist eine autonome Stellung des Adressaten nicht gegeben, so kann in der Regel nur von einer einfachen Sperre ausgegangen werden, die unter Berücksichtigung dieses Spezifikums — also der Nichteinbeziehung Dritter — rechtlich eigenständig zu bewerten ist.

---

[40] RAG ARS 2, 217.

[41] *Baumbach / Hefermehl*, § 1 UWG, Anm. 214; *Benisch*, GK, § 26, Anm. 7; *Neumann*, S. 12 ff.; *Sattler*, S. 23 ff.; *Sinnecker*, S. 11 ff.; *Ulmer / Reimer*, III, Nr. 880.

[42] Vgl. etwa RGZ 155, 257 (279).

Die Feststellung der Unabhängigkeit von Verrufer und Adressat bereitet bisweilen Schwierigkeiten. Weitgehend unproblematisch sind dabei noch die Fälle, in denen der Adressat mit dem Verrufer eine rechtliche — beispielsweise etwa im Verhältnis Handelsunternehmen und zugehöriger Filiale — oder aber wirtschaftliche — also etwa Konzernmutter und Tochtergesellschaften — Einheit bildet[43]. Hier ist eine Verschiedenheit zwischen Adressat und Verrufer nicht gegeben: Beide sind im Verhältnis zum Boykottierten als Einheit anzusehen, die Maßnahmen selbst müssen als einfache Sperre bewertet werden.

Andererseits soll eine rechtliche Verbindung beider nicht von vornherein die Möglichkeit eines Drei-Parteien-Verhältnisses beseitigen[44]. Mit dieser Feststellung wird bisweilen gegen eine Entscheidung des BGH[45] argumentiert, in der angenommen wurde, daß der Adressat bei einer bestimmten vertraglichen Bindung[46] eine eigene Entscheidungsfreiheit aus Rechtsgründen nicht besitze und von einem Boykott insoweit nicht gesprochen werden könne. Abgesehen von der zweifelhaften begrifflichen Argumentation wird dem jedoch entgegengehalten, daß die Tatsache einer vertraglichen Verpflichtung zur Durchführung der Verrufserklärung der *gesamten* Handlung nicht den Boykottcharakter nehmen könne[47].

Hierbei sind jedoch zwei Elemente des Boykottgeschehens nicht hinreichend voneinander getrennt. Ein bestehendes Vertragsverhältnis kann — in seiner Gesamtheit betrachtet — die Autonomie des Adressaten beseitigen: Dann fehlt es an dem Merkmal des Drei-Parteien-Verhältnisses. Ist aber die Intensität der Bindung nicht stark genug, diesen Schluß zu tragen, so ist an der Unabhängigkeit des Adressaten nicht zu zweifeln. Beinhalten die vertraglichen Bindungen im letzten Fall dennoch die Verpflichtung zur Befolgung der Verrufserklärung, so ist dies eine Frage der Willensbeeinflussung des Adressaten; sie ist also im Problemkreis der *Ursachen* der Befolgung des Aufrufs angesiedelt. Dann aber müssen diejenigen Grundsätze herangezogen werden, die schon bei der faktischen Durchsetzung der Sperre maßgeblich waren. Aus der *Sicht des Boykottierten* spielt dieser — interne

---

[43] RGZ 155, 257 (279); BGHZ 19, 72 (77); *Baumbach / Hefermehl*, § 1 UWG, Anm. 214; *Neumann*, S. 13; *Sinnecker*, S. 10; *Spengler*, WuW 1953, 195 (204); *Ulmer / Reimer*, III, Nr. 880.

[44] *Baumbach / Hefermehl*, § 1 UWG, Anm. 214; *Puttfarcken*, S. 19; *Sinnecker*, S. 10 m. w. Nachw.; *Ulmer / Reimer*, III, Nr. 880; vgl. auch *Lieberknecht*, WuW 1956, 233 (Anm. zu BGHZ 19, 72).

[45] BGHZ 19, 72.

[46] Der Adressat war vertraglich verpflichtet, nur an vom Verrufer bestimmte Abnehmer zu liefern.

[47] *Sinnecker*, S. 11 m. w. Nachw.

— Vorgang der vertraglichen Festlegung des Adressaten auf die „Meidung" keine Rolle. Eine Ausgrenzung dieser Variante aus der Typologie der Boykottgeschehen ist daher — wie bereits oben — ebenfalls abzulehnen.

Darüber hinaus ist festzuhalten, daß bestehende vertragliche Beziehungen zwischen Verrufer und Adressat für die Frage der autonomen Stellung letzterer stets *material*, im Hinblick auf den konkreten Boykottatbestand, zu prüfen sind. So kann durchaus eine enge rechtliche Bindung allgemeiner Art vorliegen, ohne daß damit im Falle eines Boykottaufrufs sogleich eine Identität impliziert wäre: Ruft ein Arbeitgeber seine Arbeitnehmer zur Meidung eines bestimmten Geschäftsbetriebes auf, so bleiben diese trotz Bestehens eines Arbeitsvertrages und bestimmter Weisungsbefugnis im Betrieb im Hinblick auf den konkreten Boykottaufruf doch autonome Dritte[48]. Das teilweise in der Literatur[49] anklingende Kriterium, die Abhängigkeit des Adressaten vom Verrufer danach zu bestimmen, ob man nach den Regeln des BGB über Stellvertretung die Rechtsfolgen der Handlung dem Vertretenen zurechnen würde, verdient insoweit — vorsichtige — Zustimmung, obgleich es schon systematisch gefährlich erscheint, von den Rechtsfolgen, also hier der Zurechnung, auf den zugrundeliegenden Tatbestand zu schließen.

c) *Willensbeeinflussung beim Adressaten*

Die Frage der Willensbeeinflussung des Adressaten, die herkömmlicherweise[50] vor allem im Kontext der *Intensität* des Einwirkens des Verrufers diskutiert wird[51], spielt nunmehr alleine noch unter dem Aspekt der *Kausalität* der Durchführungshandlung eine Rolle. Ausgegrenzt müssen demnach solche Fälle werden, in denen der Adressat die Sperre oder Abkehr vom Boykottgegner aus autonomen, vom Boykottaufruf unabhängigen Motiven vornimmt. Dem Merkmal der Willensbeeinflussung wohnt insofern eine Kausalitätsvorstellung inne[52].

Subtile und dezidierte Erwägungen zu dieser Frage sind insbesondere für den Bereich des Wettbewerbsrechts relevant, wo von der Interessenpolarität her die Grenzlinien zwischen eigener Wer-

---

[48] Ähnl. *Neumann*, S. 13.

[49] *Neumann*, S. 13.

[50] Aus der Rechtsprechung: BGH NJW 1954, 147; BGH WuW 1964, 641; in neuerer Zeit: OLG Stuttgart, WuW 1974, 576; *Baumbach / Hefermehl*, § 1 UWG, Anm. 213; *Benisch*, GK, § 26, Anm. 12, 13 und 16; *Neumann*, S. 15 ff.; *Polzius*, S. 15 f.; *Puttfarcken*, S. 27; *Ulmer / Reimer*, III, Nr. 879; *Weick*, S. 31 f.

[51] Diese Abgrenzungen sind bereits oben, § 2, III, 2, erfolgt.

[52] Betont vor allem bei *Sattler*, S. 45.

bung, Warentests, Kritik an anderen Wettbewerbern und Durchsetzung eigener Marktpositionen[53] selbst fließend sind und Bereiche der in unserem Zusammenhang relevanten Sperren schon deswegen tangieren, weil die zugrundeliegende *Absicht* des Erklärenden nicht selten nur schwer auszuloten ist; im Kontext dieses Sachgebietes finden sich auch detailliertere Überlegungen zu diesen Abgrenzungsfragen[54].

d) Rechtsverhältnisse zwischen Adressat und Boykottiertem

Für die *Typologie* der zu untersuchenden Boykottatbestände nicht entscheidend ist demgegenüber das Verhältnis zwischen Adressat und Boykottiertem, insbesondere die Frage, ob dort vertragliche Bindungen bestehen oder nicht. Für die *rechtliche Bewertung* der Boykottgeschehen kann diese Frage allerdings — ohne daß sie an dieser Stelle bereits ausdiskutiert werden kann — erhebliche Bedeutung erlangen. Führt nämlich die Boykotthandlung, also die „Sperre", für den Adressaten zu Verletzungen vertraglicher Bindungen im Verhältnis zum Boykottierten, so gelangt der *Aufruf* hierzu in den Problembereich der *Verleitung zum Vertragsbruch.* Demgemäß ist die Betrachtung des Rechtskreises des Adressaten gerade im Hinblick auf den Boykottierten zwar für die Typologie nicht konstitutiv; sie wird gleichwohl stets zu untersuchen sein, da sie jedenfalls für die rechtliche Bewertung Relevanz erlangt.

3. Tatbestandliche Eingrenzung als Arbeitsgrundlage

Aus der Typologie der Boykottatbestände läßt sich nunmehr als Arbeitshypothese eine tatbestandliche Eingrenzung vornehmen.

Danach handelt es sich bei den zu untersuchenden Boykottgeschehen um solche Tatbestände, in denen ein sozialer Konflikt durch wirtschaftliche Kampfmaßnahmen mit dem Ziel ausgetragen wird, den Gegner zu einem bestimmten Verhalten zu bestimmen und dies dadurch bewerkstelligt wird, daß auf den Willen autonomer Dritter in unterschiedlicher Intensität dahingehend eingewirkt wird, daß diese den Kampfgegner meiden, ihn also sperren oder sich von ihm abkehren.

Diese Umschreibung korrespondiert mit derjenigen von *Weick*[55], erweitert sie aber insofern, als dezidierter zum Ausdruck gelangt, daß die Hinzuziehung Dritter über die Beeinflussung deren Willens nur Mittel im Kampf der Primärparteien ist und daß die Gesamt-

---

[53] Vgl. *Sinnecker*, S. 15.

[54] *Baumbach / Hefermehl*, § 1 UWG, Anm. 213; *Benisch*, GK, § 26, Anm. 12 ff.; *Ulmer / Reimer*, III, Nr. 879 jew. m. w. Nachw.

[55] *Weick*, S. 32.

kampfmaßnahme selbst ihrerseits eine — zweite — Willensbeeinflussung des eigentlichen Kampfgegners bezweckt.

V. Boykottaufruf und Boykottdurchführung

Problematisch bleibt dabei noch, ob die *Befolgung* des Aufrufs durch die Adressaten notwendiges Kennzeichen der zu untersuchenden Tatbestände ist, oder ob bereits die Aufforderung selbst eigene Rechtsqualität hat und schon Teil des Gesamtkomplexes des Kampfgeschehens und damit Anknüpfungspunkt für Gegenmaßnahmen ist; konkreter, ob etwa bereits gegen den Aufruf gerichtlicher Schutz — im Wege des einstweiligen Rechtsschutzes oder anderer Abwehrrechte — erlangbar ist.

Gerade mit Blick auf das Arbeitsrecht scheint die Diskussion dieser Frage in geläufige Strukturen zu führen: Dort ist das Problem der Vorbereitungshandlung in ihrer Abgrenzung zur Kampfmaßnahme bekannt[56]. Diese Gedanken sind auf den hiesigen Problembereich jedoch nicht übertragbar. Handelt es sich bei dem arbeitsrechtlichen Komplex um den Problemkreis, der sich — „strafrechtlich gesprochen" — um die Unterscheidung von Vorbereitungshandlung und Beginn der Ausführung rankt, wo also eine Grenzlinie zwischen *rechtlich relevanten* Erscheinungen und solchen, die bloß der Vorbereitung jener dienen, gezogen und letztere aus dem Sanktionsbereich herausgehalten werden sollen, so kann diese Eingrenzung bei den Boykottfällen nicht Ausgangspunkt möglicher Einordnung von getroffenen Maßnahmen sein, jedenfalls nicht für den Fall der Boykottaufforderung. Denn jene ist bereits Teil des Boykottgeschehens, der Aufruf selbst stellt die erste Stufe eines im übrigen mehraktigen[57] Kampfgeschehens dar. Mit der Aufforderung selbst ist schon jener Tatbestand geschaffen, der nun, unabhängig vom Aufrufer, zu dem gewünschten (solidarischen) Verhalten der Dritten (Adressaten) führen kann. Der Boykottierte befindet sich damit schon in diesem Stadium in einer Drucksituation, da mögliche Sperren durch Dritte unmittelbar bevorstehen und mit ihrem Eintritt jederzeit gerechnet werden muß. Mit der Befolgung des Aufrufs konkretisiert sich dann die mit der Aufforderung selbst initiierte weitere Kampfmaßnahme durch die Adressaten. Dies zeigt deutlich, daß dem Boykottaufruf ein *eigenständiger* Charakter als Grundlage *potentieller* Verwirklichung der Sperre zugemessen werden muß[58].

---

[56] Vgl. insbesondere *Ramm*, Kampfmaßnahme und Friedenspflicht, S. 42 ff.

[57] *Birk*, Rechtmäßigkeit, S. 96; *Sattler*, S. 3 f.; zur Abgrenzung: *ders.*, S. 61 ff.; a. A. *Löwisch*, Anm. AR-Blattei, Arbeitskampf IV, Entsch. 1; *ders.*, RdA 1977, 356 (357).

[58] So auch: *Birk*, AuR 1974, 289 (299); *ders.*, Rechtmäßigkeit, S. 96; *Weick*, S. 30; auch BGHZ 24, 200 (205) sieht die Boykottaufforderung bereits als

Gerade anhand dieser Frage erweist sich im übrigen die Relevanz der Ausgrenzung einer Schädigungsabsicht aus der Typologie und der Herausstellung der Tatsache, daß Ziel der Maßnahmen das „Nachgeben" des Gegners ist[59]. Erst auf der Grundlage dieser These ist die Akzentuierung des Boykottaufrufs als eigenständige Kampfmaßnahme methodisch exakt.

Eine Abgrenzung von Vorbereitungshandlungen zu den Kampfmaßnahmen selbst, also eine Anlehnung an die entsprechende arbeitskampfrechtliche Diskussion[60], ist im Kontext der Boykottatbestände ebenfalls denkbar; allerdings kann sie nur *vor* dem Bereich der Aufforderung liegen und nur dazu dienen, die Aufforderung selbst von anderen — diesen Charakter noch nicht erfüllenden — Maßnahmen zu unterscheiden[61]. Dies ist als Problem dann aber der schon erwähnten Frage der Intensität des Willensbeeinflussungsversuches — Tatsachenmitteilung, Anregung etc. — schwerpunktmäßig zuzuordnen[62].

VI. Merkmale der arbeitskampfrechtlichen Boykottfälle

Aus dem Gesamtkomplex der als Boykotte bezeichneten sozialen Geschehen ist für den Rahmen dieser Untersuchung der Sektor des Boykotts als *Arbeitskampfmittel* (der Gewerkschaft) herauszugliedern.

1. Zuständigkeit der Arbeitsgerichtsbarkeit

Methodisch wäre dabei zunächst erwägenswert, den arbeitskampfrechtlichen Boykott gegenüber den übrigen Fällen anhand der Zuständigkeit der Arbeitsgerichtsbarkeit abzugrenzen und damit vom Gegenstand her jene Entwicklung nachzuvollziehen, die nach Inkrafttreten des ArbGG 1926 die Beurteilung bestimmter Boykottfälle vom RG auf das RAG übergehen ließ. Ein Blick auf den Katalog des damaligen § 2 ArbGG erweist jedoch, daß die Zuständigkeit der Arbeitsgerichte, im wesentlichen aus Gründen der Sachnähe, weit über die Materie hinausging, die den speziellen arbeitsrechtlichen Regeln unterworfen war; so etwa die Zuständigkeit auch für bestimmte unerlaubte Handlungen zwischen Arbeitnehmern, die materiell an sich alleine den bürgerlichrechtlichen Regeln unterliegen. Da bisweilen auch organisationspolitische Streitigkeiten zwischen Arbeitnehmern den Hintergrund der-

„Eingriff" in die gewerbliche Sphäre an; a. A. *Löwisch,* Anm. AR-Blattei, Arbeitskampf IV, Entsch. 1; *ders.*, RdA 1977, 356 (357).

[59] Vgl. oben, § 2, IV, 1.

[60] Vgl. § 2, Fn. 56.

[61] Ähnlich *Birk*, AuR 1974, 289 (299).

[62] Oben, § 2, IV, 2, c.

artiger unerlaubter Handlungen bildeten[63], ist die Judikatur des RAG doch häufig mit solchen „Boykott"-Fällen beschäftigt gewesen, ohne daß diese der Typologie der hier zu untersuchenden Boykottatbestände entsprechen würden.

Auch gegenwärtig zeigt der Katalog des § 2 Abs. 1 ArbGG, daß eine Kongruenz von Zuständigkeit der Arbeitsgerichtsbarkeit und Geltung der arbeitsrechtlichen Regeln nicht gegeben ist. Eine tatbestandliche Abgrenzung arbeitskampfrechtlicher Boykotte aus der Gesamtmenge der Boykottgeschehen ist unter Zugrundelegung der historischen wie gegenwärtigen Zuständigkeitsentwicklungen nicht sachgerecht.

2. Kampfziel als Kriterium eines Boykotts als Arbeitskampfmittel

Eine Abgrenzung des Boykotts als Arbeitskampfmittel von den übrigen Boykottgeschehen scheint zunächst eine Auseinandersetzung mit dem allgemeinen Begriff der „Arbeitskampfmaßnahme" erforderlich zu machen, der in der Literatur kontrovers diskutiert und unterschiedlich definiert wird. Während weitgehend unstreitig ist, daß zur Qualifikation eines Geschehens als Arbeitskampfmaßnahme eine kollektive Maßnahme der Parteien des Arbeitslebens erforderlich ist, ergeben sich die Differenzen bei der Einbeziehung des Kampf*zieles* jener Tätigkeiten. Für die Verfechter des „weiten" Arbeitskampfbegriffes[64] genügt ein bestimmtes allgemeines Ziel. Demgegenüber verlangen die Vertreter des „engen" Kampfbegriffes[65], daß von einer Arbeitskampfmaßnahme nur dann gesprochen werden könne, wenn das Kampf*ziel* auf dem Sektor der Arbeits- und Wirtschaftsbedingungen angesiedelt ist.

Ein spezielles Eingehen auf diesen Theorienstreit erübrigt sich jedoch für den vorliegenden Zusammenhang. Bereits bei der Diskussion des Boykottbegriffes wurde deutlich, daß eine begriffliche Einordnung dann entbehrlich ist, wenn sich dadurch keine weiterführenden Erkenntnisse erschließen lassen. Das ist bei dem hier einschlägigen Begriffsrahmen jedoch der Fall. Der unterschiedliche Arbeitskampfbegriff gewinnt praktische Bedeutung vornehmlich für den Rechtsweg, insbesondere im Hinblick auf § 2 ArbGG; zur Bestimmung von Rechtmäßigkeit oder Rechtswidrigkeit leistet die begriffliche Einordnung zunächst nichts. Eine Nutzbarmachung einer der beiden grundsätzlich vertretenen Kampfbegriffe für den Boykott als Arbeitskampfmittel erübrigt sich daher.

---

[63] Vgl. etwa *Bulla*, bei: Kaskel, Arbeitsgerichtsbarkeit, 1929, S. 145 (160 ff.).

[64] *Birk*, Rechtmäßigkeit, S. 21; *Brox / Rüthers*, S. 23 ff.; *Nikisch*, II, S. 78 ff.; *Seiter*, Streikrecht, S. 568 ff. (jedenfalls im Grundsatz); *Zöllner*, Arbeitsrecht, S. 290 f.

[65] *Ramm*, AcP 160, 336 ff., insbes. 365; *Säcker*, Grundprobleme, S. 81; *Wiethölter*, Rechtswissenschaft, S. 303 ff.; *Wohlgemuth*, S. 37 ff.

Andererseits muß der Tatsache Rechnung getragen werden, daß der Boykott ein universales Kampfmittel ist, das in zahlreichen und verschiedenartigen sozialen Auseinandersetzungen zur Anwendung gelangt und nicht — wie etwa Streik oder Aussperrung — auf den Sektor des Arbeitskampfes beschränkt ist. Auch die Mittel seiner Durchführung sind inhaltlich und hinsichtlich des Ansatzpunktes variabel, so daß aus ihnen ebenfalls kein spezifisches Kriterium für eine *Arbeitskampf*maßnahme gewonnen werden kann.

Danach erscheint es zur Qualifizierung eines Geschehens als arbeitsrechtlichen Boykott notwendig, neben den Kampfparteien auch das *Ziel* der Maßnahmen als Kriterium heranzuziehen. Von einem Boykott als Arbeitskampfmittel ist daher nur dann zu sprechen, wenn es sich um eine — den sonstigen Merkmalen eines Boykottgeschehens entsprechende — Auseinandersetzung der Parteien des Arbeitslebens handelt und das Kampfziel dem Bereich der Wahrung und Förderung der Arbeits- und Wirtschaftsbedingungen zuzuordnen ist[66]. Demgegenüber sagen die *Mittel* der Durchführung des Boykotts über dessen systematischen Standort nichts aus. Sie bleiben nicht auf das Arbeitsrecht beschränkt[67] und sind insoweit situationsabhängig, als der zu bewirkende Druck Effizienz erlangen und deswegen an geeigneten Positionen des Gegners ansetzen soll. Störungen des Warenabsatzes des Kampfgegners können demnach ohne weiteres als arbeitsrechtliche Boykottmaßnahme aufgefaßt werden, wenn diese etwa von der Arbeitnehmerschaft zum Zwecke der Druckausübung auf den Arbeitgeber zur Erreichung günstigerer Arbeitsbedingungen durchgeführt werden[68].

Von dieser Prämisse her können vergleichbare soziale Erscheinungen, die nicht als Arbeitskampfmaßnahmen zu begreifen sind, auf zwei Ebenen abgegrenzt werden: derjenigen der *Parteien* und der des *Zieles* der Auseinandersetzungen.

---

[66] Ähnl. *Birk*, Rechtmäßigkeit, S. 97; auf den Abschluß eines Tarifvertrages bezogen: *ders.*, AuR 1974, 289 (297); *Bulla*, AR-Blattei, Arbeitskampf IV, unter II, 1, spricht von einem Erreichen des „Arbeitskampfzieles". *Nipperdey*, Festgabe Küchenhoff, S. 133 (140), verlangt, daß sich beide Seiten „gerade als Arbeitgeber und Arbeitnehmer" gegenüberstehen, was anhand des Kampfmotives feststellbar sei. Dies entspricht in der Tendenz der hier gebrauchten Systematik, da Nipperdey zwar nicht weiter auf das Kampfziel abstellen will, zugleich aber Maßnahmen der Arbeitnehmer danach unterscheidet, ob sie *Arbeitnehmer*interessen oder andere, etwa allgemeine *Verbraucher*interessen wahrnehmen.

[67] *Birk*, Rechtmäßigkeit, S. 97; anders (unklar) S. 107; vgl. auch *Säcker*, Boykott, S. 11.

[68] Zu eng ist in diesem Zusammenhang die Auffassung *Kaskels*, Arbeitsrecht, S. 388, der nur die Absperrung vom *Arbeitsmarkt* als Boykott i. S. des Arbeitsrechts ansieht. Vgl. demgegenüber *F. Mayer*, S. 6: Entscheidung nach dem *Zweck*.

Hinsichtlich der sich gegenüberstehenden Parteien sind unproblematisch aus dem Bereich des Arbeitskampfes diejenigen Konflikte auszuscheiden, bei denen nicht die Parteien des Arbeitslebens, also Arbeitnehmer und Arbeitgeber bzw. beider Organisationen, Kampfbeteiligte sind. Gleichfalls auszugliedern sind darüber hinaus solche Maßnahmen mit Boykottcharakter, die zwar von einer Partei des Arbeitslebens ausgehen, aber nicht final gegen den sozialen Gegenspieler, sondern gegen Angehörige der gleichen Gruppe gerichtet sind. Insbesondere handelt es sich um die bereits erwähnten Fälle, in denen eine Arbeitnehmerorganisation durch Druck auf den Arbeitgeber bestimmte ihr unliebsame Arbeitnehmer von Arbeitsverhältnissen mit diesem ausschließen möchte[69].

Auf der Ebene des Kampf*zieles* sollen alle jene Konflikte aus dem Bereich des Boykotts als Arbeitskampfmittel ausgeblendet werden, die nicht auf eine Wahrung und Förderung der Arbeits- und Wirtschaftsbedingungen gegenüber dem sozialen Gegenspieler gerichtet sind, sondern der Durchsetzung anderer Ziele dienen; oder, wie *Nipperdey* formuliert[70], bei denen sich Arbeitnehmer und Arbeitgeber nicht gerade in ihrer Eigenschaft als solche gegenüberstehen.

Mit dieser Eingrenzung kann die Diskussion über Umfang und Grenzen der in Art. 9 Abs. 3 GG genannten „Arbeits- und Wirtschaftsbedingungen" ebenso unberücksichtigt bleiben wie diejenige um Arbeitskämpfe bezüglich solcher Ziele, die in der Sachkompetenz des Gesetzgebers liegen. Diese als Arbeitsgrundlage gewählte Problemeingrenzung entspringt dem Bedürfnis der Themenstellung, nach der das Spezifikum des Boykotts in seinem Gebrauch als Arbeitskampfmittel, nicht jedoch das geltende Arbeitskampfrecht selbst fundamental untersucht werden soll.

Es ergibt sich damit als Grundlage der weiteren Überlegungen, daß als arbeitskampfrechtliche Boykotte solche Tatbestände zu bezeichnen sind, bei denen ein Konflikt in der oben beschriebenen Art zwischen den sozialen Gegenspielern bezüglich eines Regelungsgegenstandes ausgetragen wird, der im Sektor der Arbeits- und Wirtschaftsbedingungen liegt. Konkreter: die Gewerkschaft erstrebt eine (günstigere) Kollektivvereinbarung und versucht Dritte zu bewegen, mit dem tariflichen Gegner keine Rechtsbeziehungen aufzunehmen oder vorhandene abzubrechen[71].

---

[69] RAG ARS 7, 404; RAG ARS 9, 179; RAG ARS 10, 617; *Nikisch*, II, S. 99 f., rechnet diese Fälle ebenfalls dem arbeitsrechtlichen Boykott zu, läßt allerdings offen, ob er diese als Arbeits*kampf*maßnahmen ansehen will.

[70] *Nipperdey*, Festgabe Küchenhoff, S. 133 (140).

[71] Ähnl. *Birk*, AuR 1974, 289 (297); *Hueck / Nipperdey*, II, 2, S. 909; *Nikisch*, II, S. 99.

3. Abgrenzung zu Streik und Aussperrung

Die Existenz verschiedener kollektiver Kampfmaßnahmen im Bereich des Arbeitsrechts macht eine Abgrenzung des arbeitskampfrechtlichen Boykotts zu den vergleichbaren Erscheinungen Streik und Aussperrung erforderlich. Diese erfolgt in der Literatur in uneinheitlicher Weise.

Zöllner[72] sieht im Streik eine bloß vorübergehende Arbeitsniederlegung, während in der Regel ein Boykott vorliege, wenn die Vorenthaltung der Arbeitsleistung endgültig sein sollte. Diese Unterscheidung überzeugt nicht. Sie implizierte, daß alleine der Streik einen transitorischen Charakter habe, während dem Boykott definitive Wirkungen eigen wären. Dies ist weder empirisch zu belegen, noch entspricht es der Typologie der Boykottgeschehen. Auch der Boykott ist nicht Selbstzweck, sondern dient letztlich der Durchsetzung eines bestimmten Zieles und wird nicht weitergeführt werden, wenn jenes erreicht ist.

Demgegenüber erlangt die Einbeziehung Dritter in das Kampfgeschehen als Abgrenzungskriterium wesentliche Bedeutung[73]. Während der Streik sich unmittelbar zwischen den Kampfparteien, das heißt also nur in deren Innenverhältnis, abspielt, sind die Boykottfälle dadurch gekennzeichnet, daß Dritte am Kampf beteiligt werden, daß über die Dritten also die Kampfebene erweitert wird[74]. Die Einzelakte werden über diese abgewickelt. Die Drittbeteiligung alleine reicht jedoch als hinlängliches Abgrenzungsmerkmal nicht aus. Dritte sind beispielsweise auch bei Sympathiestreiks beteiligt. Kennzeichnend für den Boykott ist aber die Tatsache, daß dort die *(Rechts-)Beziehungen* zwischen dem Boykottgegner und den einbezogenen Dritten relevant werden, da exakt *diese* den Ansatzpunkt für die Boykottmaßnahmen selbst darstellen. Beim Boykott geht es um den Abbruch oder die Nichtaufnahme von Vertragsbeziehungen des Dritten zum Boykottgegner[75].

Demgemäß ist der Boykott von Streik und Aussperrung kumulativ anhand der Beteiligung Dritter sowie der Tatsache abzugrenzen, daß *deren* (Rechts-)Beziehungen zum Boykottgegner den Hebel zur Druckausübung bilden. Dies kommt in zahlreichen Abgrenzungsversuchen nur unzureichend zum Ausdruck. Eine Unterscheidung nach der Verhinderung *neuer* Verträge, dann Boykott, oder der Lösung *bestehender* Verträge, dann Streik[76], ist ebenso unpräzise wie das Abstellen dar-

---

[72] *Zöllner*, Arbeitsrecht, S. 286.

[73] Vgl. auch *Bulla*, AR-Blattei, Arbeitskampf IV, unter II, 4, 2, b; *Coester*, RdA 1976, 282 (289); *Hueck / Nipperdey*, II, 2, S. 911.

[74] Dies wurde bereits früher als Merkmal herausgestellt, vgl. *Lion-Levy*, NZfA 1921, 541.

[75] Vgl. auch *Hueck / Nipperdey*, II, 2, S. 911.

[76] *Brox / Rüthers*, S. 37; *F. Mayer*, S. 8 f.

auf, ob Vertragsverhältnisse zwischen den Parteien vorausgegangen waren oder nicht[77]. Beide Kriterien sind Varianten von Boykottgeschehen, nicht aber differentium specificum gegenüber dem Streik.

[77] So aber: *Röpke*, Handwörterbuch, Boykott, unter 1. am Ende.

§ 3 Die Beteiligung Dritter als Problemschwerpunkt der Boykottbewertung

Die Typologie der Boykottgeschehen und die Abgrenzung desjenigen Sektors, in dem der Boykott als Arbeitskampfmittel anzusehen ist, haben den Untersuchungsgegenstand tatbestandlich konkretisiert. Für den nun folgenden Schritt der rechtlichen Bewertung lassen sich hieran die Problemschwerpunkte entwickeln. Sie sind — wie bereits angedeutet — insbesondere innerhalb der Beteiligung Dritter angelegt.

I. Mehraktigkeit als Basis unterschiedlicher Bewertungsmaßstäbe

Die nach der hiesigen Typologie den Boykottgeschehen eigene Beteiligung Dritter am Primärkampf führt — effektiv bei Durchführung des Boykotts, jedenfalls potentiell bei bloßem Aufruf — zu einer *Mehraktigkeit* des Gesamtgeschehens. Erster Komplex ist die Aufforderung des Verrufers an die Adressaten. Sie ist in diesem Innenverhältnis angesiedelt, ihre Bewertung richtet sich *zunächst* einmal nach den hier vorhandenen Rechtsbeziehungen. Die *Maßstäbe* der Bewertung sind dabei auch der hier einschlägigen Rechtsmaterie zu entnehmen. In dem Aufruf wird aber zugleich zu einem Verhalten des Adressaten in seinem Verhältnis zum Boykottierten aufgefordert, dessen Befolgung im Wege der Durchführung der Sperre den *zweiten Akt* des Gesamtgeschehens Boykott darstellt. Die Frage der Rechtmäßigkeit *dieser* Sperre bestimmt sich aus dem Binnenverhältnis Adressat — Boykottierter, wird also etwa durch das Vorliegen vertraglicher Bindungen und deren möglicher Verletzung berührt. Gerade letzteres aber schlägt auf den Aufruf im Verhältnis Verrufer — Adressat durch: Stellt die Sperre eine Vertragsverletzung des Adressaten gegenüber dem Boykottierten dar, so liegt im Aufruf prinzipiell eine Verleitung zum Vertragsbruch. Damit wird aber deutlich, daß sich die Bewertungsmaßstäbe des ersten Aktes nicht alleine nach dem Binnenverhältnis Verrufer — Adressat bestimmen, sondern von denjenigen im Verhältnis Adressat — Boykottierter mitgeprägt werden. Dabei ist es denkbar, daß die *Maßstäbe* beider Rechtsverhältnisse verschieden sind, also beispielsweise im Verhältnis Verrufer — Adressat rein bürgerlich-rechtliche, in demjenigen zwischen Adressat und Boykottiertem aber wettbewerbsrechtliche Kategorien einschlägig sind.

Diese Diskrepanzen werden besonders in der dritten Linie des Dreiecksverhältnisses relevant, in der Beziehung Verrufer — Boykottierter. Hier liegt bezüglich des Boykottgeschehens das Primärkampfverhältnis vor; hierauf liegt demgemäß auch der Akzent der prinzipiellen Zuordnung, also nach der oben dargelegten *kampfziel*orientierten Abgrenzung die Entscheidung darüber, ob ein *arbeitskampfrechtlicher* Boykott vorliegt.

Für die rechtliche Bewertung des Boykotts im Primärkampfverhältnis werden danach insgesamt drei Rechtsbeziehungen und daraus resultierende Pflichtenkreise bestimmend. Zunächst ist der Blick auf das Primärverhältnis zwischen Verrufer und Boykottiertem zu richten; diesem sind die *Maßstäbe* der Gesamtbeurteilung zu entnehmen. Bestehende Verpflichtungen können hier bereits die Bewertung prägen, beispielsweise bestehende Kampfverbote aus einer Friedenspflicht.

Andererseits können Pflichtenverstöße aus einer der beiden anderen Rechtsbeziehungen, also Störungen in einem oder beiden Teilakten, auf den ansonsten nicht zu beanstandenden Primärkampf durchschlagen. So werden in der Regel eine durch die Durchführung der Geschäftsverweigerung erfolgte Vertragsverletzung der Adressaten, die Sperre selbst, im Verhältnis Adressat — Boykottierter und möglicherweise damit auch der Aufruf durch den Verrufer einen Rechtsverstoß darstellen, der seinerseits den Primärboykott insgesamt, zumindest in dieser Durchführungsform, mit dem Verdikt der Rechtswidrigkeit belegt. Dabei können — wie gezeigt — sämtliche drei „Unrechtselemente" ganz unterschiedlichen Kriterien zu entnehmen sein: beispielsweise, wenn der Primärkampf als Arbeitskampf arbeitskampfrechtlichen Regeln unterliegt, die Sperre durch die Adressaten aus wettbewerbsrechtlichen Gründen unzulässig und der Aufruf wegen Verleitung zu wettbewerbswidrigem Handeln deliktsrechtlich zu verwerfen ist.

Aus der Mehraktigkeit des Boykotts resultieren also verschiedene, uneinheitliche Maßstäbe, die an Einzelakt und Gesamtgeschehen anzulegen sind. Diese Konstellation legt dann unmittelbar die Frage nach Prioritäten und Interdependenzen dieser Rechtskreise nahe. Diese konkretisiert sich in der Überlegung, ob nicht einer dieser Bewertungsmaßstäbe die übrigen verdrängen oder deren Geltung zumindest modifizieren kann.

II. Arbeitskampfrechtliche Bewertung des mehrstufigen Gesamtgeschehens

Auf den Problemschwerpunkt der vorliegenden Untersuchung zugeschnitten lautet die Frage, welchen Einfluß der (hier zugrundegelegte) Charakter des Primärkampfes als Arbeitskampf auf die Bewertung der

Teilakte *Boykottaufruf* in allen Variationen nebst faktischem Zwang und *Durchführung der Sperre durch die Adressaten* nehmen kann.

Während die arbeitskampfrechtlichen Regeln im Verhältnis Verrufer — Boykottierter nach allgemeinen Grundsätzen bestimmend sind, also etwa die Beachtung einer bestehenden Friedenspflicht auferlegen, sind im Verhältnis des Adressaten zum Boykottierten mehrere Varianten denkbar.

Zunächst kann es sich bei der Sperre durch die Adressaten um ein in jeder Hinsicht zulässiges Verhalten handeln, etwa dann, wenn zwischen diesen und den Boykottierten weder Geschäftsbeziehungen noch Kontrahierungspflichten bestehen. Dann kann es genügen, auch den Aufruf hierzu rein zivilrechtlich zu betrachten, dieser wird dann — jedenfalls unterhalb der Deliktsschwelle — als bereits aus den Kriterien des Zivilrechts heraus rechtmäßig qualifiziert werden können, sofern keine Unterlassungspflichten gegenüber dem Boykottierten aus Binnenbeziehungen bestehen.

Stellt die Sperre des Adressaten gegenüber dem Boykottierten allerdings eine Pflichtverletzung dar, so liegt es nahe, das Gesamtgeschehen als rechtswidrig zu bezeichnen. Dennoch wäre gerade hier zu überlegen, ob die Geltung des *Arbeitskampfrechts im Primärkampfverhältnis* auf diese Bewertung einwirken und hier Modifikationen der Beurteilung der Zulässigkeit des Einzelakts bewirken kann. Immerhin vermag auch an anderer Stelle das Arbeitskampfrecht Veränderungen der zivilrechtlichen Beurteilung hervorzubringen. So vermag es — jedenfalls nach der Rechtsprechung des BAG — den Arbeitsvertragsbruch des einzelnen Arbeitnehmers beim rechtmäßigen Streik zu privilegieren. Auf das Arbeitskampfmittel Boykott projiziert könnte dies bedeuten, daß auch hier zivilrechtlich an sich unzulässigem Handeln unter bestimmten Voraussetzungen das Verdikt der Rechtswidrigkeit genommen wird: Das Arbeitskampfrecht würde die primäre zivilrechtliche Unrechtsbewertung überlagern, Ausstrahlungen des Gesamtgeschehens Boykott dann die Teilaktsqualifizierung verändern.

III. Problemstellung und Gang der Untersuchung

Voraussetzungen und Grenzen einer solchermaßen zu erfolgenden Privilegierung innerhalb des Boykottkomplexes, zugleich aber — als Voraussetzung oder Folge — Stellung des Boykotts im System des Arbeitskampfrechts sind demgemäß zu untersuchen.

Vom Ausgangspunkt der Überlegungen her, daß es sich um die zusätzliche Rechtfertigung solcher Tatbestände handelt, die aus zivil- oder wirtschaftsrechtlichen Gründen nicht zulässig sind, kann normative Basis hierfür nach dem neueren Verständnis des Arbeitskampfrechts nur Art. 9 Abs. 3 GG sein. Dabei reicht es offensichtlich nicht aus, den Boykott als „zu Art. 9 Abs. 3 GG gehörig“ zu qualifizieren, wenn damit keine weitergehenden Folgerungen als die verbunden werden, daß zivilrechtlich erlaubtes Handeln (Verweigerung von Vertragsabschlüssen) auch im Arbeitskampf nicht per se unzulässig wird. Eine Wahl des Art. 9 Abs. 3 GG als Ausgangspunkt der Prüfung verwehrt auch, den Boykott als bloße Summe seiner Einzelakte zu begreifen und anhand deren rechtlicher Bewertung diejenige des Gesamtaktes Boykott zu bestimmen. Vielmehr ist ein umgekehrtes Vorgehen erforderlich, bei dem der Boykott als Kampfmittel selbst aus Art. 9 Abs. 3 GG heraus zu entwickeln und sein *verfassungsrechtlicher* Schutzumfang zu ermitteln ist. Aus dieser Position heraus ist er dann an den arbeitskampfrechtlichen Grundsätzen im engeren Sinne zu messen. Anhand der hieraus resultierenden systematischen Stellung im Arbeitskampfsystem ist dann die Zulässigkeit der Einzelakte zu prüfen, die ihrerseits insofern die Determinanten ihrer rechtlichen Beurteilung *aus ihrer Funktion* als Mittel des arbeitskampfrechtlichen Boykotts erfahren. Dies bedeutet im Ergebnis eine prinzipielle Umkehrung der bisher dominierenden Vorgehensweise.

Damit kann nicht gemeint sein, die an sich zivilrechtlichen oder wettbewerbsrechtlichen Phänomene etwa an Kategorien des Arbeitskampfrechts zu messen, das würde zu keinen brauchbaren Ergebnissen führen. Vermieden werden soll alleine die individualisierende, separierende Einzelaktsbewertung, die die Zugehörigkeit zu einem anderen, möglicherweise verfassungsrechtlich abgesicherten Geschehen ausblendet.

Bei den Einzelschritten wird dabei zu berücksichtigen sein, daß die Einbeziehung Dritter in das Arbeitskampfgeschehen und die Verlagerung der Kampfebene vom Arbeitsmarkt auf den Güterumsatzmarkt eine pauschale Integration in die für den Streik entwickelten Bewertungskriterien schon vom Ansatz her verwehren. Die Verklammerung des partiell zivilrechtlich zulässigen Verhaltens mit den arbeitskampfrechtssystematischen Problemen des Boykotts wird insofern vom Grundsatz her neu zu bestimmen sein.

Damit liegt der Gang der Untersuchung fest. Zunächst ist herauszuarbeiten, welche Kriterien und Methoden für die generelle zivilistische Boykottbewertung maßgeblich waren und wie sich deren Entwicklung vollzogen hat. Als Ergebnis wird sich der Maßstab für eine allgemeine zivilistische Boykottbewertung herausstellen lassen (§ 4). Danach ist zu untersuchen, welche Modifikationen an diesem Ergebnis durch das Arbeitskampfrecht bewirkt werden können. Dazu muß der Normgehalt des allein maßgeblichen Art. 9 Abs. 3 GG ermittelt werden (§ 5), dessen Reichweite sodann speziell auf den Boykott als Arbeitskampfmittel zu projizieren ist (§ 6). Der so in seiner verfassungsrechtlichen

Stellung gekennzeichnete Boykott ist dann an den arbeitskampfrechtlichen Generalklauseln „Paritätsgrundsatz“ (§ 7) und „Übermaßverbot“ (§ 8) zu messen. Die hieraus resultierenden Ergebnisse erlauben schließlich eine Detailanalyse der Boykotte zunächst in ihrer allgemeinen Form (§ 9) und danach speziell derjenigen Form, die durch die faktische Sperre mittels Durchführungsstreiks der Arbeitnehmer des Adressaten gekennzeichnet ist (§ 10).

§ 4 Kriterien und Methoden zivilistischer Boykottbewertung

I. Die Steuerung der judikativen Bewertungsgrundsätze durch die Prozeßlage als Erschwernis einer fallgruppenorientierten Analyse

Der Versuch einer fallgruppenspezifischen Analyse der Beurteilungslinien der Rechtsprechung gegenüber Boykottgeschehen muß bereits bei einem Überblick über die ergangene Judikatur als wenig ergiebig eingestuft werden. Dies beruht im wesentlichen auf der Steuerung, die die Rechtsprechung durch die ihr zur Entscheidung vorgelegten Rechtsstreite erfährt. Insbesondere die Klägerfunktion und das daraus resultierende Rechtsbegehren als Gegenstand des Verfahrens determinieren die anzulegenden Maßstäbe und damit die im Urteil erscheinenden dogmatischen Aussagen zu Boykottgeschehen. Bei Klagen des Boykottierten gegen den Verrufer werden andere Gesichtspunkte — zumindest unter anderer Akzentuierung — relevant als in denjenigen Fällen, in denen sich etwa der Adressat wegen einer mit einer Drohung verbundenen Boykottaufforderung gegenüber dem Verrufer zur Wehr setzt. Wiederum anders werden die Beurteilungskriterien für Fallkonstellationen sein, in denen der Boykottierte gegenüber dem Adressaten auf der Einhaltung von dessen Vertragspflichten besteht: Hier liefern die Binnenbeziehungen zwischen Adressat und Boykottiertem die primären Maßstäbe zur rechtlichen Bewertung.

Ein Blick auf die überkommenen Boykottbewertungen unter diesen Aspekten zeigt, daß der einschlägigen Judikatur im wesentlichen die Konstellation einer Klage des Boykottierten gegen den Verrufer zugrundeliegt. Die richterlichen Beurteilungen beziehen sich daher im Kern auf *dieses* Rechtsverhältnis; auch die Literatur konzentriert sich durchgängig auf die hier auftauchenden Rechtsprobleme[1].

Demgegenüber sind aus der Boykottjudikatur nur wenige, frühe Fälle ersichtlich, in denen der Adressat Rechtsschutz gegenüber dem Verrufer suchte[2]. Jeweils war den Adressaten des Gesamtboykottaufrufs mit Sanktionen, etwa des Ausschlusses von bestimmten Fracht-

[1] Dies gilt auch etwa für die Diskussion auf dem 29. Deutschen Juristentag 1908.

[2] RGZ 28, 238 (v. 25. 6. 1890); RGZ 48, 114 (v. 11. 4. 1901).

tarifen[3], für den Fall gedroht worden, daß sie dem Aufruf nicht Folge leisten würden. Während eine Entscheidung[4] vom Vorliegen eines Kontrahierungszwanges ausgeht und insofern für die hiesige Fragestellung etwas atypisch ist, hält das Reichsgericht in einem anderen Urteil[5] Zwangsmaßnahmen zur Durchsetzung des Boykottaufrufs und deren Androhung gegenüber dem Adressaten — auch gegenüber Mitgliedern des (verrufenden) Vereins — für unzulässig. Bemerkenswerterweise hat das Reichsgericht in späteren Entscheidungen[6], bei denen der Boykottierte gegen den Verrufer klagte und das Gericht über Zwangsmaßnahmen gegen den Adressaten nur inzidenter zu urteilen hatte, genau umgekehrt vertreten, derartige Zwangsmaßnahmen seien nicht nur zulässig, sondern im Hinblick auf die innere Organisation des Verrufers, hier der Gewerkschaften, sogar durchaus verständlich. Dieser Wandel der Rechtsprechung ist möglicherweise durch die unterschiedliche Ausgangssituation bezüglich der Klägerrolle mit erklärbar; gleichwohl kann nicht übersehen werden, daß es sich in beiden Fällen um eine Gewerkschaft als Verrufer handelt: Als Hintergrund der Änderung der Judikatur kommt damit auch die angesichts des Aufschwungs der Arbeiterbewegung nunmehr[7] durchgängig anerkannte Koalitionsfreiheit in Betracht. In der Sphäre des Koalitionsrechts schienen also Maßnahmen zur Durchsetzung des Boykottaufrufs durchaus einer modifizierten Betrachtungsweise zu unterliegen.

Aussagen zu anderen Fallgruppen, insbesondere zu dem Verhältnis Adressat und Boykottiertem, lassen sich der Judikatur demgegenüber nicht entnehmen. Auch die Literatur hat diesem Pflichtenkreis des Adressaten nur geringere Aufmerksamkeit geschenkt und sich zumeist auf den Hinweis beschränkt, die bloße Abkehr ohne Vertragsbruch sei „das gute Recht des Kündigers"[8]. Im entgegengesetzten Fall, also demjenigen des Vertragsbruches des Adressaten, sollten die „gewöhnlichen Rechtsfolgen"[9] desselben eintreten. Die sich hieraus ergebenden Folgerungen für den Gesamtboykott werden nicht ausdrücklich erwähnt, jedoch wäre zu vermuten, daß die dann anzunehmende Verleitung zum Vertragsbruch durch den Verrufer den Boy-

---

[3] RGZ 48, 114.

[4] RGZ 48, 114.

[5] RGZ 28, 238.

[6] RGZ 64, 52 (59); RGZ 76, 35 (43); vgl. aber auch RGZ 79, 17 (22), wo sekundäre Zwangsmaßnahmen gegen den Adressaten nur eingeschränkt als zulässig angesehen werden.

[7] Die Entscheidungen stammen aus den Jahren 1906 und 1911.

[8] *Oertmann*, Politischer Boykott, S. 67.

[9] *Oertmann*, Politischer Boykott, S. 67; vgl. auch *Juda*, S. 41; *F. Mayer*, S. 28, jeweils ohne besondere Problematisierung; ebenso *Pape*, Verh. des 29. DJT, Bd. IV, S. 246 (266).

kott insgesamt als rechtswidrig erscheinen ließe. Gänzlich sicher dürfte diese Folge allerdings nicht sein: Die Judikatur etwa des Reichsgerichts ist hinsichtlich der Beurteilung der Verleitung zum Vertragsbruch nicht eindeutig[10]; auch der Bundesgerichtshof[11] hat keineswegs feste Kriterien für die Einordnung entsprechender Fälle entwickelt, tendenziell immerhin aber die Verleitung zum Vertragsbruch als unzulässig (sittenwidrig) angesehen.

Der Schwerpunkt der Judikatur und der Literatur aber lag und liegt — wie erwähnt— in der Boykottbeurteilung im Verhältnis Boykottierter gegen Verrufer. Dort dominiert die deliktische Beurteilung von Boykottgeschehen.

II. Anfängliche Entwicklungslinien der deliktischen Beurteilung von Boykottgeschehen

1. Reichsgerichtliche Rechtsprechung

In einer bereits erwähnten frühen Entscheidung hatte das Reichsgericht zu beurteilen, ob die Verweigerung der Auslieferung von Büchern an bestimmte, die Rabattvorschriften des Börsenvereins nicht einhaltende Buchhändler durch jenen Börsenverein rechtmäßig war. Der erkennende Senat maß diese Liefersperre an den deliktischen Generalklauseln des § 8 ALR I, 6 und § 116 des Sächsischen BGB und kam zu der Feststellung, daß die Erhaltung und Nutzbarmachung eines Gewerbsvermögens zu einem wesentlichen Teile darauf beruhten, daß natürliche Beziehungen des gewerblichen Lebens die natürlichen Wirkungen, die sich für alle gleichmäßig zu vollziehen pflegten, äußerten. „Wenn nun jemand die natürlichen Wirkungen geflissentlich in anderer Weise als durch Bethätigung eines Konkurrenzbetriebes zum Nachteile eines bestimmten Gewerbetreibenden in der Absicht, dessen Gewerbebetrieb zu untergraben, verhindert, und dadurch dessen Gewerbsvermögen eine Beeinträchtigung erfährt, so liegt eine vorsätzliche rechtswidrige Vermögensbeschädigung vor“[12].

Diese Ausführungen des Reichsgerichts weisen ersichtlich bereits — zumindest in Konturen — in Richtung des später und auch heute noch diskutierten „Rechts am eingerichteten und ausgeübten Gewerbebetrieb“. Die vom Senat statuierte Rechtswidrigkeit der konkreten Liefersperre wird jedoch nicht pauschal als Folge dieses Eingriffes, sondern im Wege einer Abwägung zwischen verfolgtem Zweck und

---

[10] Vgl. etwa RG JW 1906, 198 einerseits und RG JW 1916, 1115, RG JW 1917, 217 andererseits; vgl. auch RGZ 149, 114.

[11] Vgl. etwa mit jeweils unterschiedlichen Akzenten BGH GRUR 1957, 219; BGH NJW 1963, 106; BGH AP Nr. 6 zu § 1 UnlWG.

[12] RGZ 28, 238 (248).

dem hierzu gebrauchten Mittel ausgesprochen. Letzteres wurde als rechtswidrig angesehen und bewirkte die Unzulässigkeit des gesamten Geschehens.

Bereits kurz nach Inkrafttreten des BGB war das Reichsgericht im Jahre 1901 mit dem oben erwähnten Sachverhalt befaßt, in dem eine Dampfschiffahrtsgesellschaft innerhalb eines Konkurrenzkampfes versuchte, eine Speditionsfirma mit der Androhung des Ausschlusses von ihren Frachttarifen zu einem von ihr gewünschten Verhalten gegenüber dem letztlich zu bekämpfenden Gegner zu bestimmen[13]. Im hier alleine interessierenden materiell-rechtlichen Teil des Urteils konnte das Reichsgericht nunmehr von den Normen des BGB ausgehen. Die beibehaltene deliktische Bewertung des Geschehens führte zu den Vorschriften der §§ 823, 826 BGB; dabei wurde hinsichtlich § 823 Abs. 1 BGB von der Erörterung der Frage eines subjektiven Rechtes auf freie Erwerbstätigkeit — mit leichter Tendenz noch zur Ablehnung — abgesehen.

Damit rückte § 826 BGB in den Mittelpunkt der rechtlichen Bewertung des Geschehens; jene Vorschrift, die „auch gegen Mißbrauch der Gewerbefreiheit ... durch Vergewaltigung anderer nunmehr ... Schutz gewähren“ soll. Obgleich das Reichsgericht den Fall zur weiteren Sachaufklärung zurückverwies, deutete es eine doch grundsätzliche Tendenz zur Anwendung des § 826 BGB in concreto an, da ein Ausschluß eines einzelnen von den Frachttarifen eben dann einen Verstoß gegen die guten Sitten ausmachen könne, wenn es zum Zwecke des unlauteren Wettbewerbs geschehe. Das gewählte Kampfmittel werde seinerseits auch durch den an sich erlaubten Endzweck noch nicht gerechtfertigt.

In der Entscheidung des Reichsgerichts vom 29. 5. 1902[14] taucht erstmals der Begriff Boykott auf; es handelte sich dabei um den klassischen Fall der Verschickung einer „Schwarzen Liste“ mit den Namen von 88 Arbeitern durch einen Firmeninhaber an einen anderen Arbeitgeber mit der Bitte, jene Genannten nicht einzustellen. Für eine Anwendung des § 826 BGB wurde grundsätzlich auf die Umstände des konkreten Falles verwiesen, eine Sittenwidrigkeit jedenfalls aber dann bejaht, wenn entweder Zweck oder Erfolg der zu bewertenden Handlung darauf hinausliefen, die gewerbliche Existenz des Gegners im Lohnkampfe völlig zu untergraben und ihn dauernd erwerbs- oder brotlos zu machen[15], während gleiche Maßnahmen von nur vorübergehender Dauer anders gewichtet werden müßten.

---

[13] RGZ 48, 114.
[14] RGZ 51, 369.

Auf der Basis dieser These ist die weitere Rechtsprechung des Reichsgerichts durch eine weitgehende Kasuistik gekennzeichnet[16], innerhalb derer unterschiedliche Kriterien zur Feststellung der Sittenwidrigkeit herangezogen wurden. Unsittlich sollte die Maßnahme beispielsweise sein, wenn „besonders verwerfliche" Mittel zur Anwendung gebracht wurden[17]; die Art, wie eine Handlung ins Werk gesetzt werde, könne sie zu einer unerlaubten machen, wobei insbesondere „aufreizende Schlagwörter" gegen die guten Sitten verstoßen könnten[18]. Ein ähnlicher Gesichtspunkt, Angriff in beschimpfender Weise und Entstellung des wahren Sachverhalts, wurde im bekannten „Zehlendorfer Gasthausfall"[19] als Grundlage eines Sittenwidrigkeitsverdiktes genannt; dort wird auch das Postenstehen als unter Umständen unerlaubt und sittenwidrig bezeichnet[20], wobei interessanterweise keineswegs eine sich daraus ergebende Sittenwidrigkeit des *ganzen* Geschehens gefolgert wurde: Ein Boykott der dort vorliegenden Dauer wäre nicht im ganzen unerlaubt, wenn bei seiner Durchsetzung zu unzulässigen, jedoch zeitlich begrenzten Maßnahmen gegriffen würde[21].

In einer späteren Entscheidung[22] versuchte das Reichsgericht dann doch zu einer Formulierung grundsätzlicher Positionen zu gelangen. Dort wurden Maßnahmen erst dann als verwerflich angesehen, wenn das angewandte Mittel unsittlich oder der dem Gegner zugefügte Nachteil so erheblich sei, daß dadurch dessen wirtschaftliche Vernichtung herbeigeführt werde, oder wenn der Nachteil des Gegners zu dem erstrebten Vorteil in keinem Verhältnis stehe. Schließlich begnügte sich das Reichsgericht auch bisweilen mit dem Überlegungsansatz, es komme auf den verfolgten Zweck und die dabei angewandten Kampfmittel an[23].

Demgegenüber hat das Reichsgericht durchweg eine Beurteilung der Boykottmaßnahmen nach § 823 Abs. 1 BGB verneint[24]. Dies im

---

[15] RGZ 51, 369 (385); in diesem Sinne auch später RGZ 140, 423 (431).

[16] Vgl. auch *Weick*, S. 20, der auf die Kritik von *Krückmann*, S. 108 ff., und *Maschke*, S. 93 f., hinweist.

[17] RGZ 64, 52 (62).

[18] RGZ 66, 379 (383 f.); vgl. auch RG JW 1912, 749; ähnlich RGZ 140, 423 (431).

[19] RGZ 76, 35.

[20] RGZ 76, 35 (46).

[21] RGZ 76, 35 (47).

[22] RGZ 104, 327.

[23] RGZ 117, 16 (21).

[24] Vgl. etwa RGZ 51, 369 (373 ff.); RGZ 56, 271 (275 ff.); RGZ 64, 52 (55 ff.); auch die von *Fikentscher*, Schuldrecht, S. 636, angeführte Entscheidung RGZ 140, 423 (431), die Boykotte angeblich wegen Unternehmensrechtsverletzung

wesentlichen mit zwei Argumentationsansätzen: Einmal wurde bereits bezweifelt, ob unter den Begriff „sonstige Rechte“ auch subjektive Rechte auf Arbeits- und Erwerbsmöglichkeiten zu fassen seien. Zum anderen wurde — für den Fall, daß ein eingerichteter und ausgeübter Gewerbebetrieb ein geschütztes Rechtsgut sein sollte — die Rechtswidrigkeit von Eingriffen jedenfalls dann verneint, wenn es um „Koalitionskämpfe“ ging, da dort *bestimmte Kampfmittel statthaft seien*[25]. Dabei handelte es sich materiell um Störungen im Warenabsatz des Gegners, die privilegierungsfähig sein sollten; unklar bleibt allerdings, in welchem Umfang und mit welchen Grenzen dies vom Reichsgericht postuliert werden wollte. Schließlich ließ das Reichsgericht auch bisweilen eine Anwendung des § 823 Abs. 1 BGB an dem von ihm für erforderlich gehaltenen Merkmal der „Unmittelbarkeit des Eingriffs“ scheitern[26].

Während der Herrschaft des Nationalsozialismus wurde der Boykott zu einem beliebten Mittel zur Diskriminierung und Ruinierung politisch mißliebiger, insbesondere jüdischer Geschäftsleute; auch bildete die Drohung mit Boykottmaßnahmen vielfach die Möglichkeit, einen Arbeitgeber zur Entlassung jüdischer Arbeitnehmer zu nötigen[27]. Derartige Boykottgeschehen kamen aus naheliegenden Gründen selbstverständlich zumeist nicht vor die Schranken der Gerichte. Soweit dies dennoch der Fall war und die Judikate nicht bloße Propagandaausführungen der NS-Ideologie[28] darstellten, ist eine generelle Zurückhaltung gegenüber Äußerungen aus dieser Zeit geboten. Die für die rechtliche Beurteilung von Boykottgeschehen bis dahin relevante Norm des § 826 BGB stellt nämlich eine jener Generalklauseln dar, die für den Eingang der NS-Ideologie in das bürgerliche Recht eine „Fensterfunktion“[29] innehatten und entsprechend genutzt wurden. *Rüthers* belegt eindrucksvoll den Wandel, dem die Institute auch des Privatrechts in der Zeit des Nationalsozialismus unterworfen waren; insofern erscheint die häufig unbesehene Übernahme der Rechtsprechung jener Zeit innerhalb gegenwärtiger Argumentation befremdlich.

Unter diesem Gesichtspunkt muß auch das für den Boykott einschlägige Urteil des 3. Senats des Reichsgerichts vom 1. 7. 1937[30] kri-

---

nach § 823 Abs. 1 beurteile, stellt lediglich heraus, daß der Gewerbebetrieb ein geschütztes Rechtsgut sei, ohne dies allerdings explizit auf § 823 Abs. 1 BGB zu beziehen; vgl. auch *Kötz*, Deliktsrecht, S. 306.

[25] RGZ 64, 52 (55 ff.).

[26] RGZ 48, 114.

[27] Eindrucksvolle Beispiele hierzu: ArbG Gelsenkirchen, ARS 20, 52; LAG Frankfurt/Main, ARS 24, 26.

[28] Vgl. die in Fn. 27 genannten Entscheidungen.

[29] *Rüthers*, Die unbegrenzte Auslegung, 2. A. 1973, S. 262 ff.

tisch betrachtet werden. In der Sache ging es dabei zudem um einen Ersatzanspruch gegen staatliche Stellen, so daß in die Anwendung der Generalklausel des § 826 BGB auch staatsrechtliche Vorstellungen der NS-Zeit[31] Eingang gefunden haben. Die erfolgten zivilrechtsdogmatischen Ausführungen müssen unter den genannten Gesichtspunkten für die vorliegende Untersuchung unberücksichtigt bleiben.

2. Judikatur des Reichsarbeitsgerichts

Nach der durch das Arbeitsgerichtsgesetz im Jahre 1926 erfolgten Errichtung des Reichsarbeitsgerichts war auch jenes mit der Beurteilung von Boykottfällen befaßt. Vom Zuständigkeitskatalog des § 2 Nr. 1—3 ArbGG her bestimmt waren die Sachverhalte dabei durchaus verschiedenartig und betrafen sowohl Sperren im Konflikt zwischen Arbeitgeber und Arbeitnehmern als auch solche innerhalb der gleichen „Arbeitsseite“[32].

Inhaltlich blieb das Reichsarbeitsgericht bei den vom Reichsgericht entwickelten Grundsätzen, auf die es auch ausdrücklich Bezug nimmt[33]. Als Ansatzpunkt der rechtlichen Beurteilung dient § 826 BGB. Prämisse für das Reichsarbeitsgericht war, Druckmittel seien den Arbeitern zur Interessenwahrung nicht verwehrt und auch die Anwendung eines dem Gegner schädlichen Zwanges sei nicht von vornherein eine gegen die guten Sitten verstoßende Handlungsweise. Vielmehr konnten erst bestimmte Umstände die Kampfhandlungen in den Sektor der Sittenwidrigkeit abdrängen, wobei solche Umstände dem vom Reichsgericht aufgestellten Katalog[34] entnommen wurden. Auf den Boykott im Arbeitskampf eingehend, stellte das Reichsarbeitsgericht[35] zunächst fest, daß die Rechtsordnung den Boykott als Kampfmittel im wirtschaftlichen Interessenstreit dulde[36], sofern er die von ihr gesteckten zivil- und strafrechtlichen Grenzen nicht überschreite. Gleichzeitig aber qualifizierte es den Boykott im Arbeitskampf als eine „scharfe, vielleicht die schärfste Waffe“ und wies demjenigen, der hiervon Gebrauch machte, wegen der Schwere der wirtschaft-

---

30 RGZ 155, 257.

31 In den Urteilsgründen heißt es etwa (S. 265): „. . ., daß die politische und staatsrechtliche Stellung des Führers und Reichskanzlers, der als Führer der Partei und des deutschen Volkes die oberste Macht des deutschen Staatsoberhauptes und die oberste Gewalt als Regierungshaupt in sich vereinigt, es ausschließt, ihn . . . als gesetzlichen Vertreter des Reiches . . . vor die Schranken der Gerichte zu rufen.“

32 RAG ARS 7, 404; RAG ARS 10, 617.

33 RAG ARS 1, 100 (102).

34 RGZ 104, 327 (330).

35 RAG ARS 2, 217 (221 f.).

36 Vgl. auch RAG ARS 7, 404 (407).

lichen Nachteile für den Betroffenen die Pflicht zur Abwägung der Frage zu, ob der Tatbestand zur Anwendung „dieses letzten und schärfsten Mittels" zwinge, oder ob das erstrebte Ziel nicht auf eine andere und einfachere Weise zu erreichen sei.

Die Qualifizierung als „schärfste Waffe", mit der der Boykott auch heute noch bisweilen etikettiert wird, erfolgt in der Entscheidung dabei etwas apodiktisch und entbehrt näherer Begründung. Alleine die Tatsache, daß der Senat in seiner Urteilsbegründung darauf hinweist, daß die Prüfung der Sittenwidrigkeit in jedem Einzelfall und aufgrund der jedesmaligen Umstände zu erfolgen habe, läßt die Vermutung zu, die entsprechende Kennzeichnung des Boykotts habe sich aus eben jenen Charakteristika des konkreten Falles ergeben. Dort waren vierzehn Maschinenschreiner aufgrund ihrer Weigerung, Einzelakkordarbeit zu leisten, entlassen worden. Hiergegen riefen zwei Gewerkschaftsverbände zum Boykott der Firma auf, und zwar vornehmlich für eben jene Sparte der Maschinenschreiner, deren Arbeit allerdings innerhalb der betrieblichen Organisation eine solch hohe Bedeutung hatte, daß ohne ihre Tätigkeit die Beschäftigung zahlreicher anderer Arbeiter nicht möglich war. Schon dieses rein quantitative Verhältnis mag dem Senat den Gedanken des Mißverhältnisses zwischen Anlaß und Resultat der Maßnahmen nahegelegt und ihm die Statuierung einer Nachrangigkeit des Boykotts abgenötigt haben. Hinzu kamen tarifvertragliche Schiedsmöglichkeiten, die allesamt nicht ausgenutzt wurden, nach Ansicht des Gerichts allerdings durchaus erfolgversprechend gewesen wären.

3. Frühere Literatur zum Boykottgeschehen

Auch die Literatur befaßte sich schon früh mit den sich aus den Boykottgeschehen ergebenden rechtlichen Problemen, was bereits durch die Tatsache dokumentiert wird, daß der 29. Deutsche Juristentag 1908 auch die Frage der zivilrechtlichen Folgen der „im modernen Lohnkampf üblichen Verrufserklärungen" zum Thema hatte[37].

Kernpunkte der vorgetragenen Gutachten und der sich anschließenden Diskussionen waren dabei die Fragen der deliktischen Zulässigkeit des Boykotts schlechthin und die Suche nach den seine Eingrenzung bewirkenden Rechtsnormen. Die Bandbreite reichte dabei von solchen Teilnehmern, die eine Beurteilung nach § 826 BGB befürworteten[38] bis zu den Verfechtern der Meinung, der Boykott müsse nach § 823

---

[37] Die am Anfang des Gutachtens von *Oertmann* — Verhandlungen des 28. DJT, Bd. II, S. 33 ff. — nachgewiesene Literatur ist bereits recht umfangreich.

[38] *Oertmann*, Verhandlungen des 28. DJT, Bd. II, S. 33 ff., bes. S. 83 f.; *Rosin*, Verhandlungen des 29. DJT, Bd. V, S. 195 ff., bes. S. 209.

Abs. 1 BGB bewertet werden[39], wobei innerhalb der letzten Meinung noch streitig war, ob dies bereits nach geltendem Recht (Verletzung eines „sonstigen“ Rechts) oder erst de lege ferenda möglich sei. Im Ergebnis kam der Juristentag zu der Meinung, der Boykott sei weiterhin nach § 826 BGB zu beurteilen[40].

Den materiell-rechtlichen Aufhänger der Kontroverse bildete dabei die Frage, ob innerhalb des § 823 Abs. 1 BGB ein „Recht auf freie und ungehinderte Ausübung des Geschäftsbetriebes“[41] als „sonstiges Recht“ geschützt sei. Diejenigen, die ein solches absolut geschütztes Recht bejahten, konnten auch die Boykottgeschehen hiernach bewerten und gelangten dann zu einer deliktischen Unrechtsbewertung jeden Eingriffs (Pape) oder aber legten dem Verdikt gegen Boykotte eine Interessenabwägung zugrunde (Lobe)[42].

Auch in der folgenden Zeit war für die deliktische Beurteilung der Boykottgeschehen jeweils entscheidend, ob im Rahmen des § 823 Abs. 1 BGB Rechte geschützt seien, in die durch den Boykott eingegriffen werden konnte, ober ob § 826 BGB die alleinige deliktsrechtliche Anknüpfungsnorm darstellte. Der Rekurs auf § 823 Abs. 1 BGB entbehrte dabei häufig einer scharfen Konturierung dahingehend, welches Rechtsgut nun geschützt sei und welcher Inhalt diesem Rechtsgut zukommen könne. Einigkeit bestand insoweit, als daß es sich um ein subjektives Recht im Zusammenhang mit der gewerblichen Betätigung handeln mußte.

Ein solches wurde teilweise als Ausfluß eines Persönlichkeitsrechtes gesehen, das als „allgemeines Persönlichkeitsrecht auf gleichfreie Betätigung“ qualifiziert[43] und aus dem Postulat eines Rechts auf freien Verkehr mit seiner Kundschaft deduziert wurde; damit tangierte der Boykott in seiner Form der Verhängung einer Kundensperre dieses Recht auf „gleichfreie wirtschaftliche Betätigung“ des Boykottierten.

Überwiegend fand ein solches Persönlichkeitsrecht allerdings Ablehnung[44], wobei jedoch teilweise ein „Recht am eingerichteten und ausgeübten Gewerbebetrieb“ — in Übereinstimmung mit der späteren Rechtsprechung des Reichsgerichts[45] — dann anerkannt und für die

---

[39] *Lobe*, Verhandlungen des 29. DJT, Bd. V, S. 183, bes. S. 189; *Pape*, Verhandlungen des 29. DJT, Bd. IV, S. 246 ff., bes. S. 257.

[40] Vgl. die Abstimmung in: Verhandlungen des 29. DJT, Bd. V, S. 230 f.

[41] Formulierung von *Pape*, Verhandlungen des 29. DJT, Bd. IV, S. 256.

[42] Für die Frage des Deliktsschutzes des Unternehmens innerhalb von Arbeitskämpfen vgl. auch unten § 9, I, 2, b.

[43] *Krückmann*, S. 22; in Richtung auf Anerkennung eines Persönlichkeitsrechts auf freie gewerbliche Betätigung auch *Maschke*, S. 65 ff.

[44] *Juda*, S. 50; *Strauß*, S. 142.

Boykottproblematik verwertet wurde, wenn der menschliche Erwerbswille eine „gegenständliche Verkörperung“ in einem Gewerbebetrieb erfahren hatte[46].

Bemerkenswerterweise wurde für den arbeitsrechtlichen Boykott eine Bewertung nach § 823 Abs. 1 BGB im Sinne einer Verletzung jenes Rechts am eingerichteten und ausgeübten Gewerbebetrieb durchweg abgelehnt. Dies war für diejenigen selbstverständlich, die ein Recht am Gewerbebetrieb als ein durch § 823 Abs. 1 BGB geschütztes Rechtsgut ohnehin nicht anerkannten[47]. Aber auch bei Akzeptierung einer solchermaßen geschützten Rechtssphäre wurde innerhalb des Arbeitskampfes das Vorliegen eines rechtswidrigen Eingriffes in diese verneint. Anknüpfungspunkt war dabei die Ablehnung der *Widerrechtlichkeit* des Eingriffs, wenn das Tun selbst auf einer „gesetzlich allgemein anerkannten Befugnis“[48] beruhe. Unter Einbeziehung der reichsgerichtlichen Rechtsprechung[49] wurden Boykottmaßnahmen, die sich aus der Interessenbetätigung der Arbeitgeber und Arbeitnehmer ergaben, hierunter gezählt[50]. Von einer grundsätzlichen Erlaubtheit von Arbeitskampfmaßnahmen wurde ausgegangen.

Einhellig wurde allerdings auf § 826 BGB als Maßstab für die Bewertung des arbeitsrechtlichen Boykotts[51] sowie des Boykotts überhaupt[52] retiriert. Ausgangspunkt war dabei die grundsätzliche Annahme, der Boykott sei nicht schlechthin sittenwidrig; vielmehr sollten erst bestimmte Umstände das Sittenwidrigkeitsverdikt ermöglichen. Diese erfuhren eine Konkretisierung im Sinne der reichsgerichtlichen Rechtsprechung[53], was wegen der Abstraktheit der erwähnten Kriterien einerseits zu einer kasuistischen Betrachtungsweise führen mußte, andererseits aber auch eine flexible Beurteilung nach den Umständen eben jedes Einzelfalles erlaubte.

---

[45] z. B. RGZ 58, 24 (29); RGZ 64, 52 (55); RGZ 73, 107 (112); RGZ 94, 248 (249); ausführliche Nachweise RGRK-*Haager*, 11. Aufl., § 823 Anm. 27.

[46] *Juda*, S. 50 f.

[47] z. B. *Lion-Levy*, NZfA 1921, 529 (531, 543); abl. auch *Strauß*, S. 142; auch *Nipperdey*, Verhandlungen des 34. DJT, Bd. 1, S. 402 ff., lehnte zu dieser Zeit ein solches Recht — noch — ab.

[48] *F. Mayer*, S. 46.

[49] RGZ 92, 137.

[50] *F. Mayer*, S. 46.

[51] *Lion-Levy*, NZfA 1921, 529 (544); *F. Mayer*, S. 63 ff.; *Nipperdey*, Verhandlungen des 34. DJT, Bd. 1, S. 405; *Strauß*, S. 142 ff.

[52] *Juda*, S. 71 ff.; *Oertmann*, Politischer Boykott, S. 88 ff.

[53] Für viele: RGZ 104, 327 (330); vgl. zur Rechtsprechung des Reichsgerichts oben § 4, II, 1.

III. Determinanten der Boykottbewertung nach 1945

1. Die wettbewerbsrechtliche Sonderentwicklung

Die Entwicklung der Bewertung des Boykotts nach 1945 war zunächst — jedenfalls innerhalb der britischen Zone — dadurch beeinflußt, daß Art. V Nr. 9 c Ziff. 4 der BritMilRegVO Nr. 78[54] den Boykott als verbotene wettbewerbsbeschränkende Maßnahme bezeichnete. Dieses Verbot bezog sich nach zutreffender Auslegung[55] allerdings alleine auf solche Boykottmaßnahmen, die zum Zwecke der Ausschaltung oder Verhinderung des Wettbewerbs durchgeführt wurden; damit waren zur Subsumtion des Geschehens unter die Verbotsnorm subjektiv ein finales Handeln zum Erreichen der entsprechenden Zwecke und objektiv ein Handeln innerhalb des Wettbewerbsgeschehens erforderlich. Dort allerdings statuierte die Vorschrift ein Verbot des Boykotts schlechthin und nicht erst bei Vorliegen bestimmter Umstände, wie es noch unter der Rechtsprechung von Reichsgericht und Reichsarbeitsgericht der Fall war. Die Dekartellierungsgesetze traten jedoch im Jahre 1957 außer Kraft und die auf die Verordnung Nr. 78 bezogene Rechtsprechung und Literatur bleiben von temporärer Natur.

Gleichwohl setzte sich auch danach die Sonderentwicklung des wettbewerblichen Sektors der Boykottgeschehen fort. Für das Wettbewerbsrecht einschlägig wurden dabei § 1 UWG als Generalklausel für das Verbot unlauteren Wettbewerbs und § 26 Abs. 1 GWB als spezielle kartellrechtliche (ausdrückliche) Verbotsnorm für Boykottgeschehen im Wettbewerb. Die Existenz beider Normen resultiert aus der unserer Wirtschaftsordnung durchaus immanenten Notwendigkeit, den Wettbewerb von jeder Beeinträchtigung freizuhalten. Das Funktionieren eines Marktwirtschaftsmodells basiert auf der Existenz von freiem Wettbewerb, dessen Schutz insoweit staatliche Aufgabe innerhalb der Schaffung der Rahmenbedingungen für den im übrigen „staatsfreien" Marktmechanismus wird.

Die den Normzwecken der §§ 1 UWG, 26 Abs. 1 GWB entsprechende Akzentverlagerung vom alleinigen Schutz des betroffenen Boykottierten auch zum Schutz des Wettbewerbs an sich hin hat dazu geführt, daß wettbewerbliche Boykotte unter diesem Aspekt eine spezielle Beurteilung in Literatur und Rechtsprechung erfahren haben[56]. Materiell läßt sich dabei eine gegenüber der reichsgerichtlichen Recht-

---

[54] Abgedruckt bei: *Rowedder*, Kartellrecht, 1954.

[55] Vgl. LG Mönchengladbach, NJW 1947/48, 525.

[56] Vgl. hierzu *Baumbach / Hefermehl*, § 1 UWG, Anm. 215 ff.; *Ulmer / Reimer*, III, Nr. 883 ff., jew. m. w. Nachw. auch auf einschlägige Rechtsprechung; *Schippel*, S. 87 ff.; *Schrauder*, S. 186 ff.

sprechung erheblich restriktivere Bewertung von Boykottgeschehen ablesen. Obgleich § 1 UWG, wie § 826 BGB, von dem Merkmal der „Sittenwidrigkeit" ausgeht, wird die Wettbewerbswidrigkeit von Boykotten in diesem Sektor *als Grundsatz* angenommen[57]. § 26 Abs. 1 GWB verbietet Boykottgeschehen unter der dort statuierten Voraussetzung der Absicht unbilliger Beeinträchtigung schon vom Normtext her.

Unter wettbewerbsrechtlichen Gesichtspunkten ist der Rechtsprechung demnach ein prinzipielles Verdikt gegenüber Boykotten zu entnehmen[58]. Als Maßstab für die Qualifizierung als „wettbewerbsrechtlich" dienen, ebenso wie innerhalb der Dekartellierungsgesetze, jeweils der Zweck, die Absicht, die eben auf eine Störung des Wettbewerbs gegenüber Konsumenten gerichtet sein müssen.

2. Die Entwicklung der Boykottpraxis und deren rechtlicher Bewertung im Kontext des Rechts am Gewerbebetrieb

Unabhängig von der beschriebenen Sonderentwicklung innerhalb eines Teilbereichs des Boykottrechts war die Nachkriegsentwicklung dadurch gekennzeichnet, daß in der Praxis der Boykott als Mittel des Arbeitskampfes weitgehend zurückgedrängt und durch die Arbeitskampfmittel Streik und Aussperrung ersetzt wurde[59]. In seiner ursprünglichen Form der „Zuzugssperre" wäre er ohnehin nur bei der Besetzung neuer Arbeitsplätze relevant[60] und auch nur dann erfolgversprechend, wenn die aufgerufenen Arbeitnehmer die Möglichkeit alternativen Verhaltens hätten, also ohne weiteres einen anderen Arbeitsplatz einnehmen könnten. Davon aber kann in Zeiten hoher Arbeitslosigkeit, durch die die unmittelbare Nachkriegszeit, aber auch die späterhin periodisch auftretenden Wirtschaftskrisen gekennzeichnet sind, keine Rede sein: Der vermögenslose Arbeitnehmer ist zur Existenzerhaltung auf seinen Arbeitsplatz angewiesen. Sein Bestreben liegt — gerade umgekehrt — in dessen Erhalt und in dem Schutz vor dessen Verlust. Darüber hinaus sind die organisatorischen Möglichkeiten der Gewerkschaften, *im Betrieb* ein solidarisches Verhalten zu initiieren, ungleich günstiger, als dies gegenüber Außenstehenden erreichbar wäre. Schließlich hat die Neuformierung der Arbeiterbe-

---

[57] *Baumbach / Hefermehl*, § 1 UWG, Anm. 233; *Ulmer / Reimer*, III, Nr. 885, jew. m. w. Nachw.

[58] Aus der neueren Rspr.: OLG Stuttgart, WRP 1974, 576; OLG Düsseldorf, BB 1978, 1745. w. Nachw. bei *Baumbach / Hefermehl*, § 1 UWG, Anm. 235.

[59] Vgl. auch *Weick*, S. 17.

[60] *Däubler*, Arbeitsrecht, Bd. 1, S. 175.

wegung nach dem Prinzip der Einheitsgewerkschaft mit der insofern geschaffenen Massenbasis auch die Gewähr für eine gewichtige Wirkung von Streikmaßnahmen gebracht, so daß der Akzent in der Auseinandersetzung zwischen Kapital und Arbeit fortan auf dem Mittel des Streiks lag[61].

Boykottfälle, mit denen sich die Rechtsprechung zu beschäftigen hatte, waren also teilweise — wie bereits erwähnt — auf dem Gebiet des Wettbewerbs und der wirtschaftlichen Betätigung allgemein angesiedelt; hinzu kamen auffallend zahlreiche Boykotts gegen Filmtheater und Presseunternehmen, die wiederum gänzlich andere, ideelle Anliegen verfolgten. Diese Boykottatbestände bildeten schließlich auch die Kategorie, die die Rechtsprechung nunmehr maßgeblich beschäftigte. Der materielle Hintergrund der Boykottfälle war damit in der Nachkriegszeit einer Wandlung unterworfen, die auch die Entwicklung der rechtlichen Bewertung beeinflußte. Deren kennzeichnendes Merkmal liegt in ihrer Abhängigkeit von der Entwicklung der Rechtsprechung zum „Recht am eingerichteten und ausgeübten Gewerbebetrieb" begründet.

Bereits im Jahre 1951 hatte der Bundesgerichtshof[62] einen Sachverhalt zu beurteilen, in welchem in einer Beilage eines Kirchenblattes für eine kirchlich orientierte Lesemappe eines anderen Verlages geworben wurde. Zugleich wurde der Zeitschrift „Constanze" Mangel an sittlicher Haltung vorgeworfen; sie sei eine „Blüte aus dem Sumpf der fragwürdigen Kulturerzeugnisse". Der als „christlicher Leser" angesprochene Empfänger des Kirchenblattes wurde — zumindest indirekt — aufgefordert, „Constanze" nicht mehr und statt dessen jene kirchliche Lesemappe zu beziehen. Der Bundesgerichtshof lehnte zunächst einen Verstoß gegen wettbewerbsrechtliche Vorschriften wegen Fehlens der Absicht des wettbewerblichen Handelns ab. Bei der Prüfung eines deliktischen Anspruches bezog sich der Senat sodann auf die Rechtsprechung des Reichsgerichts zum Recht am Gewerbebetrieb, dehnte dessen deliktischen Schutz jedoch grundlegend weiter aus. Ebenso wie das Eigentum müsse auch das Recht am eingerichteten und ausgeübten Gewerbebetrieb nicht nur in seinem Bestand, sondern auch in seinen einzelnen Erscheinungsformen vor unmittelbaren Störungen bewahrt bleiben; hierzu sei der gesamte gewerbliche Tätigkeitskreis zu rechnen. Ein Eingriff in dieses Recht sei nur dann nicht widerrechtlich, wenn dem Betreffenden ein Rechtfertigungsgrund zur Seite stehe. Ein solcher könne sich auch — entsprechend dem Gedanken des § 193 StGB — aus der Wahrnehmung berechtigter Interessen

[61] Dem Boykott kommt dabei bisweilen eine unterstützende Funktion zu, vgl. z. B. BAG AP Nr. 34 zu Art. 9 GG Arbeitskampf.

[62] BGHZ 3, 270 (Constanze I).

ergeben, wenn diese sich in den vom Gesetz gebilligten Grenzen halte; die Grenzziehung solle nach einer Güter- und Pflichtenabwägung erfolgen, dabei habe der Eingreifende das kleinste Rechtsübel, das schonendste Mittel zu wählen.

Mit dieser Rechtsprechung änderte sich die Bewertungsgrundlage der Boykottfälle entscheidend. Die Erweiterung des Schutzbereiches des Gewerbebetriebs über das Substrat hinaus in den Bereich der einzelnen Erscheinungsformen ließ nunmehr jeden Boykott faktisch zum Eingriff in diese Rechtssphäre und damit zur Rechtsverletzung werden, wobei letztere im Rahmen der innerhalb des § 823 Abs. 1 BGB existenten Indizierungsregel auch grundsätzlich dem Verdikt der Rechtswidrigkeit unterfiel. Diese Folge war nur noch ausnahmsweise, nämlich unter der vom Bundesgerichtshof statuierten Voraussetzung des Vorliegens eines besonderen Rechtfertigungsgrundes, zu vermeiden. Damit war dem früheren Grundsatz der generellen Zulässigkeit des Boykotts der Boden entzogen; er wurde vielmehr in sein Gegenteil umgekehrt: Der Boykott stellte prinzipiell eine Verletzung des Rechts am eingerichteten und ausgeübten Gewerbebetrieb dar. Seine Zulässigkeit konnte sich nur noch aus einer Interessenabwägung auf der Ebene der Rechtswidrigkeit ergeben, wobei allerdings dem in das geschützte Rechtsgut Eingreifenden zwei Schranken gesetzt wurden. Zum einen mußte sein den Eingriff tragendes Interesse „berechtigt"[63] sein, andererseits durfte darüber hinaus auch dann nur das schonendste Mittel, das zur Erreichung des Zweckes objektiv „erforderlich" war, gewählt werden.

Mit der Erweiterung des Schutzumfanges des § 823 Abs. 1 BGB änderte sich auch der Anknüpfungspunkt der Boykottbewertung: Die Norm des § 826 BGB trat als Anspruchsgrundlage für Schadensersatzforderungen zurück. Dies ist insofern bedeutungsvoll, als nunmehr auch eine fahrlässige Verletzungshandlung einen rechtswidrigen Eingriff darstellen konnte, was etwa bei Problemen hinsichtlich eines Irrtums über die Rechtswidrigkeit praktische Relevanz erlangen kann. Zudem ist die „Schwelle" des Verdikts der Unzulässigkeit herabgestuft, da die Qualifizierung als sittenwidrig ein Mehr gegenüber der Feststellung der bloßen Rechtswidrigkeit erforderte, wenngleich einzelne Elemente des Sittenwidrigkeitsmaßstabes nunmehr in die Interessenabwägung auf der Rechtswidrigkeitsebene einfließen konnten.

Der durch die vom Bundesgerichtshof statuierten Erweiterung des deliktischen Unternehmensschutzes aufgezeigten Entwicklung wurde kurz danach auf dem Gebiete des Arbeitskampfrechts entscheidend

---

[63] *Lenckner*, in: Schönke / Schröder, StGB, 18. Aufl., § 193 Anm. 9, verstand darunter noch 1976 einen Zweck, dessen Verfolgung „vom gesunden Rechtsempfinden" (??) gebilligt werde. Anders nun die 20. Aufl. 1980.

zum Durchbruch verholfen. Anläßlich des Zeitungsstreikes vom 27. bis 29. Mai 1952 erstattete *Nipperdey* für die Bundesvereinigung der Deutschen Arbeitgeberverbände ein Gutachten[64], in welchem er jeden Arbeitskampf als einen Eingriff in das absolut geschützte Recht im Sinne des § 823 Abs. 1 BGB am Unternehmen qualifizierte. Der Arbeitskampf sollte nur dann nicht rechtswidrig sein, wenn er „sozialadäquat" war, wobei für diese Qualifizierung durchaus auf strafrechtliche Überlegungen[65] zurückgegriffen wurde[66]. Diese Rechtsmeinung *Nipperdeys*, die eine Abkehr von seiner auf dem 34. Deutschen Juristentag vertretenen Ablehnung des Schutzes des Rechts am eingerichteten und ausgeübten Gewerbebetrieb nach § 823 Abs. 1 BGB für den Arbeitskampf bedeutete[67], setzte sich, nicht zuletzt durch *Nipperdeys* exponierte Stellung im Bereich des Arbeitsrechts[68], sehr rasch durch und wurde von den Instanzgerichten in Arbeitssachen in ihrer Rechtsprechung weitgehend ebenso übernommen[69] wie später vom Bundesarbeitsgericht[70] selbst. Wegen des geschilderten tatsächlichen Rückganges der Boykotte im Arbeitsrecht wurde zwar unter diesem Gesichtspunkt kein Boykottfall entschieden, jedoch hat die arbeitskampfrechtliche Entwicklung die „rein" zivilrechtliche Dogmatik des deliktischen Unternehmensschutzes weiter gefestigt. So wurden in einem boykottähnlichen Fall der Versendung einer Liste „langsamer Zahler" vom Bundesgerichtshof[71] zur Prüfung eines Schadensersatzanspruches die Grundsätze des Constanze-Urteils[72], die den deliktischen Unternehmensschutz besonders betont hatten, herangezogen und nachdrücklich bestätigt. Im Jahre 1957 stellte der Bundesgerichtshof[73] bei der

---

[64] *Nipperdey*, Ersatzansprüche; zu Fragen der Bewertung des Zeitungsstreiks: *Rajewski*, Arbeitskampfrecht in der Bundesrepublik, 1970.

[65] Vor allem von *Welzel*, Das deutsche Strafrecht, 11. Aufl. 1969, § 10 IV. Die Überlegungen gehen zurück auf einen Aufsatz von *Welzel* aus dem Jahre 1939, ZStrW 58, 491 ff.

[66] Krit. zur Sozialadäquanz: *Wiethölter*, KJ 1970, 121, bes. S. 132 f. für das Arbeitskampfrecht; für das Zivilrecht vgl. auch *Bernert*, Zur Lehre von der „sozialen Adäquanz" und den „sozialadäquaten Handlungen", 1966, S. 89 ff.

[67] *Nipperdey*, Verhandlungen des 34. DJT, Bd. I, S. 395 (403).

[68] *Nipperdey* war erster Präsident des BAG von 1954 bis 1963. Weit über diese „bloße" sich aus dem Amt ergebende Stellung hinaus reicht jedoch die der Sache nach bestehende Autorität Nipperdeys im Arbeitsrecht. Detailliertere Beschreibungen seines Wirkens finden sich in den beiden ihm gewidmeten Festschriften (1955 und 1965). Krit. Bem. über die Bedeutung Nipperdeys bei *Ramm*, JZ 1964, 494 ff., 546 ff., 582 ff. und bei *Wahsner*, KJ 1974, 369 ff. Vgl. auch *Ridder*, AuR 1965, 382 ff.

[69] LAG Frankfurt, RdA 1953, 195; LAG München, RdA 1953, 278; LAG Düsseldorf, RdA 1954, 117.

[70] Vgl. etwa BAG AP Nr. 2 zu Art. 9 GG Arbeitskampf.

[71] BGHZ 8, 142 ff. — „Schwarze Liste".

[72] BGHZ 3, 270 ff. — Constanze I.

[73] BGHZ 24, 200 ff. — Spätheimkehrer.

Beurteilung eines Boykottfalles durch Presseveröffentlichung ausdrücklich fest, eine Boykottaufforderung stelle einen Eingriff in das Recht am eingerichteten und ausgeübten Gewerbebetrieb dar, der nur in Ausnahmefällen in sehr engen Grenzen durch die Wahrnehmung berechtigter Interessen als gerechtfertigt angesehen werden könne. Bei der Interessenabwägung müsse vom Grundsatz größtmöglicher Schonung fremder Rechte und der Vermeidung jeder zur Interessenwahrung nicht unbedingt erforderlichen Schadenszufügung ausgegangen werden.

Die Rechtsprechung orientierte sich damit von der Systematik ihrer Beurteilung her in erster Linie an dem Schutz der Rechtsgüter des betroffenen Unternehmens, während die Gegeninteressen nur auf der Ebene der Rechtswidrigkeit berücksichtigt wurden; diese Ausgangslage bestärkte noch die Indikation der Rechtswidrigkeit, die dem Eingreifenden die Last der Darlegungs- und Beweisführung dafür auferlegte, daß sein Vorgehen *ausnahmsweise nicht* rechtswidrig sei.

Nicht vollends auf der Linie dieser Rechtsprechung des Bundesgerichtshofs bewegt sich ein Urteil des Landgerichts Stuttgart[74] in einem Rechtsstreit, in dem Arbeitnehmer aus Protest gegenüber einer Erhöhung des Milchpreises zum Boykott des Kaufes der von ihrem Arbeitgeber vertriebenen Milch aufgefordert hatten. Zwar wird die höchstrichterlich fortgeschriebene Entwicklung des Schutzbereiches des Rechts am Gewerbebetrieb prinzipiell jedenfalls insoweit rezipiert, als auch die einzelnen Erscheinungsformen des Gewerbebetriebes als durch § 823 Abs. 1 BGB geschützt angesehen werden. Der weitere Schritt der Indizierung der Rechtswidrigkeit wird jedoch nicht mitgetragen. Vielmehr sucht das LG Stuttgart in Anlehnung an die Rechtsprechung des Reichsgerichts diese Rechtswidrigkeit konkret zu ermitteln und fragt nach Zweck, Mittel und Verhältnis von Schaden zu dem erstrebten Ziel. Da der Boykott grundsätzlich ein zulässiges Kampfmittel sei und eine konkrete Rechtswidrigkeit nicht ermittelt wurde, beurteilte das Landgericht den Boykott als rechtmäßig.

In seiner Anmerkung zu diesem Urteil weist *Redeker*[75] auf die Abweichung von der Rechtsprechung des Bundesgerichtshofs hin und rügt, das Landgericht habe nicht die Rechtswidrigkeit des Boykotts prüfen, sondern sich fragen müssen, ob der grundsätzlich rechtswidrige Boykott aus besonderen Gründen eben rechtmäßig gewesen sei. Auch *Reuß*[76] nimmt den Milchboykottfall des Landgerichts Stuttgart zum Anlaß einer ausführlicheren Untersuchung des „Käuferstreiks", des-

[74] LG Stuttgart, NJW 1956, 1073; vgl. hierzu auch *Benisch*, NJW 1956, 1185 ff.

[75] *Redeker*, NJW 1956, 1073.

[76] *Reuß*, AcP 156, 89 ff.

sen generelle Zulässigkeit im Rahmen der organisierten Selbstwahrung eigener Interessen er annimmt. Unter Ablehnung des Rechts am eingerichteten und ausgeübten Gewerbebetrieb als eines sonstigen absolut geschützten Rechts im Sinne des § 823 Abs. 1 BGB soll der Käuferboykott nur unter bestimmten Umständen — die prinzipiell denen der Rechtsprechung des Reichsgerichts entsprechen — rechtswidrig sein.

3. Modifikation der Boykottbewertung durch Grundrechtseinfluß

Einen bedeutsamen Einschnitt in die Boykottrechtsprechung bildete im Jahre 1958 das Lüth-Urteil des Bundesverfassungsgerichts[77]. Dieser ersten Beurteilung von Boykottmaßnahmen durch das Verfassungsgericht lag als Sachverhalt der Aufruf Lüths an Verleiher, Theaterbesitzer und die Öffentlichkeit zugrunde, die neuen Filme des Regisseurs Veit Harlan zu boykottieren, da dieser als Regisseur an dem der NS-Rassenhetze frönenden Filmwerk „Jud Süß" mitgewirkt hatte. Das Landgericht Hamburg hatte Lüth auf Klage der Produktions- und Verleihfirma hin unter Anwendung des § 826 BGB zur Unterlassung verurteilt. Die Kammer sah in den Äußerungen Lüths eine sittenwidrige Aufforderung zum Boykott.

Das Bundesverfassungsgericht legte seiner Entscheidung zunächst die Erkenntnis zugrunde, daß die Grundrechte nicht allein Abwehrrechte des Bürgers gegen den Staat darstellten, sondern daß mit ihnen auch eine „objektive Wertordnung"[78] aufgerichtet sei, die auch das bürgerliche Recht beeinflusse. Keine privatrechtliche Vorschrift dürfe im Widerspruch zu ihnen stehen, jede müsse im Geiste des Grundgesetzes ausgelegt werden. Dieser Einfluß werde vor allem über die „Generalklauseln" realisiert, diese seien die „Einbruchsstellen" der Grundrechte in das bürgerliche Recht.

Auf das Grundrecht der freien Meinungsäußerung aus Art. 5 Abs. 1 GG, das zu den vornehmsten Menschenrechten gezählt wird, projiziert, bedeute dies, daß hinsichtlich des Schrankenvorbehalts des Art. 5 Abs. 2 GG die sachliche Reichweite gerade dieses Grundrechts nicht jeder Relativierung durch einfaches Gesetz überlassen werden dürfe. Vielmehr gelte, daß die allgemeinen Gesetze ihrerseits im Lichte der Bedeutung dieses Grundrechts gesehen und so interpretiert werden müßten, daß der besondere Wertgehalt dieses Rechts auf jeden Fall gewahrt bleibe. Es soll eine Wechselwirkung in dem Sinne stattfinden, „daß die allgemeinen Gesetze zwar dem Wortlaut nach dem Grundrecht Schranken setzen, ihrerseits aber aus der Erkenntnis der

---

[77] BVerfGE 7, 198 ff. — Lüth.
[78] BVerfGE 7, 198 (205).

wertsetzenden Bedeutung dieses Grundrechts im freiheitlichen demokratischen Staat ausgelegt und so in ihrer das Grundrecht begrenzenden Wirkung selbst wieder eingeschränkt werden müssen"[79].

Auf den konkreten Sachverhalt hin bezogen argumentiert der Senat, daß dann, wenn es um die Bildung einer öffentlichen Meinung in einer für das Gemeinwohl wichtigen Frage gehe, private und namentlich wirtschaftliche Interessen einzelner grundsätzlich zurücktreten müßten. Der Betroffene könne, wenn er sich von den Äußerungen verletzt fühle, ebenfalls von dem Grundrecht der Meinungsäußerung Gebrauch machen und vor der Öffentlichkeit erwidern.

Im Ergebnis wurde die Entscheidung des Landgerichts Hamburg, in der Lüth wegen unsittlichen Boykottaufrufs verurteilt worden war, aufgehoben. Damit waren neue Maßstäbe zur Beurteilung von Boykottfällen, jedenfalls für den Bereich, in dem das Grundrecht auf Meinungsäußerung relevant wurde, gesetzt. Das Urteil des Bundesverfassungsgerichts fand in der Literatur weitgehend Billigung[80], wurde teilweise aber auch kritisiert. Insbesondere *Nipperdey*[81] gab zu bedenken, daß diejenigen Vorschriften des BGB über unerlaubte Handlungen, die ein Rechtsgut gegen Eingriffe schützten, als allgemeine Gesetze im Sinne des Art. 5 Abs. 2 GG anzusehen seien. Eingriffe in den Gewerbebetrieb durch Boykottaufrufe, also aufgrund einer Meinungsäußerung, müßten daher nach § 823 Abs. 1 BGB grundsätzlich in der gleichen Weise rechtswidrig sein wie Verletzungen dieses Rechtsguts mit anderen Mitteln[82]. Die gewerbliche Tätigkeit und ihr Schutz beruhten auf Art. 2 Abs. 1, 12, 14 GG; diese stünden in ihrem verfassungsmäßigen Rang jedenfalls Art. 5 GG nicht nach.

Auch *Lerche*[83] betrachtet — von der verfassungsrechtlichen Seite her — das Lüth-Urteil kritisch. Insbesondere im Verhältnis zum Gegner des Boykottaufrufs hält er dessen Zuordnung zur Meinungsfreiheit für problematisch: Boykott sei mehr als „Meinung", er sei „Meinungsvollstreckung", also kein Akt des Überzeugens, sondern der Durchsetzung[84].

Unabhängig von der durch das Lüth-Urteil ausgelösten kontroversen Diskussion insbesondere über Inhalt und Umfang des Grundrechts

---

[79] BVerfGE 7, 198 (209).

[80] Vgl. etwa *Arndt*, NJW 1964, 23 f.; *Biedenkopf*, JZ 1965, 553 ff.; beide Abhandlungen sind auf das Blinkfüer-Urteil, BGH NJW 1964, 29 ff., abgestellt.

[81] *Nipperdey*, DVBl. 1958, 445 ff.

[82] *Nipperdey*, DVBl. 1958, 445 (449).

[83] *Lerche*, Festschrift für Gebhard Müller, 1970, S. 197 ff.

[84] Für die Beschränkung des Geltungsumfanges der Meinungsfreiheit auf die „sachliche Überzeugungskraft der Argumente" vgl. auch *Larenz*, Anm. AP Nr. 2 zu Art. 5 Abs. 1 GG Meinungsfreiheit, Bl. 11 R.

der freien Meinungsäußerung ergaben sich aus der Entscheidung für das Zivilrecht Konsequenzen, die aus dem Eingang der Grundrechte in das Privatrecht resultierten. Zivilrechtliche Normen, die als „allgemeines Gesetz“ bestimmten Grundrechten, wie etwa Art. 5 Abs. 1 GG, Schranken setzten, konnten danach diese begrenzende Funktion nicht absolut und isoliert ausfüllen, sondern mußten selbst „im Lichte der Bedeutung des Grundrechts“ interpretiert werden. Obschon die Entscheidung der Vorinstanz die Verurteilung Lüths auf die Norm des § 826 BGB gestützt hatte, mußten diese Grundsätze auf das *gesamte* Deliktsrecht projiziert werden; für die Anwendung des § 823 Abs. 1 BGB ergaben sich notwendigerweise Konsequenzen zumindest im Bereich der — auf welcher Ebene auch immer durchgeführten — Interessenabwägung.

Diese wurden vom Bundesgerichtshof für das Boykottrecht auch einige Jahre später in der „Blinkfüer-Entscheidung“[85] gezogen. Die im Hamburger Raum erscheinende Zeitung „Blinkfüer“ druckte neben westlichen Programmen auch diejenigen des Fernsehens der DDR ab. Mehrere Verlage des Springer-Konzerns forderten mit Hinweis darauf sämtliche Zeitschriftenhändler in Hamburg in einem Schreiben dazu auf, „Blinkfüer“ nicht mehr zum Verkauf anzubieten, wobei mit dieser Aufforderung die Ankündigung verbunden war, der Springer-Verlag werde solche Händler, die der Aufforderung nicht nachkommen würden, nicht mehr mit eigenen Erzeugnissen beliefern. Der Bundesgerichtshof wies die entsprechende Schadensersatzklage des Blinkfüer-Herausgebers entgegen beiden Vorinstanzen ab. Im Urteil wurde zunächst die Anwendung wettbewerbsrechtlicher Vorschriften abgelehnt, da kein Handeln zum Zweck des Wettbewerbs vorgelegen habe. Hinsichtlich des sodann in Betracht gezogenen Eingriffs in das nach § 823 Abs. 1 BGB geschützte Recht am eingerichteten und ausgeübten Gewerbebetrieb verneinte der Senat dessen Widerrechtlichkeit, da das Vorgehen des Springer-Konzerns durch das Grundrecht der freien Meinungsäußerung gedeckt sei. Werde durch eine Meinungsäußerung und deren Wirkung die gewerbliche Betätigung eines anderen beeinträchtigt, so müsse im Rahmen einer Gesamtschau die Bedeutung des Grundrechts gegenüber dem Wert, den das beeinträchtigte Recht am Gewerbebetrieb für den Betriebsinhaber darstelle, abgewogen werden. Dabei berühre die Frage nach der Förderung der Propaganda des Fernsehens der DDR die Belange des gemeinen Wohles in so hohem Maße, daß bei ihrer öffentlichen Erörterung die wirtschaftlichen Interessen einzelner Gewerbetreibender in den Hintergrund treten müßten. Die Wahl der Mittel, derer sich der Springer-Konzern in der Verfolgung seines Anliegens bedienen dürfe, sei durch das Maß

[85] BGH NJW 1964, 29 ff.

der Herausforderung mit bestimmt. Da dieses als erheblich zu veranschlagen gewesen sei, stünden dem Konzern auch solche Wege der Auseinandersetzung offen, die etwa im Rahmen einer rein wirtschaftlichen Auseinandersetzung nicht gegeben seien. Gegenüber dem danach aus mehreren Gründen verfassungsrechtlich schützenswerten Interesse des Konzerns müßten die gewerblichen Interessen des Blinkfüer-Herausgebers zurücktreten, zumal der Umsatzrückgang nur in Höhe von 10 % festgestellt worden war. Diese verursachte Beeinträchtigung falle gegenüber dem von dem Konzern in Anspruch genommenen Grundrecht der freien Meinungsäußerung nicht ins Gewicht.

Dieses Urteil des Bundesgerichtshofs stieß in der Literatur auf scharfe Kritik[86]. Insbesondere *Biedenkopf*[87] sprach sich gegen die vom Gericht ausgesprochene Zulässigkeit der politischen Boykottmaßnahmen aus. Er monierte, daß der Bundesgerichtshof auf Seiten des Blinkfüer-Herausgebers die grundrechtlichen Positionen, Meinungs- oder Pressefreiheit, nicht gewürdigt und lediglich die Grundrechtsinanspruchnahme des Springer-Konzerns berücksichtigt habe. Als Überdehnung der Meinungsfreiheit qualifizierte er auch die vom Senat statuierte Zurechnung der Androhung der Liefersperre in den Bereich der Ausübung der Meinungsfreiheit. Die Austragung des Meinungskampfes mit wirtschaftlichen Mitteln unter Ausnutzung einer monopolartigen Stellung hielt er — mit der Vorinstanz — für unzulässig. Dem im Lüth-Urteil des Bundesverfassungsgerichts hervorgehobenen „Widerstreit der in gleicher Freiheit vorgetragenen Auffassungen" habe sich der Springer-Verlag entzogen, indem er mittels des politischen Boykotts mit wirtschaftlichen Mitteln den Blinkfüer-Verleger gerade daran hinderte, seine Meinung in gleicher Freiheit vorzutragen.

Den genannten Bedenken trug schließlich das Bundesverfassungsgericht in seiner Entscheidung über die Verfassungsbeschwerde des Blinkfüer-Herausgebers Rechnung[88]. Ausgehend von den Erkenntnissen der Lüth-Entscheidung wird der Boykott als Mittel des geistigen Meinungskampfes in einer die Öffentlichkeit wesentlich berührenden Frage als durch Art. 5 Abs. 1 GG geschützt angesehen. Dies könne selbst dann gelten, wenn Verrufer und Boykottierter in geschäftlicher Konkurrenz stünden: Auch eine etwaige wirtschaftliche Ungleichheit der Positionen mache die Boykottaufforderung noch nicht unzulässig, weil

---

[86] Unmittelbar bereits: *Arndt*, NJW 1964, 23 ff.; vgl. auch *Lerche*, Festschrift für Gebhard Müller, S. 197 ff., der sich in der Auseinandersetzung mit dem Urteil des BVerfG implizit gegen das BGH-Urteil wendet.

[87] *Biedenkopf*, JZ 1965, 553 ff.; Kritik auch bei *Ehmke*, Arndt-Festschrift, 1969, S. 94 ff.

[88] BVerfGE 25, 256 ff.

es auch dem wirtschaftlich Stärkeren nicht verwehrt sei, einen geistigen Meinungskampf zu führen. Jedoch werde der Boykottaufruf durch das Grundrecht der freien Meinungsäußerung dann nicht mehr geschützt, wenn er die Angesprochenen nicht auf der Basis geistiger Argumente überzeugen wolle, sondern sich solcher Mittel bediene, die diesen die Möglichkeit nehmen, ihre Entscheidung in voller innerer Freiheit ohne wirtschaftlichen Druck zu treffen. Dazu gehöre insbesondere die Ausnutzung wirtschaftlicher Abhängigkeit durch Androhung von Sanktionen. Werde hierüber beabsichtigt, die verfassungsrechtlich gewährleistete Verbreitung von Meinungen und Nachrichten zu verhindern, so sei die Gleichheit der Chancen beim Prozeß der Meinungsbildung verletzt; dies widerspreche Sinn und Wesen des Grundrechts der freien Meinungsäußerung, das den geistigen Kampf der Meinungen gewährleisten solle. In der Abgrenzung des Sachverhaltes zu demjenigen der Lüth-Entscheidung wird herausgestellt, daß Lüth keinerlei Zwangsmittel zu Gebote gestanden hätten, um seiner Aufforderung Nachdruck zu verleihen. Insofern sei gegen das Vorgehen des Springer-Verlages verfassungsrechtlich nichts einzuwenden gewesen, wenn dieser sich etwa darauf beschränkt hätte, seine Leser zum Boykott der in Betracht kommenden Zeitschriften aufzufordern. Die aufgrund der marktbeherrschenden Stellung[89] bestehende Machtposition gegenüber den Händlern sei demgegenüber hier dazu benutzt worden, dem Boykottaufruf größere Wirksamkeit zu verleihen: Dies könne nicht mehr als angemessenes Mittel zur Verwirklichung des Appells angesehen werden.

Der erst 1969 getroffenen Entscheidung des Bundesverfassungsgerichts zum Blinkfüer-Fall war auch eine Entwicklung in der Zivilrechtsprechung vorangegangen, die ihrerseits versuchte, der Bewertung von Eingriffen in den Gewerbebetrieb mittels scharfer Meinungskundgabe oder gar Boykottaufforderungen auch unter Einbeziehung verfassungsrechtlicher Positionen schärfere Konturen zu verleihen. Während der Bundesgerichtshof[90] noch im Jahre 1965 einen Boykott von Milcherzeugern gänzlich im Sinne der Spätheimkehrer-Entscheidung[91] beurteilte, leitete das Oberlandesgericht Köln[92] im Falle eines Anzeigenboykotts die Rechtmäßigkeit des Aufrufs aus dem Grundrecht aus Art. 5 Abs. 1 GG her.

Auch der Bundesgerichtshof hatte 1966 in der „Höllenfeuer-Entscheidung“[93], die zwar keinen ausgesprochenen Boykottfall, wohl aber

---

[89] Vgl. hierzu nur die Angaben schon bei *Biedenkopf*, JZ 1965, 553 (555); zur Situation der Presse auch instruktiv: BT-Drucks. 7/2104.

[90] BGH GRUR 1965, 440 ff.; bemerkenswert hierbei ist, daß die Grundsätze des 1b Senats aus dem Blinkfüer-Urteil nicht einmal erwähnt werden.

[91] BGHZ 24, 201 ff.

[92] OLG Köln, NJW 1965, 2345 ff.; hierzu: *Arndt*, NJW 1966, 870 (871).

einen durch scharfe Kritik geführten Eingriff in den Gewerbebetrieb eines Presseorgans betraf, seine Rechtsprechung weiterentwickelt[94]. Für gewerbsschädigende Werturteile wird ein Festhalten an dem Erfordernis des mildesten Mittels als Voraussetzung der Rechtfertigung angezweifelt; eine Rechtswidrigkeit könne sich erst aus der zu mißbilligenden Art der Schädigung ableiten lassen, eines besonderen Rechtfertigungsgrundes bedürfe es jedenfalls nicht stets. Die Bedeutung des Art. 5 GG erfordere, gerade in Fragen von großer Bedeutung für das Gemeinschaftsleben, daß auch bezüglich der Art von Meinungsäußerungen von Rechts wegen eine größere Freiheit gewährt und in der Bejahung einer rechtswidrigen Störung gewerblicher Belange eine größere Zurückhaltung geübt werden müsse.

Im Falle eines Boykottaufrufs gegenüber dem Kauf von Robbenfellen legte das Oberlandesgericht Frankfurt[95] im Jahre 1969 seiner Entscheidung die Auffassung zugrunde, auch der in § 823 BGB enthaltene Begriff der Rechtswidrigkeit sei im Lichte der Wertvorstellung des Grundgesetzes zu sehen; der Eingriff in den Gewerbebetrieb indiziere nicht die Rechtswidrigkeit. Im Rahmen einer Güter- und Pflichtenabwägung müsse auch beurteilt werden, ob den schutzwürdigen Interessen der vom Boykottaufruf Beeinträchtigten ein solcher Rang zukomme, daß das Recht zur freien Meinungsäußerung im konkreten Falle zurückzutreten habe.

In jüngerer Zeit wurde gerade durch verstärkte Tätigkeiten von Verbraucherschutzvereinigungen ein neuer Akzent für Boykottaufrufe gesetzt. So hatten das Landgericht Stuttgart[96] und das Oberlandesgericht Stuttgart[97] jeweils über Aufrufe von Verbrauchervereinigungen zur Kaufenthaltung gegenüber solchen Firmen zu entscheiden, die wegen ihrer Werbung bei Sportveranstaltungen den Wegfall der Fernsehübertragungen dieser Veranstaltungen herbeigeführt hatten. Das Landgericht Stuttgart verneint eine Rechtswidrigkeit des Aufrufs mit Hinweis auf das Grundrecht der freien Meinungsäußerung, dem gegenüber das der Meinungsfreiheit widerstreitende, durch Art. 14 GG geschützte Recht auf ungestörte Ausübung des Gewerbebetriebes des Gegners zurücktreten müsse. Diese Wertung begründet das Gericht allerdings mit einer bemerkenswerten inhaltlichen Würdigung von Anlaß und Ziel des Aufrufs („billigenswert“ und „schutzwürdig“), wäh-

---

[93] BGHZ 45, 296.

[94] Zuvor hatte der BGH schon im „Waffenhändler-Urteil“ — BGHZ 36, 77 ff. — Ansätze zu einer Modifizierung der bisherigen Grundsätze aufgezeigt.

[95] OLG Frankfurt, NJW 1969, 2095 ff.

[96] LG Stuttgart, WRP 1975, 619 ff.

[97] OLG Stuttgart, JZ 1975, 698 ff. m. Anm. v. *Sambuc*.

rend die Art der Werbung durch den Boykottgegner als umstritten bezeichnet wird. Wenngleich ein Boykottaufruf das äußerste Mittel im Kampf der geistigen Meinungen sei, so sei der Aufruf im konkreten Falle doch das geeignete Mittel gewesen; ein milderes Mittel zur Wahrung der Belange sei nicht ersichtlich. Auch das Oberlandesgericht Stuttgart verneint eine Rechtswidrigkeit aus dem Gesichtspunkt der freien Meinungsäußerung. Im Gegensatz zu dem landgerichtlichen Urteil[98] enthält es sich allerdings jeder inhaltlichen Wertung, da Art. 5 GG auch die Äußerung einer falschen oder wenig überzeugenden Ansicht schütze. Diese dürfe sowohl maßvoll zurückhaltend als auch spektakulär geäußert werden. Das Oberlandesgericht Stuttgart fügt dabei noch die Erwägung hinzu, Art. 5 GG ermögliche gerade auch dem Boykottgegner, für seine Produkte zu *werben*, so daß es ein fragwürdiges Ergebnis wäre, wollte man dem Aufrufer für seine der Werbung gegenteilige Meinung den Schutz des Art. 5 GG versagen.

In der Position nicht ganz eindeutig ist eine neuere Entscheidung des Oberlandesgerichts Celle[99] zu einer vom Gericht als Boykottaufruf angesehenen Anzeige, mit der ausgesperrte Arbeitnehmer eines Supermarktes kundtaten, nicht mehr bei ihrem Arbeitgeber *einkaufen* zu wollen. Im Gegensatz zur Vorinstanz[100], die das Grundrecht der freien Meinungsäußerung explizit zugunsten der Aufrufer in Ansatz brachte, begnügt sich das Oberlandesgericht — im Verfahren des einstweiligen Rechtsschutzes — mit der Feststellung, der Boykottaufruf sei nur dann erlaubt, wenn er zur Erreichung des durch höherwertige Interessen gerechtfertigten Zweckes unbedingt notwendig sei, wenn also das angewandte Mittel im angemessenen Verhältnis zu dem verfolgten Zweck stehe. Als Quelle der so formulierten Grundsätze werden sowohl das Lüth-Urteil des Bundesverfassungsgerichts als auch die Spätheimkehrer-Entscheidung des Bundesgerichtshofs genannt, obgleich letztere die entscheidenden Gesichtspunkte der — später ergangenen — Lüth-Entscheidung überhaupt nicht berücksichtigt hatte. Insoweit beruhen die Prämissen des Oberlandesgerichts Celle auf zwei miteinander nicht zu vereinbarenden Rechtsauffassungen. Die in der Begründung vage und im Ergebnis wenig überzeugende Entscheidung findet hierin ihre Begründung.

---

[98] Es handelte sich dabei um unterschiedliche Klagen, so daß das LG insoweit nicht Vorinstanz war.

[99] OLG Celle v. 26. 1. 1978 — 13 W 3/78 (unveröffentlicht).

[100] LG Göttingen v. 10. 1. 1978 — 4 O 7/78 (unveröffentlicht).

IV. Zusammenfassende Analyse der zivilistischen Boykottbewertung

1. Interessenabwägung statt Bewertungsautomatismus

Der Überblick über die zivilistische[101] Bewertung von Boykottgeschehen hat die divergierenden normativen Ansatzpunkte und Zulässigkeitskriterien dokumentiert, die durch die Entwicklung des Deliktsrechts mitgeprägt waren. Für diese sind — zusammengefaßt — drei Faktoren wesentlich.

Zunächst erfolgte in der reichsgerichtlichen Judikatur eine prinzipiell deliktsrechtliche Bewertung von Boykottgeschehen. Das Reichsgericht unterschied im Ansatz nicht zwischen den divergenten sozialen Konflikten und beurteilte Fälle mit wettbewerblichem Hintergrund nach — zunächst einmal — grundsätzlich den gleichen *Kriterien* wie solche mit Arbeitskampfcharakter, wobei § 826 BGB normativer Anknüpfungspunkt war. Innerhalb dieser Vorschrift wurde von einer Zulässigkeit des Boykotts als Kampfmittel im Prinzip ausgegangen; erst das Hinzutreten bestimmter, in einer Kasuistik entwickelter und der Einzelfallprüfung vorbehaltener Umstände konnte eine Rechtswidrigkeit herbeiführen.

Innerhalb der *Bewertung* des Einzelfalles ist jedoch deutlich eine Tendenz zu erkennen, bei Auseinandersetzungen im „Lohnkampf" eine erheblich weitergehende Zulässigkeit von Boykottgeschehen als in anderen Fällen anzuerkennen. Boykotte mit dem Ziel der Verbesserungen der Arbeitsbedingungen wurden generell als zulässig eingestuft; auch bei der Prüfung, ob sie im Einzelfall wegen bestimmter Umstände rechtswidrig seien, war der Maßstab tendenziell großzügiger. Dem entsprachen auch die Ansicht der früheren Literatur und prinzipiell auch diejenige des Reichsarbeitsgerichts, wenngleich letzteres den Boykott wegen dessen angenommener Gefährlichkeit nur billigen wollte, wenn keine milderen Mittel zur Verfügung gestanden hatten.

Der zweite Schritt ist durch den Ausbau des deliktischen Unternehmensschutzes des § 823 Abs. 1 BGB gekennzeichnet. Im Zusammenhang mit der in dieser Norm angelegten Indizierungswirkung der Rechtswidrigkeit waren somit Boykotte generell unzulässig, wenn sie nicht durch besondere Gründe — ausnahmsweise — gerechtfertigt waren. Zu dieser Restriktion der Zulässigkeit von Boykottgeschehen muß auch diejenige im Bereich des Wettbewerbsrechts genannt werden, deren Resultat einer prinzipiellen Rechtswidrigkeit bereits dargestellt wurde[102].

---

[101] Hierzu muß auch die Bewertung durch das RAG gezählt werden, da diese ebenfalls zivilistisch orientiert und nur funktionell dem Reichsgericht entzogen war.

In der dritten Phase schließlich setzte sich unter Berücksichtigung der Rechtsprechung des Bundesverfassungsgerichts zur Bedeutung der Grundrechte im Privatrecht die Erkenntnis durch, daß dem Boykottveranstalter durchaus der Gesichtspunkt der Wahrnehmung eines Grundrechtes, speziell desjenigen der freien Meinungsäußerung aus Art. 5 Abs. 1 GG, zur Seite stehen konnte und daß dem innerhalb der zivilrechtlichen Bewertung jedenfalls insoweit Rechnung getragen werden mußte, als daß eine Indizierung der Rechtswidrigkeit auszuschließen war: Die Rechtswidrigkeit des Boykottaufrufs bedurfte vielmehr — unter Abwägung auch der Grundrechtspositionen des Aufrufenden und des Gegners — einer positiven Feststellung.

Die durchaus wechselvolle Entwicklung der deliktischen Boykottbewertung weist gleichwohl ein — unter der früheren Rechtsprechung des Bundesgerichtshofs allerdings abgeschwächtes — statisches Moment auf. Die rechtliche Qualifizierung der Boykottfälle erfolgte in keinem Falle im Wege der bloßen Subsumtion unter einen Tatbestand, was schon wegen einer fehlenden speziellen Norm oder eines fundierten richterlichen Rechtssatzes nicht möglich war. Stets lag ihr, mit unterschiedlicher Intensität, eine Abwägung von Interessen, etwa von Mittel und Zielen der Beteiligten, zugrunde. Dieser Weg war auch durch die als Anknüpfungspunkt der juristischen Erfassung dienenden Deliktsnormen vorgezeichnet, da es sich dabei jeweils um zivilrechtliche *Generalklauseln* handelt. Dies gilt explizit für § 826 BGB, aber eben auch für § 823 Abs. 1 BGB insoweit, als das Recht am Gewerbebetrieb als sogenanntes „Rahmenrecht“[103] ebenfalls zur Fixierung seines Schutzbereiches für die konkrete Interessenkonstellation einer positiven Rechtswidrigkeitsprüfung eines Eingriffs bedarf[104].

Das Verdikt für oder gegen die Rechtmäßigkeit eines Boykotts resultierte insofern stets aus der Abwägung der *im konkreten Fall* gegeneinander wirkenden Interessen. Allenfalls erfolgten Versuche einer Typologisierung der richterlichen Kasuistik, ohne sich jedoch zu einer allseits befriedigenden Methode zu verdichten, die es erlaubt hätte, alle auftauchenden Fälle gleichförmig und vorhersehbar zu entscheiden. Meist wurden aus Entscheidungen jeweiliger Einzelfälle zwar bestimmte signifikante Kriterien deduziert, diese nahmen im Ergebnis jedoch lediglich die Funktion von untergeordneten Begriffen ein, ohne allerdings eigene rechtserhebliche Qualität zu erlangen. Wenn etwa ein Boykott in den Fällen rechtswidrig sein sollte, in dem *Mittel* oder *Ziele* oder das Verhältnis beider mißbilligt wurde, so waren damit zwar neue

---

[102] Oben, § 4, III, 1.

[103] Vgl. hierzu *Fikentscher*, Schuldrecht, S. 634 ff.; auch bereits: *Nipperdey / Säcker*, NJW 1967, 1985 (1987).

[104] *Säcker*, ZRP 1969, 60 (62).

Kategorien für die Bewertung vorgegeben, gleichwohl aber noch keine Aussage darüber gewonnen, *wann* nun Mittel oder Ziel von der Rechtsordnung für nicht zulässig befunden werden sollten. Die Herausarbeitung der neuen Fixpunkte vermochte das Problem nur anders zu bezeichnen, nicht aber befriedigend zu lösen, ja nicht einmal, ihm konkrete Konturen zu verleihen.

2. Kriterien und Methode der Interessenabwägung

Mit dem Postulat des Erfordernisses einer Interessenabwägung zur rechtlichen Bewertung von Boykottgeschehen ist deren Problematik jedoch keineswegs gelöst. Eine dogmatisch exakte Beurteilung auf diesem Wege setzte das Vorhandensein einer abgesicherten Methode der Interessenabwägung voraus. Eine solche fehlt jedoch ebenso wie bereits die Kriterien, anhand derer die „Interessen" überhaupt zu ermitteln sind[105]. Rechtsprechung und Literatur spiegeln vielmehr ein schillerndes Bild von divergenten Ansatzpunkten der Interessenbewertung wider[106]. Die Judikate vermitteln dabei in der Tat vielfach den Eindruck von Billigkeitsentscheidungen ohne Offenlegung der eigentlichen Entscheidungsgründe, so daß der Anschein der Existenz einer „Zauberfloskel"[107] nicht ganz von der Hand zu weisen ist.

Die Judikatur konnte dabei auch nur auf eine insgesamt spärliche wissenschaftliche Aufbereitung der Thematik zurückgreifen[108]. Für den Boykottbereich hat allerdings *Weick*[109] detailliertere Untersuchungen geleistet, die davon ausgehen, daß das Verfahren der Interessenabwägung mehr sein müsse als ein bloßes Abwägen von Interessen nach Billigkeitsgesichtspunkten[110]. Methodisch greift er dabei auf Gesichtspunkte der Interessenjurisprudenz zurück, stellt jedoch fest, daß mit der *Erkenntnis* der beteiligten Interessen noch nichts über deren — auf einer zweiten Stufe vorzunehmende — *Bewertung* ausgesagt ist. Kriterien für letztere sucht er in der normativen Rechtsordnung[111]. Bei „Rahmenrechten", bei denen also die Wertentscheidung weder legislativ noch judikativ getroffen ist, könnten die Normen des geltenden Rechts

---

[105] *Struck*, S. 172.

[106] Sehr anschaulich bei *Weick*, S. 53 m. w. Nachw.

[107] *Arndt*, NJW 1966, 869 (871); vgl. auch bereits *dens.*, NJW 1964, 23.

[108] *Hubmann*, AcP 155, 85 ff. Zu erwähnen sind noch: *Münzberg*, Verhalten und Erfolg als Grundlagen der Rechtswidrigkeit und Haftung, 1966, bes. S. 259 ff.; *Kraft*, Interessenabwägung und gute Sitten im Wettbewerbsrecht, 1974, S. 235 ff.; vgl. auch *v. Köller*, S. 59 ff. m. w. Hinw.

[109] *Weick*, S. 55 ff.

[110] Vgl. etwa die These von *Polzius*, S. 73: „Sie (die Interessenabwägung, G. B.) wird sich nur im Einzelfall anhand aller Umstände finden lassen." Das läuft zwangsläufig auf eine Billigkeitsentscheidung hinaus.

[111] *Weick*, S. 63; ähnlich auch *v. Köller*, S. 95.

wenigstens mittelbar Maßstäbe liefern; letztlich soll auch ein Rückgriff auf Verfassungsgrundsätze möglich sein[112], ohne daß die Boykottbewertung aber auf eine bloße Abwägung widerstreitender Grundrechte reduziert werden dürfe[113].

Gerade letzteres führt die Boykottbewertung auf ihren normativen Ausgangspunkt, eine bestimmte Schadensersatz- (oder Unterlassungs-)Norm zurück, deren rechtssystematische Stellung auch die Bewertungsgesichtspunkte determiniert. Geht es in der Sache beispielsweise um einen wettbewerblichen Boykott, so kann eine zu dessen Bewertung etwa angestellte Interessenabwägung nicht einfach Grundrechtspositionen gegeneinander abwägen, sondern hat sich an den Normen des Wettbewerbsrechts zu orientieren. Dort aber gilt beispielsweise § 26 Abs. 1 GWB, dessen Normgehalt nicht durch direkte Rekurse auf die Verfassung überspielt werden kann.

Ist eine derart deutliche Wertentscheidung des einschlägigen Rechtsbereiches nicht gegeben, ergeben sich für die Interessenabwägung die Probleme der Beurteilung der *Schutzwürdigkeit der Interessen*[114] und des Rangverhältnisses verschiedener Interessen zueinander. Gerade letzteres ist jedoch äußerst vielschichtig und demgemäß umstritten; es ist einer einheitlichen und geschlossenen Theorie möglicherweise gar nicht zugänglich. Die bislang angestellten Versuche der Erfassung dieses Bereiches vermochten sich nicht durchzusetzen. Beispielsweise hat *Hubmann*[115] eine Präferenzskala für menschliches Verhalten aufzustellen versucht, nach der etwa „Vorsatz" prinzipiell weiterreichend sei als „Fahrlässigkeit". Daß derartige allgemeine Positionen eine Problembewältigung kaum zu leisten vermögen, hat bereits *Struck*[116] verdeutlicht: Im Zivilrecht wird beides vielfach — als Haftungsgrund — gleichstufig behandelt; auch kann eine vorsätzliche Handlung wegen Notwehr rechtmäßig sein, eine fahrlässige jedoch gerade nicht.

Aus allem muß festgehalten werden, daß prinzipielle und für alle Fälle gültige Kriterien für die Interessenabwägung nicht vorhanden sind; diese müssen vielmehr für konkrete Boykottformen und Boykottkonstellationen speziell entwickelt werden.

Auf dieser Linie liegt das methodische Vorgehen von *Weick*[117], der für den Bereich des Boykotts zur Verfolgung nichtwirtschaftlicher Interessen eine solche Typisierung erarbeitet. Gerade im Blinkfüer-Urteil

---

[112] Vgl. auch den ähnlichen Ansatz bei *v. Köller*, S. 95, von einem verfassungsrechtlichen Ansatz aus.

[113] *Weick*, S. 95; vgl. auch *Merten*, NJW 1970, 1625 (1630).

[114] Vgl. zu dieser Problematik *Struck*, S. 172 ff.

[115] *Hubmann*, AcP 155, 85 ff.

[116] *Struck*, S. 174.

[117] *Weick*, S. 65 ff.

hatte sich gezeigt, daß eine schematische Beurteilung der Boykottfälle zu Fehlwertungen führen kann, wenn die Umstände der beteiligten Interessen und ihrer Träger nicht hinreichend gewürdigt werden. Die Entscheidung des Bundesgerichtshofs war offensichtlich allzu stark von den Grundsätzen des Lüth-Urteils des Bundesverfassungsgerichts beeinflußt, übertrug allerdings die dort vorgezeichnete Präferenz des Grundrechts der freien Meinungsäußerung unbesehen auf den hier zum Boykott Aufrufenden, ohne die entscheidenden Divergenzen der Interessenlage und der Interessendurchsetzung im Einzelfall zu berücksichtigen: die Machtpositionen der Kontrahenten, der Übergang zu wirtschaftlichen Kampfmitteln, die Grundrechtspositionen des Angegriffenen. Die Kritik[118] an diesem Urteil des Bundesgerichtshofs hat jene Komponenten deutlich hervortreten lassen und gezeigt, daß die vorgenommene Interessenabwägung unzureichend war. *Weick*[119] hat diese Erkenntnisse berücksichtigt und auf ihrer Grundlage die Schritte präzisiert, die zur Bewertung notwendig sind: Ermittlung der beteiligten Interessen und Lebensfaktoren — Einordnung in den sozialen Zusammenhang, in die typische Konfliktlage — Ermittlung der Bewertungsmaßstäbe aus der Rechtsordnung — Ausschaltung der unbeachtlichen Interessen und Faktoren. Für die sodann vorzunehmende Bewertung des Konflikts gibt *Weick* eine Orientierungshilfe in Form einer Aufteilung in vier relevante Gesichtspunkte: Interessenlage, Machtlage, Konfliktlage und Art der Interessenverfolgung. Die diese Faktoren berücksichtigende Bewertung durch den Rechtsanwender wird dabei Kollisionen einzelner Maßstäbe aus übergeordneten Wertprinzipien, also etwa durch Rückgriffe auf grundgesetzliche Positionen, lösen.

3. Resultate der Interessenabwägung

a) Deliktsmaßstäbe im Verhältnis Verrufer — Boykottierter

Damit sind zumindest die Konturen einer modernen zivilistischen Boykottbewertung aufgezeigt. Die dogmatisch fixierte Betrachtungsweise ist der wertenden Abwägung gewichen, der Rahmenrechtsschutz gegenüber Eingriffen, die auf Grundrechtsausübung oder sonstigen gebilligten Verhaltensweisen beruhen[120], jedenfalls insoweit relativiert, als jede indizielle Rechtswidrigkeitswirkung eines Eingriffs versagt wird. Speziellere Aussagen für generelle Fälle werden vermieden; die Typologie des Einzelfalles ist entscheidend.

---

[118] *Arndt*, NJW 1964, 23 ff.; *Biedenkopf*, JZ 1965, 553 ff.; *Larenz*, Anm. AP Nr. 2 zu Art. 5 Abs. 1 GG Meinungsfreiheit.

[119] *Weick*, S. 174.

[120] Zu der generellen Problematik vor allem *Säcker*, ZRP 1969, 60 ff.; vgl. auch *Merten*, NJW 1970, 1625 (1629 f.).

Für die Durchführung des Boykotts, aber auch bereits für den Aufruf, werden allgemeine rechtliche Grenzlinien relevant, insbesondere etwa das Verbot existenzvernichtender Boykottmaßnahmen[121]. Eine gewisse Bedeutung kommt auch dem „Grundsatz der Verhältnismäßigkeit" zu[122], dessen Inhalt jedoch auch im Privatrecht nur wenig konturiert ist[123]. So hatte etwa der Bundesgerichtshof in der Constanze-Entscheidung[124] auf der Basis des Verhältnismäßigkeitsprinzips einen Grundsatz des schonendsten Mittels propagiert. Diesen allerdings gab er mittlerweile angesichts eines veränderten Verständnisses des Rahmenrechtsschutzes in der Höllenfeuer-Entscheidung[125] gerade wieder auf. Dem Ergebnis ist auch zuzustimmen; die Zurverfügungstellung von Kampfmitteln würde weitgehend konterkariert, wollte man diese selbst wiederum an Maßstäbe binden, die ihrer Anwendung gerade im Wege stehen[126].

b) Deliktische Boykottbewertung und Einzelverhältnisse zwischen den Parteien

Die zivilistische Boykottbewertung mittels Interessenabwägung leistet also Aussagen zu der Zulässigkeit des Boykotts *im Verhältnis Verrufer — Boykottierter*. Sie stellt fest, ob die notwendigerweise dem Kampf innewohnende Rechtsbeeinträchtigung des Boykottierten deliktsrechtlich zu beanstanden ist oder nicht; sie erschöpft sich zugleich hierin.

Vergegenwärtigt man sich die Problemstellung dieser Arbeit[127], so wird deutlich, daß mit diesen Ergebnissen nur ein bestimmter Sektor der Boykottproblematik angesprochen ist. Nicht geklärt sind beispielsweise die *Folgen* einer „Zulässigkeit" des Boykotts; also etwa die Frage, ob eine Zulässigkeit im Verhältnis Verrufer — Boykottierter auch etwaige Vertragsverstöße des Adressaten legitimiert, oder ob — umgekehrt — der Boykott im Primärkampfverhältnis auch „zulässig" bleibt, wenn die Adressaten die Boykotthandlung (nur oder auch) unter Verletzung vertraglicher Pflichten durchführen. Für die ältere Literatur[128] läßt sich dies explizit verneinen. Der neueren Boykottdiskussion lassen sich — wie gezeigt — Äußerungen hierzu nicht entnehmen. Angesichts der systematischen Behandlung des Boykottes ist jedoch auch

---

[121] Hierzu *Weick*, S. 165 f.

[122] *Weick*, S. 166 ff.

[123] Vgl. etwa *Joachim*, in: Kittner (Hrsg.), Streik und Aussperrung, S. 27 (32 ff.); *Säcker*, DB 1969, 1940 (1942).

[124] BGHZ 3, 270 (281).

[125] BGHZ 45, 296 (307 f.).

[126] In diesem Sinne auch *Weick*, S. 168.

[127] Oben, § 3.

[128] Vgl. oben, § 4, I.

ihr tendenziell eine Ablehnung der genannten Konsequenzen zu unterstellen; dies nicht zuletzt auch deswegen, weil die (bewußte) Verleitung zum Vertragsbruch doch überwiegend als unzulässig angesehen wird[129].

Demgegenüber setzt sich die moderne Boykottdiskussion mit dem Verhältnis Verrufer — Adressat in dem für sie nahezu konstitutiven Blinkfüer-Fall ausdrücklich auseinander. Bei dessen Beurteilung hat jedenfalls das Bundesverfassungsgericht[130] die Androhung von Zwangsmaßnahmen gegenüber dem Adressaten für die Fälle der Nichtbefolgung des Boykottaufrufs als ein mit der Verfassung nicht im Einklang stehendes *Mittel* des Boykotts verurteilt. Dies wurde insbesondere darauf gegründet, daß die Adressaten vom Verrufer *wirtschaftlich abhängig* waren. Bemerkenswerterweise hatte der Bundesgerichtshof[131] die Beeinträchtigung der Rechte des Adressaten und dessen wirtschaftlicher Interessen glatt hingenommen und sie den „übergeordneten" Interessen des Verrufers hintangestellt[132].

Gleichwohl darf die Verurteilung der Androhungen von Zwangsmaßnahmen gegenüber dem Adressaten nicht von dem Hintergrund losgelöst werden, daß es — verfassungsrechtlich — um die Wahrnehmung der *Meinungsfreiheit* des Art. 5 Abs. 1 GG geht, der die Vorstellung einer „geistigen Auseinandersetzung"[133] als Schutzobjekt prinzipiell zugrundeliegt. In dessen Normbereich sind *Kampf*maßnahmen tendenziell nur in geringerem Umfang geschützt, so daß Restriktionen auf der Durchführungsebene, also etwa bezüglich des Einsatzes wirtschaftlicher Druckmittel, eher wahrscheinlich sind.

Immerhin ließe sich — vorsichtig — formulieren, daß wirtschaftlicher Druck auf die Adressaten in der zivilistischen Boykottbewertung — jedenfalls im Meinungskampf — Ansatzpunkt für ein Verdikt der Unzulässigkeit sein kann. Inwieweit dieses Ergebnis verallgemeinerungsfähig ist, bleibt jedoch offen.

---

[129] Vgl. oben, § 4, I; Übersicht auch bei *Kötz*, Deliktsrecht, S. 291 ff.

[130] BVerfGE 25, 256 (264 ff.).

[131] BGH NJW 1964, 29 (31).

[132] Das Urteil des BGH ist ganz offensichtlich stark von politischem Vorverständnis geprägt, das auch verbal kaum verhüllt wird.

[133] BVerfGE 25, 256 (264).

Zweiter Teil

Verfassungsrechtliche und arbeitskampfsystematische Problematik der Boykottfälle

§ 5 Funktion und verfassungsrechtliche Grundlagen des Arbeitskampfrechts

Die weitere Untersuchung hat nunmehr der Frage zu gelten, ob und gegebenenfalls welche Auswirkungen die Verwendung des Boykotts als *Arbeitskampfmittel* und die damit bewirkte Geltung arbeitskampfrechtlicher Prinzipien auf die soeben dargelegten Resultate der zivilistischen Boykottbewertung erzielen können. Eine Modifizierung der „rein" zivilrechtlichen Bewertungskriterien für den Sektor des Arbeitskampfes war — wie gezeigt — auch innerhalb der „Weimarer" Boykottbeurteilung nachzuweisen. Methodisch erscheint dabei zunächst einmal die Analyse des Verhältnisses von Arbeitskampfrecht und Zivilrecht angezeigt; danach muß der verfassungsrechtliche Gewährleistungs*umfang* für den Arbeitskampf ermittelt werden.

I. Arbeitskampfrecht und Zivilrecht

1. Funktionsbestimmung des Arbeitskampfrechts gegenüber dem Zivilrecht

Der Terminus „Arbeitskampfrecht" bezeichnet sicher die Summe derjenigen (meist richterrechtlichen) Regelungen, die die Bedingungen des Arbeitskampfes, seine von der Rechtsordnung geforderten Voraussetzungen und Grenzen und die Modalitäten der Durchführung normieren. Hierin erschöpft sich die Funktion des Arbeitskampfrechts jedoch keineswegs. Sie besteht darüber hinaus auch darin, der Antinomie von kollektivem Geschehen des Arbeitskampfes und individualrechtlichem Pflichtenkreis des Arbeitnehmers Rechnung zu tragen und eine wenigstens rechtliche Harmonisierung beider Bereiche zu leisten.

Mit einer Anerkennung des Rechts zur kollektiven Interessenwahrnehmung auf dem Gebiete der „Arbeits- und Wirtschaftsbedingungen" und deren Durchsetzung mittels Arbeitskampfmaßnahmen durch die Rechtsordnung[1] sind konträre Wertungen auf der Individualebene nicht vereinbar. Die Regelungen des Individualvertrages des Arbeitnehmers aber unterstehen im Prinzip dem BGB, dem von seiner liberalen Grundkonzeption her *kollektive* Auseinandersetzungen an sich fremd sind. Insofern sind dort Lösungen dieses Konfliktes nicht angelegt; vielmehr muß der Kollektivbereich auf den Individualvertrag ausstrahlen. Derjenige, der von der zugebilligten Form der Interessenwahrnehmung mittels Arbeitskampfs Gebrauch macht, darf auf der individualrechtlichen Ebene hierfür nicht mit Sanktionen belegt werden[2]. Das Arbeitskampfrecht muß also Regeln zur Beseitigung des Konfliktes zwischen unterschiedlichen Pflichtenkreisen aufstellen.

Neben dieser Funktion der Beseitigung der Widerrechtlichkeit individualer Leistungszurückhaltung obliegt dem Arbeitskampfrecht auch die Aufgabe, den (zugelassenen) Arbeitskampf mit den Normen des Deliktsrechts zu verklammern. Schuldhafte Eingriffe in bestimmte Rechte Dritter können deliktisch sein und die in den §§ 823 ff. BGB normierten Schadensersatzansprüche auslösen. Eine durch die Rechtsordnung getroffene Zuerkennung wirksamer Kampfmaßnahmen für die Arbeitnehmerkoalitionen bedarf daher einer Modifizierung der Deliktsrechtsgrundsätze, will sie nicht ins Leere gehen. Hierzu diente zunächst die umstrittene[3] Formel der „Sozialadäquanz“, die einem nach bestimmten Kriterien geführten Arbeitskampf das Attribut der Rechtswidrigkeit dadurch nahm, daß der an sich deliktische Eingriff als „sozialadäquat“ und damit als gerechtfertigt bezeichnet wurde. Auch die spätere Abkehr von der Lehre der Sozialadäquanz, die ohnehin nur eine Breviloquenz für deliktsrechtlich zulässiges Verhalten war[4], entband nicht von der Notwendigkeit, auf andere Weise das Arbeitskampfrecht zum Deliktsrecht ins Verhältnis zu setzen. Es bedarf auf alle Fälle einer *arbeitskampfrechtlichen Sicht* des Deliktsrechts, um dieses in der speziellen Konfliktlage Geltung gewinnen zu lassen.

Letzteres könnte durch die kategoriale Sonderentwicklung eines auf den Arbeitskampf bezogenen „Sonderdeliktsrechts“ geleistet werden, mit dem die erlaubte Schädigung des Gegners im Arbeitskampf und der grundsätzliche Schutz von dessen Rechtsgütern als gegensätzliche Interessenpole normativen Regelungen unterworfen würden. Zugleich wären dort die haftungsrechtlichen Ungereimtheiten, die sich für den Arbeitskampf beispielsweise aus den §§ 830, 840 BGB in der Antinomie zwischen gewerkschaftlicher Kampfführung und den Einzelteilnehmern ergeben, zu beseitigen[5].

---

[1] Hierzu unten, § 5, II, III.

[2] Vgl. *Hueck / Nipperdey*, II, 2, S. 930 m. w. Nachw.

[3] Siehe nur etwa *Seiter*, Streikrecht, S. 448 ff. mit umfangreichem Nachweis des Streitstandes, bes. S. 449, Fn. 34 und 35.

[4] *Nipperdey*, NJW 1967, 1985 (1992).

(Noch) in Ermangelung eines solchermaßen ausdifferenzierten Systems arbeitskampfspezifischer Haftungsregeln ist die notwendige Integration des Arbeitskampfes in das Deliktsrecht zumindest auf der Basis zivilistischer Grundsätze vorzunehmen. Die dort als Methode zugrundegelegte Interessenabwägung ist inhaltlich mit den Besonderheiten der Arbeitskampfsituation zu komplettieren. Diese kontrastiert mit der allgemein-zivilistischen Ausgangslage der Existenz zweier sich gleichrangig gegenüberstehender Rechtsgüter insbesondere dadurch, daß im Arbeitskampf die (erforderliche) Koalitionsbetätigung Vorrang vor den (Rahmen-)Rechten des Arbeitgebers hat: In dessen Rechtskreis *darf* (unter bestimmten Prämissen) *eingegriffen werden*. Die Akzente der Interessenabwägung sind hier daher prinzipiell vom „ob" zum „wie" verschoben.

2. Die „Einheitstheorie" als Grundlage für die kollektive Bewertung der Einzelakte

Während also die deliktische Integration des Arbeitskampfrechts nur in Konturen deutlich wird, ist die Harmonisierung des Individualkreises des Arbeitnehmers mit der Kollektivität des Streikgeschehens durch die „Einheitstheorie" des Bundesarbeitsgerichts[6] erfolgt.

a) Grundaussagen der Einheitstheorie

Diese Theorie betrachtet das Gesamtgeschehen des Streiks als kollektiven Akt und aus kollektivrechtlicher Sicht und erkennt letzterer den Primat für die rechtliche Bewertung zu. Sie bringt allerdings als Konsequenz mit sich, daß die arbeitskampfrechtliche *kollektive* Sicht auch zur *alleinigen* Bewertungsgrundlage wird, die die individualen Einzelakte auch dann überlagert, wenn diesen eigenständige rechtliche Relevanz zukommt.

Dieser Mechanismus zeigt sich etwa bei dem Problem der Massenänderungskündigung, die dadurch gekennzeichnet ist, daß eine Vielzahl von Arbeitnehmern gleichzeitig gleichlautende Änderungskündigungen gegenüber ihrem Arbeitgeber aussprechen, um hierdurch eine Verbesserung ihrer Arbeitsbedingungen, oft eine höhere Entlohnung, zu erreichen. Das Bundesarbeitsgericht[7] sieht in solchen — organisierten —

---

[5] Vgl. auch *Däubler*, in: Kittner (Hrsg.). Streik und Aussperrung, S. 441 (444 f.).

[6] Seit BAG GS AP Nr. 1 zu Art. 9 GG Arbeitskampf; grundsätzlich zustimmend aus der zahlreichen Literatur zur Einheitstheorie: *Dietz*, JuS 1968, 1 ff.; *Engel*, RdA 1965, 85 ff.; *Fabricius*, RdA 1962, 94 ff.; *ders.*, ZAS 1968, 65 ff.; *Hueck / Nipperdey*, II, 2, S. 930 ff.; *Gerhard Müller*, AuR 1972, 1 ff.; *Säcker*, Gruppenautonomie, S. 382.

Zur Kritik vgl. *Konzen*, ZfA 1970, 159 (177) m. w. Nachw.; *Rüthers*, AuR 1967, 129 ff.; *Seiter*, Streikrecht, S. 19 ff. m. zahlr. w. Nachw.

Maßnahmen einen kollektiven Arbeitskampf und gelangt trotz individualrechtlicher Zulässigkeit zu einer kollektivrechtlichen Bewertung, die angesichts gleichzeitiger, nicht beendeter Tarifverhandlungen in dem entsprechenden Gewerbe zum Verdikt der Rechtswidrigkeit der Änderungskündigungen führte.

Kollektivrecht überlagert die Individualebene. Kriterium der Qualifizierung als Kampfmaßnahme ist, daß der Arbeitgeber unter wirtschaftlichen Druck gesetzt werden soll, um die geforderten Änderungen der Arbeitsbedingungen zu gewähren; legitimiert wird diese Auffassung mit dem Hinweis auf die „natürliche Betrachtungsweise", in der Systematik des Bundesarbeitsgerichts also unter Rekurs auf die der Einheitstheorie zugrundeliegende soziologisch-phänomenologische Sicht.

b) Einheitstheorie und Individualbefugnisse

Die vom Bundesarbeitsgericht der Einheitstheorie entnommenen Schlußfolgerungen für die Individualakte innerhalb des Kampfgeschehens sind jedoch gerade im Projektionspunkt des arbeitskampfrechtlichen Boykotts überdenkenswert. Immerhin könnten sie dazu führen, daß die dort erfolgenden Individualakte der Adressaten, obschon etwa vertragsrechtlich zulässig, aus der *kollektiven* Sichtweise eine andere Bewertung erführen.

Vom Grundsatz her beinhalten individuale Rechte auch die Befugnis zu ihrer Ausübung innerhalb der Grenzen der normativen Rechtsordnung oder privatautonom gewählter Beziehungen. Die Rechtsausübung unterliegt prinzipiell gesehen gesellschaftlichen Ausstrahlungen nur über Institute wie „Treu und Glauben" und „gute Sitten". Deren Bereiche werden durch eine bloße Kollektivität der Rechtsausübung nur in äußersten Ausnahmefällen tangiert; eine Gebundenheit an gleichzeitiges Handeln Dritter oder dessen Abwesenheit ist der Ausübung subjektiver Rechte generell ebenso fremd wie eine Restriktion durch allgemein-gesellschaftliche Vorbehalte, etwa im Sinne eines „Gemeinwohlvorbehalts"[8].

Dieses Prinzip vermag auch die Tatsache einer geplanten und verabredeten kollektiven Ausübung nicht ohne weiteres umzustoßen; das wird vom Bundesarbeitsgericht[9] für Zurückbehaltungsrechte aus

---

[7] BAG AP Nr. 37 zu Art. 9 GG Arbeitskampf.

[8] Eine solche Tendenz der Bindung der Ausübung subjektiver Rechte an Gemeinwohlideologien weist die nationalsozialistische Zivilrechtsdiskussion auf; vgl. dazu instruktiv: *Thoss*, Das subjektive Recht in der gliedschaftlichen Bindung, Frankfurt, 1968.

[9] BAG AP Nr. 32 zu Art. 9 GG Arbeitskampf, Bl. 6. Vgl. auch: *Haase*, DB 1968, 708 ff., 757 ff.; *Hueck / Nipperdey*, II, 2, S. 891; *Rüthers*, AuR 1967, 129 (136).

§§ 273, 320 BGB ausdrücklich festgestellt. *Däubler*[10] verdeutlicht diese Grundsätze mit dem Beispiel, daß es nicht zu beanstanden sei, wenn vier Mieter eines Hauses dem Vermieter absprachegemäß gleichzeitig kündigten. Dem ist zuzustimmen, zugleich jedoch festzustellen, daß gleichwohl Beschränkungen der Rechtsausübung möglich sind; dies allerdings auf freiwilliger Basis, beispielsweise etwa durch Beschränkungen der Kumulierung von Stimmen im Gesellschaftsrecht.

Letztlich liegt jeder vertraglichen Bindung eine Beschränkung der einseitigen Gestaltungsmacht durch Ausübung subjektiver Rechte schon insoweit zugrunde, als die Vertrags*dauer* die Beziehungen der Parteien für diesen Zeitraum fixiert. Als Korrelat dieser Bindung wohnt der Vertragsbeziehung aber auch stets die Möglichkeit der Beendigung dieser Sonderbeziehung inne, die an bestimmte Fristen, Gründe oder Modalitäten gebunden sein kann, der Sache nach selbst aber jedenfalls gegeben sein muß. Vertragliche Beschränkungen sind daher in jedem Fall aufhebbar, diese Aufhebungsbefugnis sowie die danach eintretende ungebundene Rechtsausübungsmacht sind wiederum — abgesehen von den Aufhebungsmodalitäten — individual jederzeit und ohne besondere „gliedschaftliche Bindung“ realisierbar.

Festzuhalten bleibt daher jedenfalls der Grundsatz, daß individuale Rechte nicht dadurch verloren gehen oder restringiert werden, daß andere von der ihnen ebenfalls zustehenden Individualmacht gleichzeitig und gleichgerichtet Gebrauch machen[11].

Von diesem Grundsatz ausgehend könnte die Versagung der kollektiven Ausübung individualer Rechte nur aus der Systematik des Arbeitskampfrechts abgeleitet werden, wenn dieses eine *Sperrwirkung* für eine Individualbetrachtung bildete.

Zur Klärung dieser Frage scheint eine Rückbesinnung auf den Telos der kollektivrechtlichen Bewertung des Arbeitskampfes angezeigt. Die einheitliche Bewertung mit Vorrang des Kollektivrechts war funktional auf die Legalisierung des an sich auf der Individualebene gegebenen Arbeitsvertragsbruchs gerichtet; das Handeln der Streikenden sollte als Kollektivhandeln nicht an arbeitsvertraglichen Pflichten gemessen werden[12], die kollektivrechtliche Zulässigkeit vielmehr auf die Individualsphäre durchschlagen und beide harmonisieren.

---

[10] *Däubler*, Streik, S. 263; *ders.*, Arbeitsrecht, Bd. 1, S. 180.

[11] So auch: *Däubler*, Streik, S. 263; *ders.*, Arbeitsrecht, Bd. 1, S. 180; *Glietsch*, S. 110; *Kraft*, RdA 1968, 286 (290); *Löwisch / Hartje*, RdA 1970, 321 (327); *Ramm*, Streikrecht, S. 125; *Rüthers*, AuR 1967, 129 (136). Vgl. auch *Seiter*, Streikrecht, S. 144 f.; *dens.*, Arbeitskampfparität, S. 45. Dieser Grundsatz gilt offenbar auch in anderen Rechtskreisen, vgl. *Déschenaux*, Le boycottage, p. 71: „Ce qui est permis à l'individu, ..., doit en principe aussi être permis à une collectivitée ...“

[12] *Hueck / Nipperdey*, II, 2, S. 930.

Nur eine von dieser Zweckrichtung abstrahierte und vom Telos losgelöste Verabsolutierung des Primats des Kollektivrechts würde die Deduktion einer Sperrwirkung für die Wahrnehmung individualer Rechte ermöglichen. Funktion des Kollektivrechts ist es nicht, die Individualrechte der Arbeitnehmer aus dem BGB zu beseitigen[13], sondern gerade umgekehrt die Verleihung und Privilegierung solcher Befugnisse, die über ihre individuale Macht hinausreichen. Es bedeutete einen — im Arbeitsrecht auch an anderer Stelle diskutierten[14] — Funktionswandel, der Privilegierung des Arbeitskampfes gleichsam Beschränkungen fundamentaler Individualrechte des Arbeitnehmers als Kehrseite abzugewinnen[15]. Die Versagung beispielsweise der — vom Arbeitgeber jederzeit zu kalkulierenden — *fristgemäßen* Kündigung für den speziellen Fall, daß der Arbeitnehmer mit diesem Vorgehen einen bestimmten Druck auszuüben bezweckt[16], ist überdies weder durch ein schützenswertes Interesse des Arbeitgebers legitimiert, noch aus der Systematik des Arbeitskampfrechts — und zwar auch unabhängig vom verfolgten Ziel — geboten. Die Suspendierungswirkung beim legitimen Streik dient der erleichterten und wirksameren Koalitionszweckverfolgung. Systematisch ist daneben kein Verbot des schwerfälligeren, faktisch schlecht zu organisierenden, vom Arbeitgeber kalkulierbaren und daher weniger einschneidenden Mittels einer — fristgemäßen — Änderungskündigung im Individualbereich geboten; ein solches Verdikt wäre auch dogmatisch nicht abgesichert und müßte sich an Grundrechtspositionen messen lassen[17]. Diese These wird auch durch einen Hinweis auf das unterschiedliche Arbeitsplatzrisiko[18] abgesichert.

Es kann daher festgehalten werden, daß das Arbeitskampfrecht mit der Transformation der Kollektivität von der Handlungs- auch auf die Bewertungsebene für die einzelnen (Individual-)Maßnahmen alleine eine *Privilegierungs*wirkung, nicht aber eine Sperrwirkung entfalten

---

[13] So auch *Däubler*, Streik, S. 264; *ders.*, in: Kittner (Hrsg.), Streik und Aussperrung, S. 411 (436); *Grunsky*, JuS 1967, 60 (63); *Kraft*, RdA 1968, 286 (293); *Ramm*, Streikrecht, S. 125; *Zeuner*, RdA 1971, 1 (5).

[14] Vgl. nur die Diskussion zur „Gegnerunabhängigkeit" im Bereich der Mitbestimmung; vgl. hierzu auch *Bieback / Reich*, AuR 1978, 161 (171).

[15] In diesem Sinne auch: *Moll*, RdA 1976, 100 (106).

[16] *Däubler*, Streik, S. 262, setzt dies mit „faktischer Zwangsarbeit" gleich. Dies trifft nicht ganz zu, denn eine Kündigung alleine als „Abkehr" mit dem Ziel der Beendigung des Arbeitsverhältnisses wäre ja nicht verwehrt. Das aber deckt gerade die Ungereimtheiten auf: völlige Abkehr ist erlaubt, Abkehrdrohung mit Anerbietung der Fortsetzung unter anderen Bedingungen jedoch verboten!

[17] Vgl. *Däubler*, Streik, S. 264; *Kraft*, RdA 1968, 286 (293), weist auf das Recht zur freien Entfaltung der Persönlichkeit hin.

[18] Die juristische Diskussion um die Massenänderungskündigung erscheint angesichts der in der Bundesrepublik seit Jahren herrschenden Massenarbeitslosigkeit ohnehin fast obsolet, weil sie von den sozio-ökonomischen Verhältnissen völlig abstrahiert.

kann. Danebenstehendes, aus allgemein-zivilrechtlichen Gesichtspunkten zulässiges Handeln bleibt möglich, seine anhand anderer Maßstäbe ermittelte Rechtmäßigkeit unberührt.

3. Konsequenzen für den arbeitsrechtlichen Boykott

Für den (arbeitsrechtlichen) Boykott ist aus diesem Ergebnis zunächst zu folgern, daß die Maßnahmen des Adressaten wegen der dem Boykottgeschehen eigenen Kumulation gleichgerichteten Verhaltens anderer grundsätzlich keine „Schlechterstellung" erfahren dürfen: Seine privatrechtliche Gestaltungsmacht kann auch im Rahmen eines arbeitskampfmäßigen Gesamtgeschehens nicht restringiert werden. Dieses Resultat wird auch abgestützt durch die Überlegung, daß es sich bei dem Verhältnis Adressat — Boykottierter ohnehin um *autonome* Rechtskreise handelt, die von denjenigen des Verrufers unabhängig sind. Es handelt sich also — anders als beim Streik — nicht um *kongruente* Rechtsverhältnisse, die nur zum einen kollektiv, zum anderen individualrechtlich betrachtet werden, sondern um ganz verschiedene Beziehungen. Deren Absorption durch eine „kollektivrechtliche" Sicht des gesamten Kampfgeschehens ist nicht anzuerkennen.

Aus dieser prinzipiellen Scheidung folgt weiterhin, daß Interdependenzen der Pflichtenkreise des Verrufers mit denjenigen des Adressaten nur mit *privilegierendem*, nicht aber mit restringierendem Ergebnis möglich sind. Kündigt beispielsweise der Adressat eines arbeitskampfrechtlichen Boykottaufrufes sein Vertragsverhältnis zum Boykottierten in einer in diesem Verhältnis zulässigen Form, so kann dieses Vorgehen nicht dem Verdikt der Rechtswidrigkeit unterfallen, weil etwa zwischen Verrufer und Boykottiertem eine tarifvertragliche Friedenspflicht verletzt wird. Allenfalls kann die Einbeziehung der Rechtsausübung Dritter in den Komplex eines Arbeitskampfes eine Privilegierung der Wahrnehmung subjektiver Rechte im Verhältnis Adressat — Boykottierter erforderlich machen. Methodisch verlangt dies eine Betrachtung aus der Beziehung Verrufer — Boykottierter als Grundverhältnis des Arbeitskampfes heraus und eine Unterordnung der Einzelakte unter die dabei relevanten Bewertungskategorien. Inwieweit zivilrechtliche Befugnisse der Dritten erweitert werden können oder alleine eine mangelnde Rechtsmacht dieser für das Grundverhältnis Verrufer — Boykottierter außer Betracht bleiben kann, ist gerade Gegenstand dieser Untersuchung.

Die Vorgehensweise, nach der zivilrechtlich bereits zulässiges Verhalten innerhalb der boykottrechtlichen Prüfung keinem Rechtswidrigkeitsverdikt unterliegen kann, darf allerdings nicht dazu führen, das *Gesamtgeschehen* des Boykotts als Arbeitskampfmittel in einer Art

Stufenverhältnis zunächst nach zivilrechtlichen Kriterien auf die Zulässigkeit hin zu prüfen und anschließend nach arbeitskampfrechtlich begründeten Zweifeln zu suchen[19]. Die *Gesamtkampfmaßnahme* ist Arbeitskampfmittel und kann (nur) unter diesem Gesichtspunkt etwa einer — dann *arbeitskampfrechtlich* geprägten — Deliktsprüfung unterzogen werden. Daß *Einzelakte* des mehrstufigen Geschehens bereits *ohne* arbeitskampfrechtliche Einflüsse aus allgemein-zivilrechtlichen Regeln heraus zulässig sind und keiner — arbeitskampfrechtlich begründeten — *Privilegierung* bedürfen, ist eine ganz andere Frage, deren Lösung von derjenigen des Gesamtgeschehens zu unterscheiden ist.

4. Zwischenergebnis

Für die Boykottbewertung ergibt sich danach, daß im Arbeitskampfrecht die Grundlagen der Harmonisierung der Einzelakte mit dem Gesamtgeschehen Arbeitskampf zu suchen sind. Das Arbeitskampfrecht kann dabei nur Privilegierungen gegenüber Individualbefugnissen bewirken. Mithin kann (und braucht) es nur dort Relevanz erlangen, wo es um Maßnahmen geht, die nicht bereits aus allgemein-zivilrechtlichen Befugnissen erlaubt sind. Auf seiten des Verrufers handelt es sich dabei im wesentlichen um Privilegierungen im Bereich des Deliktsrechts, während bei den Adressaten die Vertragsebene zum Boykottierten Objekt etwaiger Modifikationen sein wird. Voraussetzungen und Grenzen möglicher Privilegierungen sind dem Inhalt einer verfassungsrechtlichen Arbeitskampfgarantie und deren Umfang zu entnehmen.

II. Art. 9 Abs. 3 GG als legislativer Standort des Koalitions- und Arbeitskampfrechts

Das (unkodifizierte) Arbeitskampfrecht findet nach heute überwiegender Ansicht seinen legislativen Standort in der Vorschrift des Art. 9 Abs. 3 GG, die die verfassungsrechtliche Basis des Rechts der Koalitionen bildet. Inhalt und Umfang dieser Norm im einzelnen sind jedoch, auch angesichts des vergleichsweise spärlichen Wortlauts, der ganz im Gegensatz zu ihrer materiellen Dynamik steht, umstritten.

1. Garantie der individuellen Koalitionsfreiheit

Vom Wortlaut des Art. 9 Abs. 3 GG her ist zunächst die individuelle Koalitionsfreiheit gewährleistet. Sie gibt dem einzelnen das Recht, zusammen mit anderen eine Koalition zu gründen oder einer existenten Koalition seiner Wahl beizutreten[20]. Mit dieser Befugnis sind der Sache

[19] So etwa *Birk*, AuR 1974, 289 (298).

nach auch die Rechte verbunden, wieder aus der Koalition auszutreten oder in eine andere überzutreten. Dies darf weder rechtlich noch faktisch — etwa durch extrem lange Kündigungsfristen — leerlaufen[21].

Das Bundesarbeitsgericht[22] und ein Teil der Literatur[23] folgern aus der individuellen Koalitionsfreiheit auch das Postulat eines Koalitionspluralismus, jedenfalls im Sinne einer Normenkomplexgarantie[24]; mit Art. 9 Abs. 3 GG durchaus konform ist aber auch der Einheitsverband, also die Einheitsgewerkschaft[25].

Aus der individuellen Koalitionsfreiheit folgt auch das Recht des einzelnen, sich in und mit der Koalition zu betätigen, beispielsweise also auch für sie zu werben[26].

2. Art. 9 Abs. 3 GG als Basis kollektivrechtlich relevanter Interessenwahrnehmung

Ob darüber hinaus aus Art. 9 Abs. 3 GG weitergehende Befugnisse, etwa bis hin zu einer Kampfmittelgarantie abgeleitet werden können, ist demgegenüber problematischer. Eine wortlautorientierte Betrachtung der Norm findet in der Garantie der individuellen Koalitionsfreiheit ihre Grenze; weitergehende Ausprägungen sind dem Normtext selbst nicht zu entnehmen. Mit dieser Feststellung korrespondiert auch die frühere Auffassung zu dem nach seinem Wortlaut nahezu identischen Art. 159 der WRV, der von der damals herrschenden Meinung[27] im wesentlichen auch nur auf diesen Umfang der Koalitionsfreiheit hin ausgelegt wurde.

a) Historische Auslegung des Art. 9 Abs. 3 GG

Eine mit Blick auf die Entstehungsgeschichte erfolgende Auslegung des Art. 9 Abs. 3 GG im Hinblick auf einen Gehalt weitergehender Befugnisse gelangt andererseits, etwa hinsichtlich der Frage eines kollektiven Betätigungsrechts, zu recht kontroversen Ergebnissen.

---

20 *Biedenkopf*, Grenzen, S. 89; *Hueck / Nipperdey*, II, 1, S. 125; *Scholz*, Koalitionsfreiheit, S. 41; in diesem Sinne auch BVerfGE 17, 319 (333).

21 *Däubler / Hege*, Koalitionsfreiheit, S. 76; *Hueck / Nipperdey*, II, 1, S. 161 ff.

22 BAG AP Nr. 10, 14 zu Art. 9 GG.

23 *Biedenkopf*, Grenzen, S. 89; *Dütz*, AuR 1976, 65 (75); *Konzen*, RdA 1978, 146 (154); *Löwisch*, RdA 1975, 53 (56); *Gerhard Müller*, RdA 1964, 121 ff.

24 *Säcker*, Grundprobleme, S. 68; *ders.*, ArbR-GW 12 (1975), S. 17 (23); *Maunz / Dürig / Herzog / Scholz*, GG, Art. 9 Rdnr. 253.

25 *Scholz*, Koalitionsfreiheit, S. 48, 379 f.

26 *Däubler / Hege*, Koalitionsfreiheit, S. 76.

27 *Anschütz*, Die Verfassung des Deutschen Reichs, 14. Aufl., Art. 159, Anm. 5; *Groh*, Koalitionsrecht, S. 49 ff.; *Kaskel*, Arbeitsrecht, 3. Aufl., S. 386; *Franz Neumann*, Koalitionsfreiheit und Reichsverfassung, 1932, S. 89 ff.; *Nipperdey*, II, 1. und 2. Aufl., S. 436; *Sinzheimer*, Grundzüge des Arbeitsrechts, 2. Aufl., S. 86; a. A.: *Bühler*, ArbR 1923, 561 ff.; *Katzenstein*, JW 1928, 274; *Potthoff*, ArbR 1925, 987 ff.

Als gesichert kann zunächst gelten, daß der Parlamentarische Rat, anders als die Nationalversammlung in Weimar, jedenfalls zunächst eine verfassungsrechtliche Absicherung der Berechtigung gemeinschaftlicher Arbeitsniederlegungen mit großer Mehrheit beabsichtigte[28]. Ebenso zeigt die schließlich verabschiedete Fassung des Art. 9 Abs. 3 GG, daß es letztlich nicht zu einer ausdrücklichen Aufnahme etwa des Streikrechts in den Verfassungstext gekommen ist. Diese Erkenntnis ist Grundlage der teilweise früher vertretenen Meinung, aus der Entstehungsgeschichte ergebe sich keine grundgesetzliche Gewährleistung des Arbeitskampfes[29].

Nach heute absolut überwiegender Meinung ergibt jedoch die Analyse der Entstehungsgeschichte des Art. 9 Abs. 3 GG, daß ihr eine Negation einer Streikrechtsgarantie nicht entnommen werden kann und die textliche Ausklammerung im wesentlichen darauf zurückzuführen ist, daß bestimmte *Prämissen* des Streikrechts — etwa gewerkschaftliche Streikführung — und dessen *Grenzen* — beispielsweise Arbeitskampf der Beamten — umstritten waren und eine daraus resultierende Kasuistik[30] in der Textfassung vermieden werden sollte[31]. Die zumindest prinzipielle Statthaftigkeit des Streikrechts zur Wahrung und Förderung der Arbeits- und Wirtschaftsbedingungen war im Gegenteil im Parlamentarischen Rat relativ unbestritten[32].

Gleichwohl kann an der fehlenden textlichen Einarbeitung nicht vorbeigegangen und dem Verfassungstext eine Streikgarantie mit Hinweis auf die Entstehungsgeschichte unterschoben werden. Wortlaut und Entstehungsgeschichte des Art. 9 Abs. 3 GG vermögen demnach keine sichere verfassungsrechtliche Garantie kollektiver Kampfmittel zu begründen.

b) Normzweckorientierte Auslegung des Art. 9 Abs. 3 GG

Ein Blick auf die ratio des Art. 9 Abs. 3 GG führt jedoch zur Notwendigkeit einer funktionalen Auslegung dieser Norm. Das Recht der

---

[28] Vgl. *Rüthers*, Streik und Verfassung, S. 22 ff.; *Seiter*, Streikrecht, S. 63.

[29] *Bulla*, Festschrift für Nipperdey, 1955, S. 166; *Grewe*, JZ 1951, 182 ff.; *v. Mangoldt / Klein*, Art. 9 Anm. VII 2 m. w. Nachw.

[30] Vgl. Sitzung des Hauptausschusses v. 14. 12. 1948, JöR 1, 123.

[31] Dies vertreten — mit unterschiedlichen Nuancen — *Brecht*, Arbeitskampf und Verfassung, S. 54; *Brox / Rüthers*, S. 40; *Däubler*, Arbeitsrecht, S. 129 f.; *Geffken*, Seeleutestreik, S. 139; *Hartwich*, in: Kittner (Hrsg.), Streik und Aussperrung, S. 362 ff.; *Konzen*, AcP 177, 473 (493); *Lerche*, Zentralfragen, S. 24; *Rüthers*, Streik und Verfassung, S. 22 ff.; zum Ganzen auch: *Seiter*, Streikrecht, S. 63 f.

[32] Vgl. *Scholz / Konzen*, § 5, A, II, 1, dies ergibt sich auch aus zahlreichen Diskussionsbeiträgen, vgl. etwa die Kontroverse Kaufmann (CDU) gegen Renner (KPD), Verhandlungen des Hauptausschusses (17. Sitzung), S. 214. Demgegenüber ergeben die Protokolle eher Anhaltspunkte dafür, daß die Aussperrung ausdrücklich *nicht* aufgenommen werden sollte.

individuellen Koalitionsfreiheit bliebe inhaltsleer, wenn den freigebildeten Koalitionen nicht zugleich die *Verfolgung ihres verfassungsmäßig normierten Zweckes* ermöglicht würde. Der Koalition muß daher zur „Wahrung und Förderung der Arbeits- und Wirtschaftsbedingungen" eine abgesicherte Rechtsposition garantiert sein, die einer Realisierung der Funktion der individuellen Koalitionsfreiheit den Weg ebnet. Der Schutzbereich des Art. 9 Abs. 3 GG muß demgemäß auch auf die Koalition selbst zumindest ausstrahlen.

Dabei ist allerdings umstritten, wer der exakte Adressat einer von Art. 9 Abs. 3 GG ausgehenden Garantie der Zweckverfolgung der Koalitionen ist.

Auf der Basis der Rechtsprechung des Bundesverfassungsgerichts hat vor allem *Säcker*[33] die Lehre vom in Art. 9 Abs. 3 GG enthaltenen „Doppelgrundrecht" entwickelt. Das Bundesverfassungsgericht hatte bereits in einer frühen Entscheidung[34] festgestellt, daß Art. 9 Abs. 3 GG auch die Koalition als solche schütze. Diese Anschauung findet sich, zumindest sinngemäß, auch in späteren die Materie betreffenden Entscheidungen[35] wieder und wird insbesondere mit dem Bekenntnis des Grundgesetzes zum Sozialstaat begründet, demzufolge es ausgeschlossen sei, die bereits in der Weimarer Zeit angebahnte Ausdehnung des Rechts auf die soziale Gemeinschaft ohne zwingenden Grund zu revozieren. Die Koalition selbst gewinnt danach unmittelbar innerhalb des Art. 9 Abs. 3 GG Grundrechtssubjektivität mit der Konsequenz, daß die aus Art. 9 Abs. 3 GG abgeleiteten Rechte auch, primär oder sogar ausschließlich der Koalition selbst zustehen. Die Koalition empfängt ihre Rechtsposition also nicht über die individuellen Rechtsträger vermittelt, sondern unmittelbar aus der Norm selbst.

Demgegenüber betont die vor allem von *Scholz*[36] vertretene Lehre von der „summiert-individualen" Grundrechtsausübung den Primat der individuellen Rechtsposition. Das Betätigungsrecht der Koalition ist danach nur als Bündelung, als Summe der Einzelrechte begreifbar.

---

[33] Vgl. insbes. *Säcker*, Grundprobleme, S. 34 ff.; dies ist die (noch) h. M., vgl. auch: *Biedenkopf*, Grenzen, S. 102 f.; *Hueck / Nipperdey*, II, 1, S. 134 ff.; *Huber*, Wirtschaftsverwaltungsrecht, II, S. 381 f.; *Kloepfer*, Grundrechte als Entstehungssicherung und Bestandsschutz, S. 81 f.; *Krüger*, Verhandlungen des 46. DJT, Bd. I, 1, S. 66; *Lerche*, Zentralfragen, S. 24 (im Grundsatz); *Nikisch*, II, S. 54 ff.; *Reuß*, AuR 1965, 68 ff.; *Werner Weber*, Koalitionsfreiheit, S. 14 ff.; vgl. auch: *Hamann / Lenz*, Grundgesetz, Art. 9 Anm. 8 b.

[34] BVerfGE 4, 96 (Leitsatz 1 und S. 101 ff.).

[35] BVerfGE 17, 319 (333); BVerfGE 19, 303 (312); BVerfGE 28, 295 (304).

[36] Vgl. *Scholz*, Koalitionsfreiheit, S. 69 ff., 150 ff.; ihm folgen zumindest in der Tendenz: *Hanau*, NJW 1971, 1402; *Konzen*, AcP 177, 473 (492 ff.); *Richardi*, RdA 1972, 8 (16); für den Arbeitskampf verwendet auch *Seiter*, Streikrecht, S. 88 ff., diese Auffassung als wichtigen Baustein seiner Theorie des subj. Streikrechts.

Träger von Grundrechten könne nach der Wertung des Art. 1 GG nur die menschlich-individuale Rechtsperson sein, die Koalition selbst soll nur über Art. 19 Abs. 3 GG verfassungsrechtlichen Schutz genießen.

Für die vorliegend interessierende Frage der verfassungsrechtlichen Absicherung des Boykotts als Arbeitskampfmittel gewinnt der Theorienstreit keine entscheidende Bedeutung, da eine Betätigungsgarantie der Koalition auf der Basis beider Ansätze hergeleitet werden kann[37].

Inhalt und Umfang des insofern garantierten Koalitions*zweckes* sind mit der von verfassungswegen eröffneten Befugnis zur autonomen, das heißt staatsfreien „Wahrung und Förderung der Arbeits- und Wirtschaftsbedingungen" zu umschreiben[38]. Daß mit dem so abgesteckten Zweck nur ein Rahmen genannt ist, innerhalb dessen breite Interpretationsspielräume existieren, erweist ein Blick auf die diesbezüglichen Literaturmeinungen[39]: Die Argumentationspalette reicht von einer völligen Reduzierung auf „Lohn- und Arbeitsbedingungen"[40] bis hin zu einer ausgedehnten sachlichen Reichweite, die alle Sektoren der Wirtschaftspolitik umfaßt[41]. Eine exakte Inhaltsbestimmung dieses Begriffspaares ist noch nicht gelungen[42]; sie ist für die vorliegende Untersuchung, die sich auf einen Boykott zum Zwecke der Durchsetzung eines Tarifvertrages mit einem unstreitig von Art. 9 Abs. 3 GG umfaßten Inhalt bezieht, nicht vonnöten.

Hier gilt es alleine festzustellen, daß die normzweckorientierte Auslegung des Art. 9 Abs. 3 GG zu einer *Garantie der Koalitionszweckverfolgung* führt: Die Koalition hat das — verfassungsrechtlich abgesicherte — Recht, die in Art. 9 Abs. 3 GG genannten Zwecke durch spezifisch koalitionsgemäße Betätigung zu verfolgen[43]. Im einzelnen erge-

---

[37] Vgl. auch *Konzen*, BAG-Festschrift, 1979, S. 273 ff. (Fn. 12/13).

[38] *Säcker*, Grundprobleme, S. 39 ff.; *ders.*, ArbR-GW 12 (1975), S. 17 (30 ff.); *Scholz*, Koalitionsfreiheit, S. 2 ff., 43 ff., 54 ff., 119 ff., 319 ff., 329 ff.; *Söllner*, ArbR-GW 16 (1979), S. 19 ff.

[39] Vgl. beispielsweise *Biedenkopf*, Grenzen, S. 220 ff.; *Richardi*, Kollektivgewalt, S. 180 ff., 189 ff., 212 ff., 331 ff.; *Säcker*, Grundprobleme, S. 39 ff.; *dens.*, ArbR-GW 12 (1975), S. 17 (30 ff.); *Scholz*, Koalitionsfreiheit, S. 2 ff., 43 ff., 54 ff., 119 ff., 319 ff., 329 ff.; *Söllner*, ArbR-GW 16 (1979), S. 19 ff.

[40] *Forsthoff*, BB 1965, 381 (386).

[41] *Hamann / Lenz*, GG, Art. 9 Anm. 10.

[42] Vgl. beispielsweise *Wiedemann*, RdA 1968, 420 (421): „keine justiziable Formel gefunden"; *Säcker*, Grundprobleme, S. 40: „erhebliche Unklarheiten"; vgl. auch *Däubler*, Grundrecht, S. 185; *Hölters*, S. 128 ff.; *Knebel*, S. 54 m. zahlr. w. Nachw.; *Säcker*, Grundprobleme, S. 40, weist darauf hin, daß sich Zweifelsfälle nicht durch logisch determinierte Erkenntnisakte, sondern nur durch rechtspolitische Willensakte beseitigen ließen. Vgl. jetzt aber auch *Söllner*, ArbR-GW 16 (1979), S. 17 ff.

[43] Dies hat vor allem das BVerfG herausgestellt, vgl. BVerfGE 4, 96 (106); BVerfGE 17, 319 (333); BVerfGE 18, 18 (26); BVerfGE 19, 303 (312); BVerfGE 20, 312 (319); BVerfGE 28, 295 (304); BVerfGE 38, 386 (393); BVerfGE 50, 290 (366 ff.).

ben sich hieraus verschiedene — institutionelle oder funktionelle — Garantiebereiche.

c) Koalitionsbestands-, Koalitionsbetätigungsgarantie und Garantie der Koalitionsmittel

Mit der Garantie der Koalitionszweckverfolgung korrespondiert die Garantie des Koalitionsbestandes. Das aus der individuellen Koalitionsfreiheit hervorgehende Kollektivsubjekt erfährt im Rahmen der funktionalen Koalitionszweckverfolgungsgarantie eine institutionelle Bestandsgarantie. Diese Koalitionsbestandsgarantie stellt sich als Projektion des Individualschutzes des einzelnen auf die kollektive Ebene dar: So wie dieser gegenüber Beeinträchtigungen seiner Koalierungsfreiheit geschützt ist, muß entsprechend die Koalition vor Eingriffen in ihre Existenz bewahrt werden; Art. 9 Abs. 3 GG gewährleistet nicht nur das auf Individualrecht beruhende Entstehen, sondern auch den Bestand der Koalitionen selbst[44].

Material bedeutet dies besonders eine Sicherung der Existenz der Koalitionen unter Einschluß der hieraus resultierenden Annexbefugnisse. Die Rechtsposition beinhaltet gegenüber dem Staat insbesondere die Versagung von staatlichen Verboten und Zwangsauflösungen, sowie — positiv — die Garantie organisatorischer Autonomie und das Recht zu existenzerhaltenden und -sichernden Maßnahmen wie etwa der Mitgliederwerbung[45].

Die insoweit inhaltlich determinierte und institutionell gewährleistete Bestandsgarantie ist dabei nicht alleine substantiell, sondern auch funktionell zu begreifen. Dies bedeutet, daß nicht erst Eingriffe versagt sind, die das Recht beseitigen, sondern bereits solche, die die Funktion beeinträchtigen. Aus allem ergibt sich ein abgesicherter Schutzbereich des Bestandes freier Koalitionen.

Mit dem Bestandsschutz ist jedoch der Sinngehalt des Art. 9 Abs. 3 GG nicht erschöpft, er ist nicht schon mit der bloßen Existenz der Koalition erreicht. Die Zweckverfolgung der Koalitionen zur autonomen Wahrung und Förderung der Arbeits- und Wirtschaftsbedingungen ist nur im Wege eines nach außen gerichteten Handelns möglich.

Dem hat — grundlegend — das Bundesverfassungsgericht Rechnung getragen und aus Art. 9 Abs. 3 GG für die Koalitionen die Befugnis deduziert, „durch spezifisch koalitionsgemäße Betätigung die in Art. 9

---

[44] BVerfGE 28, 295 (304).

[45] BVerfGE 28, 295 (304 f.); BAG AP Nr. 10 zu Art. 9 GG. Dabei ist allerdings insbesondere bei der Entscheidung des BVerfG nicht ganz deutlich, ob das Recht zur Mitgliederwerbung aus der *Bestands-* oder aus der *Betätigungs*garantie herzuleiten ist.

Abs. 3 GG genannten Zwecke zu verfolgen“[46]. Dieses Resultat ist auch von der Literatur rezipiert worden und ist heute nahezu unbestritten[47].

Die Koalitionsbetätigung kann innerhalb ihres Funktionsbereiches mannigfaltiger Art sein[48]; die Koalitionen sind grundsätzlich befugt, zur Erreichung des Koalitionszieles die ihnen gemäßen und geeignet erscheinenden Wege zu beschreiten.

Die Betätigungsfelder und die Verfahrensformen selbst sind komplex; sie betreffen beispielsweise das Betriebs- und Personalverfassungswesen, neuerdings auch die Mitbestimmung im Unternehmen. Der Akzent der Koalitionsbetätigung liegt allerdings auf dem Abschluß eines Tarifvertrages, der historisch[49] wie gegenwärtig als typische, allerdings nicht ausschließliche[50], Form der Interessenverfolgung der Koalitionen anzusehen ist. Das Bundesverfassungsgericht hat diesem im vorbezeichneten Sinne historischen Koalitionszweck Rechnung getragen und schon früh in Art. 9 Abs. 3 GG einen verfassungsrechtlich geschützten Kernbereich auch in der Richtung liegend gesehen, daß ein Tarifvertragssystem im Sinne des modernen Arbeitsrechts staatlicherseits bereitzustellen sei[51]. Die damit aus der Koalitionsbetätigungsgarantie gefolgerte verfassungsrechtliche Garantie der Tarifautonomie wurde später noch konkretisiert[52] und in der Rechtsprechung des Bundesverfassungsgerichts stets herausgestellt; sie ist auch in der Literatur weithin anerkannt[53].

---

[46] Zuerst in BVerfGE 17, 306 (319 ff.); vgl. auch BVerfGE 20, 312 (319 f.). Zuletzt BVerfGE 50, 290 (360 ff.).

[47] *Adomeit*, RdA 1964, 309 (311 f.); *Bertelsmann*, S. 127 ff.; *Biedenkopf*, Grenzen, S. 102; *Brox / Rüthers*, S. 41, 43; *Dietz*, Koalitionsfreiheit, S. 458 f.; *Galperin*, AuR 1965, 1 ff.; *Huber*, Wirtschaftsverwaltungsrecht, II, S. 381; *Hueck / Nipperdey*, II, 1, S. 134 ff.; *Konzen*, AcP 177, 473 (494); *Lerche*, Zentralfragen, S. 25 ff.; *Maunz / Dürig / Herzog / Scholz*, GG, Art. 9 Rdnr. 241 ff., 243 ff.; *Nikisch*, II, S. 72 ff.; *Reuß*, ArbR-GW 1 (1964), S. 144 (153 ff.); *Richardi*, Kollektivgewalt, S. 77 f.; *Rüthers*, Streik und Verfassung, S. 19 ff., 35 ff.; *Säcker*, Grundprobleme, S. 33 ff.; *ders.*, ArbR-GW 12 (1975), S. 17 (30 ff.); *Schnorr*, JR 1966, 329 f.; *Scholz*, Koalitionsfreiheit, S. 51 ff.; *Scholz / Konzen*, § 6, III, 3; *Seiter*, Streikrecht, S. 83 ff.

[48] BVerfGE 18, 18 (32).

[49] Dies läßt sich ebenfalls für die Zeit ab etwa der Jahrhundertwende vertreten. Zwar ist der „Buchdruckertarifvertrag“ schon 1873 als erster Tarifvertrag abgeschlossen worden; das Tarifvertragswesen selbst wurde allerdings zu dieser Zeit von den freien Gewerkschaften noch überwiegend abgelehnt. Ganz sicher ist mit der TVVO von 1918 der Primat des Tarifvertrages, nun auch durch die Arbeitgeber anerkannt, festzustellen. Zur geschichtlichen Entwicklung vgl. *Abendroth*, Die deutschen Gewerkschaften; *Grebing*, Geschichte der deutschen Arbeiterbewegung, 4. Aufl., 1973.

[50] Vgl. BVerfGE 50, 290 (366 ff.); vgl. auch *Kübler / Schmidt / Simitis*, S. 44.

[51] BVerfGE 4, 96 (106).

[52] BVerfGE 18, 18 (26); BVerfGE 38, 281 (305 f.); BVerfGE 50, 290 (366 ff.).

[53] Vgl. etwa *Badura*, RdA 1974, 129 (131); *Brox / Rüthers*, S. 39 ff., 43; *A. Hueck*, RdA 1968, 430 (431); *Hueck / Nipperdey*, II, 2, S. 918; *Konzen*,

Die Funktionalität des Art. 9 Abs. 3 GG verlangt dann allerdings auch die Zurverfügungstellung von Instrumenten zur Realisierung dieses geschützten Handlungskomplexes. Die grundsätzliche Gewährleistung wäre zur Wirkungslosigkeit verurteilt, wenn den Koalitionen nicht zugleich die Mittel in die Hand gegeben würden, derer sie zur Durchsetzung der Koalitionszweckverfolgung bedürfen. Der Antagonismus zwischen Kapital und Arbeit läßt ein Verwiesensein jedenfalls der Arbeitnehmerseite auf freiwillige Vereinbarungen nicht zu. Auf dieser Basis sieht die inzwischen herrschende Lehre den Arbeitskampf als typisches und wesentliches Koalitionsmittel auch zutreffend in Art. 9 Abs. 3 GG verankert[54]. Das Bundesarbeitsgericht, das diesen Schritt lange Zeit nicht — jedenfalls nicht ausdrücklich — mitvollzogen hatte und die Frage der verfassungsrechtlichen Grundlage jeweils hatte dahinstehen lassen[55], geht nach einigen eher vorsichtigen Bemerkungen[56] nunmehr ebenfalls davon aus, daß der Arbeitskampf seine rechtliche Grundlage unmittelbar im Grundrecht der Koalitionsfreiheit des Art. 9 Abs. 3 GG findet[57].

Art. 9 Abs. 3 GG enthält nach allem also als integralen Bestandteil des dort gewährleisteten Rechts der Koalitionen auf autonome Wahrung und Förderung der Arbeits- und Wirtschaftsbedingungen auch die Garantie des Arbeitskampfes, ohne den, jedenfalls im Projektions-

---

AcP 177, 473 (496); *Lerche*, Zentralfragen, S. 42 ff.; *Gerhard Müller*, AuR 1972, 1 (3 f.); *Reuß*, AuR 1972, 136 (140); *Richardi*, RdA 1971, 334 (335); *Säcker*, Grundprobleme, S. 71 ff., 81 ff.; *Scholz*, Koalitionsfreiheit, S. 364 ff.; *Seiter*, Streikrecht, S. 83 ff.; *Zöllner*, AöR 98 (1973), 71 (97); jeweils mit Nuancierungen.

[54] Diese geht im wesentlichen auf die Rechtsprechung des BVerfG zu Art. 9 Abs. 3 GG, vgl. hierzu *Zöllner*, AöR 98 (1973), 71 ff., sowie auf die Ausführungen von *Rüthers*, Streik und Verfassung, zurück. Vgl. im einzelnen (mit Nuancierungen im Detail): *Benda*, Industrielle Herrschaft und sozialer Staat, 1966, S. 264 f.; *Däubler*, Streik, S. 70 ff.; *Evers*, S. 13 ff.; *Hamann / Lenz*, GG, Art. 9, Anm. 8 b; *Hoffmann*, AöR 91 (1966), 141 ff.; *A. Hueck*, RdA 1968, 430 f.; *Hueck / Nipperdey*, II, 1, S. 139 ff.; *dies.*, II, 2, S. 918; *Konzen*, AcP 177, 473 (493 ff.); *dens.*, BAG-Festschrift, 1979, S. 273 ff.; *Lerche*, Zentralfragen, S. 42 ff.; *Udo Mayer*, in: Das lädierte Grundgesetz, 1977, S. 162 ff.; *Gerhard Müller*, AuR 1972, 1 ff.; *v. Münch*, Bonner Kommentar, Art. 9, Rdnr. 155; *Radke*, Festschrift für Brenner, S. 113 ff.; *Reuß*, AuR 1972, 136 ff.; *Ridder*, Zur verfassungsrechtlichen Stellung der Gewerkschaften, S. 31 f.; *Richardi*, RdA 1970, 65 ff.; *dens.*, RdA 1971, 334 ff.; *Säcker*, Grundprobleme, S. 81 ff.; *dens.*, Gruppenautonomie, S. 251 ff.; *dens.*, ArbR-GW 12 (1975), 17 ff.; *Scheuner*, RdA 1971, 327 ff.; *Scholz*, Koalitionsfreiheit, S. 364 ff.; *Werner Weber*, Koalitionsfreiheit, S. 36; *Zöllner*, Arbeitsrecht, S. 295 ff.

Abweichend *Seiter*, Streikrecht, S. 182 ff.: Subjektives Streikrecht des einzelnen Arbeitnehmers.

[55] Vgl. BAG AP Nr. 1 zu Art. 9 GG Arbeitskampf, Bl. 4 R; BAG AP Nr. 32 zu Art. 9 GG Arbeitskampf, Bl. 9 R.

[56] BAG AP Nr. 51 zu Art. 9 GG Arbeitskampf, Bl. 2 R; BAG AP Nr. 63 zu Art. 9 GG Arbeitskampf, Bl. 3 R.

[57] BAG, BB-Beilage Nr. 4/1980, S. 6.

punkt der Arbeitnehmerseite[58], die Tarifautonomie nicht funktionsfähig wäre.

III. Inhalt und Umfang der Arbeitskampfgarantie des Art. 9 Abs. 3 GG

Der spezielle Gehalt dieser Garantie des Arbeitskampfes als Mittel zur Koalitionszweckverfolgung innerhalb des Art. 9 Abs. 3 GG ist mit der Erkenntnis der verfassungsrechtlichen Verankerung allerdings noch nicht bestimmt. Dies gilt sowohl für die Funktionsbasis als auch für die Mittel und Schranken der Ausübung im einzelnen.

1. Funktionsbezogenheit des Arbeitskampfes auf die „Koalitions-(Kollektiv-)Vereinbarung"

Eine prinzipielle Bestimmung von Inhalt und Umfang der Arbeitskampfgarantie wird überwiegend aus der soeben entwickelten Funktionalität der Koalitionsbetätigungsgarantie vorgenommen. Danach soll der Arbeitskampf Mittel zum Zweck des Abschlusses eines Tarifvertrages sein; er könne nur insoweit — als derivatives Recht — an der Verfassungsgarantie teilnehmen, als er zur Funktionsfähigkeit des Tarifsystems diene[59]. Innerhalb dieses Tarifsystems soll der Arbeitskampf der Herstellung einer prinzipiell gleichgewichtigen Verhandlungsposition dienen. Reichweite und vor allem Schranken der Arbeitskampffreiheit werden danach eng mit dem Umfang der Tarifautonomie und der Erhaltung jener Gleichgewichtslage[60] beim Abschluß eines Tarifvertrages verknüpft.

Abweichend hiervon bezieht ein Teil der Literatur[61] den Arbeitskampf auf einen umfassenderen verfassungsrechtlichen Normenkomplex, insbesondere auch auf Art. 1 GG (Menschenwürde) und Art. 20 GG (Sozialstaatsprinzip)[62], aus denen für die Koalition eine autonome So-

---

[58] Auf die Essentialität für die Arbeitnehmerseite weist auch das BAG hin, vgl. BAG, BB-Beilage Nr. 4/1980, S. 3 f.

[59] h. M., die dabei teilweise den Arbeitskampf als „Einrichtungsgarantie" als verfassungsrechtlich geschützt ansieht, vgl. für viele: *Brox / Rüthers*, S. 41 ff.; z. T. auch *Evers*, S. 17; *Hueck / Nipperdey*, II, 2, S. 998, 1004; *Isensee*, Beamtenstreik, S. 27 f.; *Konzen*, AcP 177, 473 (496); *Lerche*, Zentralfragen, S. 42 ff.; *Gerhard Müller*, AuR 1972, 1 (3); *Säcker*, Grundprobleme, S. 81 ff.; *ders.*, ArbR-GW 12 (1975), S. 17 ff.; *Scholz*, Koalitionsfreiheit, S. 61; *Zöllner*, Arbeitsrecht, S. 295 ff. So auch das BAG, vgl. BAG AP Nr. 43 zu Art. 9 GG Arbeitskampf, Bl. 7 R, BAG, BB-Beilage Nr. 4/1980, S. 3 ff.

[60] Hierzu im einzelnen unten, § 7.

[61] Vgl. etwa *Däubler*, Arbeitsrecht, S. 128 ff.; *dens.*, ZfA 1973, 201 (213 ff.); *Däubler / Hege*, Koalitionsfreiheit, S. 110 f.; wohl auch *Schwegler*, GewMH 1972, 299 ff.; *Wohlgemuth*, S. 61 ff. m. zahlr. w. Nachw.

[62] Vgl. etwa *Kittner*, GewMH 1973, 91 (102); *Lenz*, Festschrift für Abendroth, 1968; S. 203 (210 f.); *Radke*, Festschrift für Brenner, S. 113 (132, 139); *Ramm*, RdA 1968, 412 ff.; *Wohlgemuth*, S. 66 f. m. w. Nachw.

zialgestaltungsmacht erwachse. Diese werde verfahrensmäßig überwiegend ebenfalls durch eine „Koalitionseinigung" im Sinne des Abschlusses eines Vertrages, des „Kollektivvertrages", ausgeübt.

Diese Meinung hält also im Ergebnis ebenfalls an einer gewissen Funktionalität des Arbeitskampfes zur Durchsetzung einer Koalitionseinigung fest. Sie dehnt allerdings die Reichweite der Arbeitskampfgarantie auf der Basis einer umfassenderen Autonomie zur Sozialgestaltung, also einer umfassenderen „Tarifautonomie" aus. Eine Beschränkung der Arbeitskampfgarantie auf die Durchsetzung eines tarifvertraglichen Regelungszieles wird abgelehnt[63].

Für eine vereinzelt angenommene selbständige, von der Kollektivvereinbarung losgelöste Garantie des Arbeitskampfes[64] findet sich weder in einer entstehungsgeschichtlichen noch in einer teleologischen Interpretation des Art. 9 Abs. 3 GG eine Stütze.

Für den hiesigen Problembereich ist alleine entscheidend, daß ein etwaiger Garantiebereich auch für den Boykott nicht über die angenommene grundsätzliche Funktionalität des Arbeitskampfes hinausreichen kann. Im übrigen kann der Meinungsstreit dahinstehen, da vorliegend von einem gewerkschaftlichen Boykott zur Durchsetzung eines zulässigen Tarifzieles ausgegangen wird.

2. Normstruktur des Art. 9 Abs. 3 GG

Mit der Bestimmung der Funktionsbasis ist jedoch ebenfalls nur ein recht breiter Rahmen für den Umfang der Arbeitskampfgarantie abgesteckt. Die konkreten *Formen* des Arbeitskampfs und deren Voraussetzungen und Grenzen sind damit noch keineswegs abschließend geklärt. Der Normtext des Art. 9 Abs. 3 GG hilft bei deren Ermittlung ersichtlich nicht weiter; Art. 9 Abs. 3 GG enthält nicht selbst Normen über die grundsätzliche Organisation des in ihm aus einer funktionalen Interpretation heraus garantierten Arbeitskampfs.

Insbesondere die instrumentellen Gewährleistungen für den Arbeitskampf sind in Art. 9 Abs. 3 GG nicht bereits normiert. Insoweit wird überwiegend gefolgert, Art. 9 Abs. 3 GG sei eine „offene" Norm, die der Konkretisierung in Richtung der Schaffung eines Kampfinstrumentariums bedürfe[65]. Den Charakter der Ausfüllungsbedürftigkeit des

---

[63] Die in § 5 Fn. 61 genannten neueren Veröffentlichungen können dabei teilweise auch auf frühere Beiträge zurückblicken, vgl. etwa *A. Hueck*, RdA 1956, 201 (203 f.); *Meissinger*, RdA 1956, 401 (405); *Reuß*, AuR 1965, 97 ff. m. w. Nachw. zum Streitstand.

[64] Insbes. vertreten von *Wahsner*, DuR 1975, 3 ff.; ihm folgen: *Geffken*, Seeleutestreik, S. 151 ff.; ansatzweise auch: *Dammann*, S. 137 ff.; *Udo Mayer*, in: Das lädierte Grundgesetz, S. 162 ff. (bes. S. 171 f.).

[65] Diese Auffassung ist grundlegend von *Lerche* entwickelt worden, vgl.

Art. 9 Abs. 3 GG hat auch das Bundesverfassungsgericht in ständiger Rechtsprechung herausgestellt[66].

Von der Komplettierungsbedürftigkeit des Art. 9 Abs. 3 GG im Hinblick auf die in der Norm angelegten Garantiebereiche ist sicher auszugehen. Die *Realisierung des Grundrechts* bedarf der *Bereitstellung* eines Systems der Ausgestaltung der garantierten Gewährleistungsbereiche. Gleichwohl ist die These von der „offenen" Norm zumindest präzisierungsbedürftig. Diese darf nämlich nicht dahingehend verstanden werden, daß der komplettierende Gesetzgeber, der primär hierzu aufgerufen ist[67], erst mit der *Schaffung* des Instrumentariums die Befugnis für die Koalition bewirke. Dies würde der grundrechtlichen Verankerung der Koalitionsfreiheit nicht hinreichend Rechnung tragen. Die Befugnis ist bereits *im Grundrecht enthalten*, konkretisiert werden nur die *Bedingungen* ihrer Anwendung selbst. Das Bundesverfassungsgericht[68] spricht im Zusammenhang mit der Ausgestaltung des Art. 9 Abs. 3 GG von der Schaffung von Normenkomplexen, die für die *Ausübung der grundrechtlich garantierten Freiheiten* erforderlich sind, aber auch von der *Schrankenfunktion* dieser Regelungen. Es geht damit ersichtlich von der *Existenz des Rechts* aus und sieht in der Komplettierung die nähere Regelung der Voraussetzungen und Schranken von dessen Ausübung.

Die Normkomplettierung des Art. 9 Abs. 3 GG wirkt also nicht rechts*erzeugend*, sondern im Sinne einer Konkretisierung von Bedingungen und Grenzen der in der Norm selbst bereits verfaßten Rechtsmacht. Der Normgehalt des Art. 9 Abs. 3 GG beschränkt sich nicht auf die Gewährleistung einer unspezifizierten Koalitionsfreiheit mit dem Zusatz, das „Nähere" regele der Gesetzgeber. Insbesondere die Entstehungsgeschichte der Norm[69], aber auch die verfassungsgerichtliche Interpretation erweisen, daß eine solche Normstruktur Art. 9 Abs. 3 GG nicht unterlegt werden kann. Insofern wäre es grundrechtssystematisch verfehlt, anzunehmen, beispielsweise das Streikrecht werde etwa vom (einfachen) Gesetzgeber erst geschaffen; vielmehr existiert dieses — wie zu zeigen sein wird — als solches bereits in Art. 9 Abs. 3 GG selbst.

---

etwa: *Lerche*, Zentralfragen, S. 37 ff. Ihm folgen u. a.: *Hölters*, S. 95 ff., 132; *Isensee*, Beamtenstreik, S. 24 ff., 65 ff.; *Konzen*, AcP 177, 473 (497 ff.); *ders.*, BAG-Festschrift, 1979, S. 273 ff.; *ders.*, SAE 1977, 235 (236); *Scholz*, Koalitionsfreiheit, S. 348 ff. Vgl. auch: *Lieb*, RdA 1972, 129 (141); *Seiter*, Streikrecht, S. 107.

[66] Zuletzt BVerfGE 50, 290 (308 f.).

[67] Jedenfalls bei Abstinenz des *Verfassungsgebers*, vgl. *Lerche*, Zentralfragen, S. 38.

[68] BVerfGE 50, 290 (308 f.).

[69] Vgl. oben, § 5, II, 2, a.

Dabei ergeben sich hinsichtlich der Komplettierung kompetenzielle Probleme, die aus der Abstinenz des (einfachen) Gesetzgebers auf dem Gebiete des Arbeitskampfrechts resultieren. Aus der insofern — möglicherweise aus dem Gesichtspunkt des „Rechtsverweigerungsverbots“[70] legitimiert — der Judikative zufallenden Rolle bezüglich einer Normvollendung hat das Bundesarbeitsgericht gefolgert, seine Arbeitskampfrechtsprechung habe den Charakter „gesetzesvertretenden Richterrechts“[71]. Dies ist rechtsquellentheoretisch und kompetenziell nicht legitimierbar[72]. Die geforderte Fallentscheidung bleibt konkret-individual, wenngleich eine gewisse „Regelbildung“ sicher zu verzeichnen ist, bezüglich derer sich das Bundesarbeitsgericht bisweilen sogar eine gewisse Selbstbindung auferlegt. Auch bleibt die judikative Normkomplettierung vom Umfang des Regelungsspielraums auf eine „Lückenausfüllung“ beschränkt; die Errichtung eines *geschlossenen Systems* des Arbeitskampfrechts nach eigenen Wertmaßstäben[73] würde den Auftrag aus dem Rechtsverweigerungsverbot transzendieren. Das Bundesarbeitsgericht ist kein „Ersatzgesetzgeber“, seine Judikate sind kein Gesetzesrecht[74]. Gleichwohl müssen Komplettierungen, die vom Kompetenzbereich der Judikative her gedeckt sind, sich an den für den Gesetzgeber selbst geltenden Direktiven orientieren.

3. Prinzipielle Direktiven des Bundesverfassungsgerichts zur Grundrechtsausfüllung

Für die sonach vorzunehmende Komplettierung des Art. 9 Abs. 3 GG im Hinblick auf die nähere Ausgestaltung der Arbeitskampfgarantie hat das Bundesverfassungsgericht in seinen die Koalitionsfreiheit betreffenden Entscheidungen Maßstäbe gesetzt, die auch für den Sektor des Arbeitskampfes Geltung beanspruchen können.

Zunächst müssen die im Wege der Komplettierung konkretisierten Instrumente zur Koalitionszweckverfolgung *geeignet* sein, sie müssen also dem Koalitionszweck dienen[75]. Dies ist in einem nicht allzu engen

---

[70] So etwa *Säcker*, Grundprobleme, S. 124 ff.

[71] BAG AP Nr. 43 zu Art. 9 GG Arbeitskampf, Bl. 12 R.

[72] Kritisch hierzu auch: *H. Klein*, Koalitionsfreiheit, S. 149 ff.; *Käppler*, Voraussetzungen, S. 21 ff.; *Scholz*, DB 1972, 1771 ff.; *ders.*, BAG-Festschrift, 1979, S. 534 ff.; *Scholz / Konzen*, § 3, II.

[73] Die von BAG AP Nr. 1 zu Art. 9 GG Arbeitskampf beispielsweise aufgeführte These, Arbeitskämpfe seien im allgemeinen unerwünscht, die als (eine) Prämisse der Rechtsfortbildung durch das BAG gelten muß, kollidiert mit dem Prinzip der „Lückenausfüllung“, als damit *eigene* Wertungen des Gerichts zumindest neben das „rechtserkennende und -ausfüllende“ Vorgehen treten. Das entspricht allerdings auch dem Selbstverständnis des Großen Senats; Kritik hierzu bei *Säcker*, GewMH 1972, 287 (289).

[74] Auch das BAG hat seine diesbezügliche Position nunmehr wieder relativiert, vgl. BAG, BB-Beilage Nr. 4/1980, S. 6.

Sinne zu verstehen, so daß auch ein bloß mittelbares „dienen" hierunter zu subsumieren ist[76].

Die aus der Normausfüllung hervorgehenden Einzelmittel müssen fernerhin zur Koalitionszweckverfolgung *erforderlich*[77], aber auch *wirksam*[78] sein. Erforderlichkeit und Wirksamkeit der Mittel stehen dabei in einem Spannungsverhältnis: Die Erforderlichkeitsprüfung muß durch das Kriterium der Wirksamkeit relativiert werden[79]. Das Mittel darf nicht allein negativ am unbedingten Erforderlichkeitsmaßstab gemessen, sondern muß — positiv — auf seine Effektivität[80] hin geprüft werden.

Darüber hinaus hat das Bundesverfassungsgericht in seiner Rechtsprechung zu Art. 9 Abs. 3 GG bei dessen Auslegung und Konkretisierung stets die geschichtliche Entwicklung mit einbezogen und als wesentlichen Gesichtspunkt herausgestellt[81]. Damit soll die Dynamik der koalitionsspezifischen Entwicklungen ebensowenig wie diejenige der Produktionsbedingungen schlechthin abgeschnitten werden: Historische Formen sind nicht von vornherein Schranken einer Weiterentwicklung[82] koalitionsrechtlicher Prinzipien. Gleichwohl scheint die Einschätzung *Seiters*[83] von der bloßen Hilfsfunktion der historischen Zusammenhänge nicht ganz treffend, wenn man etwa berücksichtigt, daß das Bundesverfassungsgericht neuestens wiederum die geschichtliche Entwicklung an den Anfang seiner Art. 9 Abs. 3 GG gewidmeten Ausführungen gestellt hat[84].

Diese Direktiven des Bundesverfassungsgerichts zur Normkomplettierung des Art. 9 Abs. 3 GG stecken den Konkretisierungsrahmen ab. Sie bilden den Maßstab, an dem der Umfang der Arbeitskampfgarantie selbst, besonders im Hinblick auf einzelne Arbeitskampfmittel, und deren Konsequenzen für andere Rechtskreise zu bestimmen sind.

---

[75] BVerfGE 19, 303 (312).

[76] BVerfGE 19, 303 (313); BVerfGE 28, 295 (305).

[77] BVerfGE 17, 319 (333 f.); BVerfGE 28, 295 (304 f.).

[78] BVerfGE 17, 319 (333 f.); BVerfGE 28, 295 (304 f.).

[79] Vgl. auch *Isensee*, Beamtenstreik, S. 25, der eine „Direktive der Wirksamkeit" postuliert.

[80] *Säcker*, Grundprobleme, S. 91.

[81] BVerfGE 4, 96 (101, 106, 107); BVerfGE 18, 18 (27, 28 f.); BVerfGE 19, 303 (314); BVerfGE 38, 386 (394); BVerfGE 44, 322 (347 f.).

[82] Dies belegt z. B. die Entwicklung der Gewerkschaft zur Organisation im Industrieverbandsprinzip, der auch durch die Rechtsprechung Rechnung getragen wurde; hierzu krit. *Konzen*, RdA 1978, 146 (153).

[83] *Seiter*, Streikrecht, S. 110.

[84] BVerfGE 50, S. 290 (366 ff.). Eine ähnliche exponierte Stellung dieses Gesichtspunktes findet sich auch bei BVerfGE 19, 303 (314).

4. Garantieumfang der Arbeitskampfgewährleistung

Die Normkomplettierung des Freiheitsrechts des Art. 9 Abs. 3 GG unter Berücksichtigung der genannten Direktiven des Bundesverfassungsgerichts ergibt jedoch kein statisches Ergebnis; ein solches würde auch der diesbezüglich bewußten Imperfektheit[85] der Verfassung widersprechen. Vielmehr ist eine Palette unterschiedlicher Befugnisse und Institutionen denkbar, die im Wege der Normkonkretisierung Art. 9 Abs. 3 GG zugeordnet werden können. Daraus ergibt sich aber auch, daß nicht jede Normkomplettierung zugleich fester Bestandteil der konkretisierten Norm des Art. 9 Abs. 3 GG werden und an der verfassungsrechtlichen Garantie in gleichem Umfang teilnehmen kann. Die komplettierte Norm besteht daher aus einem System unterschiedlicher Schichten von Rechtsmacht.

a) Der „Kernbereich" als Garantieumfang

aa) Die Kernbereichslehre des Bundesverfassungsgerichts

Eine Konkretisierung dieser Schichten hat das Bundesverfassungsgericht durch die „Kernbereichslehre"[86] zu entwickeln versucht.

In seiner ersten grundlegenden Entscheidung zu Art. 9 Abs. 3 GG hat das Bundesverfassungsgericht den Kernbereich zunächst so gekennzeichnet: „Wenn also die in Art. 9 Abs. 3 GG garantierte Koalitionsfreiheit nicht ihres historisch gewordenen Sinnes beraubt werden soll, so muß im Grundrecht des Art. 9 Abs. 3 GG ein verfassungsrechtlich geschützter Kernbereich auch in der Richtung liegen, daß ein Tarifvertragssystem *staatlicherseits überhaupt bereitzustellen* ist ..."[87]. Mit dieser Formulierung war der Kernbereich als die Summe derjenigen Rechtsbefugnisse gekennzeichnet, die als *Mindestbestand* zur Verfügung gestellt werden mußten. Mit dem Kernbereichsgedanken wird der Verfassungsauftrag zur Instrumentalisierung der Koalitionsfreiheit *nach unten* begrenzt, die Freiheitsrechtsausübung um genau diesen Bereich abgesichert.

Als reziproke Aussage wohnt der Mindestgarantie auch die Feststellung inne, daß in die in diesem Bereich befindliche Koalitionsbetätigung keinesfalls einschränkend eingegriffen werden darf. Dieser Bereich ist in jeder Hinsicht *eingriffsfest* ausgestaltet[88].

---

[85] *Scholz*, DB 1972, 1771 (1775).

[86] Insbes. BVerfGE 4, 96 (106, 110); BVerfGE 18, 18 (20, 28); BVerfGE 19, 303 (313 ff.); BVerfGE 28, 295 (304 ff.); BVerfGE 38, 281 (305); BVerfGE 38, 386 (393); zuletzt BVerfGE 50, 290 (366 ff.).

[87] BVerfGE 4, 96 (106 ff.), Hervorheb. v. Verf.

[88] BVerfGE 19, 303 (322); BVerfGE 28, 295 (306); vgl. auch *Isensee*, Beamtenstreik, S. 25.

Diese Grundaussagen des Bundesverfassungsgerichts zur Kernbereichsgarantie sind in der folgenden Rechtsprechung jedoch keineswegs einheitlich durchgehalten worden. Das Bundesverfassungsgericht hat sie vielmehr späterhin durchaus unterschiedlich verwendet, was letztlich wegen der damit verbundenen Vagheit[89] auch zu zahlreichen Interpretationsversuchen geführt hat.

So dient der Kernbereich in späteren Judikaten als Kennzeichnung desjenigen Bereichs, in dem Art. 9 Abs. 3 GG die Koalitionsfreiheit *nur* schütze[90]. Daraus könnte eine Reduzierung des Schutzumfanges des Art. 9 Abs. 3 GG *alleine* auf den Kernbereich gefolgert werden. Dabei würde jedoch übersehen, daß das Bundesverfassungsgericht gleichzeitig eine Schrankenziehung in die Koalitionsbetätigung *nur* zuläßt, wenn diese „von der Sache her“[91] bzw. „zum Schutze der Rechtsgüter anderer“ geboten ist[92]. Da in den Kernbereich im Sinne der Mindestkomplettierung aber *niemals,* auch nicht zum Schutze bestimmter anderer Rechtsgüter, eingegriffen werden darf, wäre eine solche Schrankenbegrenzung sinnlos, wollte das Bundesverfassungsgericht den Schutz der Koalitionsbetätigung ohnehin *nur* auf den Kernbereich im Sinne der Mindestkomplettierung beziehen.

Die Kernbereichsauffassung des Bundesverfassungsgerichts ist daher vom Aussagegehalt her nicht eindeutig fixierbar; jedenfalls aber kann sie für die Garantie der Koalitionsbetätigung im *Mindestsektor* nutzbar gemacht werden: Dieser ist dem Bundesverfassungsgericht zufolge staatlicherseits *bereitzustellen,* in ihn darf — umgekehrt — in keinem Falle eingegriffen werden.

bb) Bestimmung des Kernbereichs als Mindestbereich

Ebenfalls nicht unumstritten ist die Erfassung des *Umfangs* dieses Kernbereichs der Koalitionsbetätigung im Sinne der Mindestkomplettierung.

α) Gegenständliche Bestimmung

Ein erster — und an sich naheliegender — Weg der Erfassung des Kernbereichs des Art. 9 Abs. 3 GG als Mindestkomplettierung besteht in der gegenständlichen Beschreibung der geschützten und damit zu

[89] Kritik bei *Däubler,* Grundrecht, S. 204 f.; *Kittner,* GewMH 1976, 154 (157); *Krüger,* Verh. d. 46. DJT, Bd. II, D 64; *Seiter,* Streikrecht, S. 112 ff.; *Pfarr,* AuR 1979, 242 ff. Die weitgehende Unbestimmtheit der Interpretationsversuche zeigt sich neuerdings exemplarisch bei *Krejci,* S. 40 f.: „Ein *gewisser* Grad an ... Selbstbestimmung der Koalitionen *sollte wohl* ... erhalten bleiben“; „grauer Begriffshof des Kernbereichsverständnisses“.

[90] Zuletzt BVerfGE 50, 290 (308).

[91] BVerfGE 19, 303 (322).

[92] BVerfGE 28, 295 (306); BVerfGE 50, 290 (368 f.).

instrumentalisierenden Tätigkeiten selbst. Ihn hat ansatzweise auch das Bundesverfassungsgericht beschritten, indem es sachlich-gegenständliche Bereiche der Koalitionsbetätigung als im Kernbereich geschützt bezeichnet hat. Dies gilt für die Bereiche „verbandsmäßige Lohngestaltung“[93], „Tarifsystem“[94], „Personalvertretungswesen“[95] und „Mitgliederwerbung“[96].

Diese ihrerseits noch weitgefaßten Sektoren hat *Säcker*[97] durch die Bildung von Unterkernbereichen näher konkretisiert. In dem von ihm definierten Kernbereich verbandsmäßiger Gestaltung der Arbeitsbedingungen führt er beispielsweise als Unterkernbereich neben der bereits vom Bundesverfassungsgericht genannten verbandsmäßigen Lohngestaltung die verbandsmäßige Arbeitszeitgestaltung an; zum Betriebsverfassungs- und Personalvertretungswesen nennt er als Unterkernbereiche die Werbung vor Wahlen zu den entsprechenden Organen. Die Statuierung von Unterkernbereichen soll über die einzeln aufgeführten Fälle hinaus dabei allgemeines Prinzip zur Konkretisierung der funktionellen Kernbereichsgarantien sein.

Mit dieser Interpretation gelingt die Herausstellung eines Garantiebereiches auf *Sachkomplexebene*. Dabei stellt die Einteilung von Unterkernbereichen eine gewichtige Richtlinie für die Normkonkretisierungen dar: Kommt den Unterkernbereichen die gleiche Funktion wie den Kernbereichen selbst zu, so sind sie ihrerseits in gewissem Umfang, „im Kern“, unantastbar[98]. Im Ergebnis bedeutet dies eine graduelle Verstärkung des „Ober“-Kernbereichs, der seiner eigenen Garantie über die mitgarantierten Subsysteme einen umfassenderen Gehalt zu geben vermag. Je spezieller die Untergliederung der geschützten Tätigkeitsbereiche vorgenommen wird, desto umfangreicher ist der Gesamtgarantiegehalt selbst.

Bei diesem Verfahren bleiben allerdings *Umfang* und *Grenzen* der Unterteilungsmöglichkeiten offen. *Säcker*[99] stellt den situationsrelativen Charakter der Unterkernbereiche heraus und betont deren Offenheit gegenüber sozio-ökonomischen Wandlungen. Damit ist eine Grenzziehung für den Ausgestaltungs*bereich* zusätzlich erschwert. Die Methode einer sachkomplexbezogenen Aufteilung in Unterkernbereiche ist für sich genommen insoweit alleine nicht in der Lage, das *Substrat*

---

93 BVerfGE 4, 96 (106, 110).

94 BVerfGE 4, 96 (108); BVerfGE 20, 312 (317).

95 BVerfGE 19, 303 (313 ff.).

96 BVerfGE 28, 295 (305 ff.).

97 *Säcker*, Grundprobleme, insbes. S. 89 ff.

98 Vgl. auch *Seiter*, Streikrecht, S. 114.

99 *Säcker*, Grundprobleme, S. 93 f.

des geschützten Kernbereiches im Sinne der Mindestkomplettierung selbst autonom zu bestimmen.

β) *Das Kriterium der „Unerläßlichkeit" als Maßstab des Umfanges des Kernbereichs*

Das Substrat des geschützten Kernbereiches wird überwiegend anhand des Kriteriums der „Unerläßlichkeit" zu ermitteln versucht[100]. Dieser Ansatz findet eine Stütze insbesondere auch durch das Bundesverfassungsgericht, das den Kernbereich in einer Entscheidung jedenfalls umschrieben hat mit „denjenigen Tätigkeiten, für die sie (die Koalitionen, G. B.) gegründet sind und die für die Erhaltung und Sicherung ihrer Existenz als unerläßlich betrachtet werden müssen"[101].

Ob dies als „Legaldefinition" des Kernbereichs angesehen werden kann, ist gleichwohl zweifelhaft. Dies gilt nicht nur deswegen, weil die jüngste Entscheidung des Bundesverfassungsgerichts zu Art. 9 Abs. 3 GG[102] bei der Beschreibung der Koalitionsbetätigungsgarantie und des Kernbereiches die Unerläßlichkeitsformel — trotz Bezugnahme auf die frühere Entscheidung — gerade nicht mehr verwendet. Gewichtigere Zweifel ergeben sich aus der zweiten Säule der Kernbereichsdefinition des Bundesverfassungsgerichts selbst. Dieses hat stets eine Verletzung des Kernbereichs dann angenommen, wenn die Schrankenziehung für die Koalitionsbetätigung nicht zum Schutze anderer Rechtsgüter von der Sache her geboten war[103]. In Verbindung mit der Erkenntnis der prinzipiellen Eingriffsfestigkeit des Kernbereichs als *Mindestkomplettierung* würde sich an dieser Stelle jedenfalls eine Inkongruenz der Kernbereichsdefinitionen andeuten.

Konzen[104] hat jüngst die verschiedenartigen Aussagen in ein System eingeordnet und darauf verwiesen, daß die Direktiven für die Schrankenziehung im Kontext damit zu betrachten seien, daß das Bundesverfassungsgericht zuvor die „Unerläßlichkeit" der Tätigkeit, Wahlwerbung bzw. Mitgliederwerbung in der Dienststelle, festgestellt hatte; die Unerläßlichkeitsprüfung tauche dann bei der Kernbereichsbeschreibung überall dort auf, wo es zu *Kollisionen* dieser Tätigkeiten mit *fremden Rechtsgütern* komme.

Diese Konstellation liegt in der Tat der Mitgliederwerbungsentscheidung[105] zugrunde. Dort wird der verfassungsrechtliche Schutz dieser

[100] Vgl. nur aus jüngster Zeit *Klosterkemper*, S. 107, 135; *Krejci*, S. 41; für den Fall der Kollision mit Rechtsgütern anderer auch *Konzen*, Anm. AP Nr. 28, 29 zu Art. 9 GG.

[101] BVerfGE 38, 281 (305).

[102] BVerfGE 50, 290 (366 ff.).

[103] BVerfGE 19, 303 (322) — nur: „von der Sache her gefordert"; BVerfGE 28, 295 (306); BVerfGE 50, 290 (368).

[104] *Konzen*, Anm. AP Nr. 28, 29 zu Art. 9 GG.

Betätigung zunächst herausgestellt und dann nach den Beschränkungsmöglichkeiten für die *einzelne, konkrete* Maßnahme innerhalb dieser geschützten Betätigung gefragt. Aber auch dort, innerhalb des anerkannten geschützten Sachkomplexes, stellt sich die gleiche Frage des *Umfanges* der Betätigungsfreiheit. Für diese aber muß gelten, daß für den Fall, daß eine Form der Betätigung prinzipiell im Schutzbereich befindlich ist, das Unerläßlichkeitskriterium sich nicht mehr auf die einzelne Ausführungsmaßnahme beziehen kann, sondern — umgekehrt — nur darauf, ob eine zum Schutze der kollidierenden Rechtsgüter gebotene Schrankenziehung das *Minimum der bereits garantierten Betätigungsfreiheit* beläßt[106]. Eine „Zwei-Schranken-Theorie" der Unerläßlichkeit würde nicht überzeugen. Letztlich braucht diese Frage im Rahmen der *Mindestkomplettierung* jedoch nicht entschieden zu werden; sie ist im Kontext der generellen Gewährleistungsschranken zu problematisieren.

cc) Kernbereich und Arbeitskampfgarantie

Für den Arbeitskampf lassen sich im Sinne der Kernbereichsgewährleistung danach Folgerungen hinsichtlich seines Garantieumfanges ziehen. Zunächst gehört er von der gegenständlichen Beschreibung der Kernbereichslehre zum Kernbereich selbst: Ohne ihn bliebe die Koalitionsfreiheit inhaltsleer, sie würde „ihres historisch gewachsenen Sinnes beraubt werden"[107].

Vom Garantie*umfang* her ist davon auszugehen, daß der Sachkomplex Arbeitskampf unstreitig für eine wirksame Koalitionszweckverfolgung *unerläßlich* ist. Die Arbeitskampffreiheit gehört sonach als Sachkomplex zum Kernbereich des Art. 9 Abs. 3 GG. Im Sinne der *Mindestkomplettierung* im Umfange des Kernbereiches ist damit ein Arbeitskampfsystem bereitzustellen, das die Realisierung der Koalitionszweckverfolgung ermöglicht. Unter historischen wie funktionellen Aspekten, die bei der Komplettierung zu berücksichtigen sind, ist demnach — von der Arbeitnehmerseite her — der *Streik* als Mindestkomplettierung *im Kernbereich des Art. 9 Abs. 3 GG* befindlich und damit vom Substrat her eingriffsfest ausgestaltet, da er — mit Blick auf eine etwaige Schrankenziehung bezüglich arbeitskampfrechtlicher Betätigung — zum Minimum dessen gehört, was zur Ausübung der Arbeitskampffreiheit überhaupt notwendig ist[108].

---

[105] BVerfGE 28, 295.

[106] *Säcker*, Anm. AR-Blattei Berufsverbände, Entsch. 14/16.

[107] Vgl. auch *Säcker*, ArbR-GW 12 (1975), S. 17 (40 ff.).

[108] a. A. *Scholz*, Koalitionsfreiheit, S. 61, 149 f., 258 ff., 354 f.: Streik nur als „funktionstypisch" geschützt.

Vom funktionalen Charakter der Arbeitskampfgarantie her ist darüber hinaus festzustellen, daß auch die Mindestkomplettierung im Kernbereich *nicht statisch* sein kann, sondern den Bedürfnissen der Funktionsfähigkeit des Tarifsystems Rechnung tragen muß und insofern sozio-ökonomischen Wandlungen unterworfen sein kann.

b) Gewährleistung des Arbeitskampfes außerhalb des Kernbereichs als Mindestkomplettierung

Die soeben getroffenen Feststellungen haben auf der anderen Seite bereits angedeutet, daß der Gewährleistungsumfang der Koalitionsfreiheit nicht auf den Kernbereich begrenzt sein kann[109]. Die *Mindestkomplettierung* ist nicht zugleich Maximum der Betätigungsfreiheit.

aa) Gewährleistung „originärer" Grundrechtsbetätigung

Die Erkenntnis einer über einen Kernbereich hinaus weiterreichenden Betätigungsfreiheit manifestiert sich insbesondere bei solchen Betätigungsformen, die ohne gesetzliche Normierung ausübbar sind. In solchen Fällen befindet sich der Betätigende im Bereich „originärer" Grundrechtsausübung[110]. Dies gilt etwa für den Komplex der Werbung für die Koalition, für die die Koalition nicht erst auf ein von der Rechtsordnung zur Verfügung gestelltes Instrumentarium angewiesen ist[111]. Hier wäre es grundrechtssystematisch nicht zu legitimieren, wollte man diese Betätigungsform nur in einem Kernbereich in dem Sinne garantieren, daß auch ohne die Kollision mit Rechten Dritter Einschränkungen mit dem Ergebnis möglich seien, daß nur „unerläßliche" Betätigungen geschützt seien[112]. Betätigungen — auch für die Koalition und von der Koalition —, die bereits aus der allgemeinen Handlungsfreiheit bzw. Meinungsfreiheit heraus erlaubt sind, bedürfen keiner *Ermächtigungsnorm.* Deren bedarf aber — umgekehrt — ein diese Freiheiten einschränkendes *Verbot*[113]; etwas anderes gilt nur bei der Inanspruchnahme fremder Rechtskreise[114].

Im Bezugspunkt des Arbeitskampfes kommen diese Grundsätze allerdings nur bedingt zur Geltung. Arbeitskämpfe tangieren regelmäßig fremde Rechte, nämlich diejenigen des kampfbetroffenen Arbeitgebers.

---

[109] Unrichtig insoweit BAG AP Nr. 30 zu Art. 9 GG, unter 3. der Entscheidungsgründe, das eine nicht im Kernbereich geschützte Betätigung überhaupt nicht Art. 9 Abs. 3 GG zuordnen will; vgl. hierzu *Säcker,* Anm. AR-Blattei Berufsverbände, Entsch. 14/16.

[110] Vgl. hierzu insbesondere *Gester / Kittner,* RdA 1971, 161 (172 ff.).

[111] *Gester / Kittner,* RdA 1971, 161 (173).

[112] So aber BAG AP Nr. 29 zu Art. 9 GG.

[113] *Säcker,* Anm. AR-Blattei Berufsverbände, Entsch. 14/16.

[114] Im Ergebnis auch *Konzen,* Anm. AP Nr. 28, 29 zu Art. 9 GG.

Insoweit wird der Bereich originärer Grundrechtsbetätigung zumeist überschritten. Für arbeitskampfbedingte Eingriffe in fremde Rechtspositionen bleiben die Aussagen zur originären Grundrechtsbetätigung prinzipiell zumindest modifizierungsbedürftig.

Gleichwohl sind auch durchaus Arbeitskampfmaßnahmen denkbar, die sich innerhalb einer aus der allgemeinen Handlungsfreiheit ergebenden Befugnis vollziehen. Hierzu gehört beispielsweise die Wahrnehmung vertraglicher Rechte, die etwa bei einem Boykott bezüglich der Meidung durch die Adressaten bei Abwesenheit vertraglicher Bindung vorliegt. Soweit dann durch den Boykottaufruf nicht die Deliktsschwelle überschritten wird — und das ist für den Arbeitskampf nicht ohne weiteres anzunehmen — handelt es sich um einen Arbeitskampf, der im Wege originärer Grundrechtsbetätigung durchgeführt wird, keines besonderen Instrumentariums bedarf und von der Kernbereichsfrage unbeeinflußt bleibt.

Letzteres ist die Bestätigung des bereits unter anderen Aspekten erwähnten Grundsatzes, daß zivilrechtlich zulässiges Verhalten nicht im Arbeitskampf per se unzulässig wird, von der verfassungsrechtlichen Seite her.

bb) Ausdehnungsbedürftigkeit des Garantieumfanges

Die Analyse des Kernbereichs im Sinne der Mindestkomplettierung hat bereits verdeutlicht, daß der Garantieumfang des Art. 9 Abs. 3 GG nicht auf jenen Mindestbereich eingeschränkt sein kann[115]. Die in ständiger Rechtsprechung vom Bundesverfassungsgericht betonte Möglichkeit einer Schrankenziehung mit Hinweis darauf, daß kein *unbegrenzter* Handlungsspielraum der Koalitionen anzuerkennen sei[116], erweist mit Blick auf die zugleich manifestierte *Eingriffsfestigkeit* des (engen) Kernbereiches selbst, daß eine Gewährleistung auch außerhalb des Kernbereichs als Mindestkomplettierung prinzipiell gegeben ist.

Art. 9 Abs. 3 GG schützt die koalitionsspezifische Betätigungsfreiheit mithin nicht nur in einem Kernbereich, sondern umfassend[117]. Dies ist insbesondere im Hinblick auf die gewerkschaftliche Werbung überwiegend herausgestellt worden[118]. Im Unterschied zu im Kernbereich befindlichen Koalitionsbetätigungen sind solche im Außenbereich aller-

---

[115] So auch *Konzen*, AcP 177, 473 (508).

[116] BVerfGE 38, 386 (393).

[117] So ausdrücklich *Säcker*, Anm. AR-Blattei Berufsverbände, Entsch. 14/16; vgl. auch *Badura*, ArbR-GW 15 (1978), S. 17 (27 f.); *Biedenkopf*, Grenzen, S. 104, 122 ff.; *Hamann / Lenz*, GG, Art. 9 Anm. B 8, 10; *Hueck / Nipperdey-* II, 1, S. 152; *Hölters*, S. 134 f.; *Maunz / Dürig / Herzog / Scholz*, GG, Art. 9 Rdnr. 266 m. Fn. 11; *Scholz*, Koalitionsfreiheit, S. 147.

[118] *Däubler*, Gewerkschaftsrechte, S. 110; *Rüthers*, Mitgliederwerbung, S. 46.

dings *nicht eingriffsfest* ausgestaltet. Für diesen Bereich, aber auch *nur* für diesen, hat der Gesetzgeber überhaupt vom Prinzip her eine Eingriffsbefugnis, die ihrerseits allerdings nicht unlegitimiert und unbegrenzt sein kann[119].

Für den Komplettierungsauftrag bedeutet die Eingriffs*befugnis* nicht zugleich ein *Gewährleistungsverbot.* Der normausfüllende Gesetzgeber ist keineswegs gehalten, nur unerläßlichen Koalitionsbetätigungen die notwendigen Instrumente zur Verfügung zu stellen. Vielmehr ist dem Freiheitsrechtscharakter Rechnung zu tragen und eine Komplettierung im Sinne von *wichtigen* Koalitionsmitteln angezeigt[120]. Auch das Bundesverfassungsgericht bezieht sich in einer Entscheidung[121] auf die „Wichtigkeit" als Kriterium für die Einbeziehung einer Betätigung in den Schutzkreis des Art. 9 Abs. 3 GG. Das heißt nicht bereits, daß „wichtige" Mittel unbeschränkt garantiert sind, sondern zunächst nur, daß diese dem generellen Schutzbereich des Art. 9 Abs. 3 GG unterstehen.

Die grundrechtssystematische Analyse des Art. 9 Abs. 3 GG ergibt damit, daß auch außerhalb des *Kernbereichs als Mindestkomplettierung* befindliche Formen koalitiver Betätigung vom Schutzumfang der Norm erfaßt werden. Diese im „Normbereich" befindlichen Betätigungen genießen allerdings einen graduell schwächeren Schutz insofern, als in sie — unter noch zu ermittelnden Voraussetzungen — eingegriffen werden darf. Die Komplettierung ist angesichts des *Freiheitsrechtscharakters* der Norm und des Postulats, der Koalition die *Wahl der ihr gemäß erscheinenden Mittel* zu überlassen, nicht auf das „Unerläßliche" zu beschränken. Das verbietet bereits das Gebot der Grundrechtseffektuierung.

cc) Grenzen der Gewährleistung im Normbereich des Art. 9 Abs. 3 GG

Demzufolge ist der Blick nunmehr auf die Schrankensystematik für Koalitionsbetätigungen im Normbereich zu richten. Zunächst sind dabei die schrankenspezifischen Vorgaben rechtssystematischer Art zu ermitteln.

α) Gesetze als grundrechtsprägende Normen

Während der Gesetzgeber bei einer Normkomplettierung alleine an die verfassungsrechtlichen Vorgaben gebunden ist, ist der Gestaltungsspielraum für den normausfüllenden *Richter* eingeengt. Die Restriktion resultiert nicht alleine aus dem kompetenziellen Minus und der lücken-

---

[119] Vgl. hierzu sogleich unten, § 5, III, 4, b, cc.

[120] *Säcker*, ArbR-GW 12 (1975), S. 17 (25, 37); *ders.*, Zutrittsrecht, S. 11; vgl. auch *Däubler*, Gewerkschaftsrechte, S. 110; *Rüthers*, Mitgliederwerbung, S. 55; dagegen *Klosterkemper*, S. 136 m. Fn. 238.

[121] BVerfGE 19, 303 (320).

schließenden Funktion, sondern aus der Tatsache, daß der Richter gemäß Art. 20 Abs. 3 GG bei der Komplettierung bereits existente Gesetze zu beachten hat, die *mittelbar grundrechtsprägend* wirken[122].

Als solche kommen etwa die Vorschriften des Betriebsverfassungsgesetzes in Betracht, für den Sektor des Arbeitskampfes also insbesondere § 74 Abs. 2 BetrVG. Gleiches gilt für die entsprechende Vorschrift des Personalvertretungsgesetzes. Eine *judikative* Normkomplettierung kann die Koalitionen von den hieraus resultierenden Pflichten nicht entbinden[123].

β) *Rahmenrechte Dritter als (nicht starre) Antipode*

Während fest umrissene Grundrechte anderer, die verfassungsrechtlichen Kernprinzipien sowie, über Art. 9 Abs. 2 GG, die Strafgesetze unproblematisch externe Grenzen des Gewährleistungsbereichs der Arbeitskampffreiheit darstellen, ist dies bei Grundrechtspositionen, die ihrerseits als bloße Rahmenrechte konzipiert sind, anders. Zu letzteren gehört das Eigentumsrecht, insbesondere in der für den Arbeitskampf relevanten Konkretisierung in einem existenten Gewerbebetrieb.

Diese Rahmenrechte bleiben in Ansehung der Koalitionsbetätigung nicht schutzlos, sie bilden allerdings andererseits auch keine starre Grenzlinie für die Zulassung von Instrumenten zur Koalitionszweckverfolgung. Als Rahmenrecht konzipierte Rechtspositionen wirken gegenüber der Koalitionsbetätigung als prinzipielle Antipode, ohne bereits generell eine Rechtsverletzung durch diese zu erfahren. Eingriffe in sie und deren etwaige Rechtswidrigkeit müssen vielmehr im Einzelfall *positiv* festgestellt werden[124].

dd) Grenzziehung durch Kollisionslösung

Die konkrete Grenzziehung gegenüber den genannten Antipoden einer Koalitionsbetätigung muß über Grundsätze der Kollisionslösungen zweier Rechtskreise erfolgen.

Aber auch hierfür hat das Bundesverfassungsgericht für den Sektor der Koalitionsbetätigung spezielle Vorgaben errichtet. Gerade im Zusammenhang mit der Kernbereichslehre wird herausgestellt, daß der Koalitionsbetätigung nur solche Schranken gezogen werden dürfen, die „zum Schutze anderer Rechtsgüter von der Sache her geboten“ sind[125].

---

[122] *Lerche*, Übermaß, S. 46; *Häberle*, Wesensgehaltgarantie, S. 140 ff., 180 ff., 194 ff.

[123] *Säcker*, Zutrittsrecht, S. 12 m. w. Nachw.

[124] Heute h. M.: Vgl. beispielsweise *Birk*, Rechtmäßigkeit, S. 110; *Hueck / Nipperdey*, II, 2, S. 998 ff.; *Lieb*, Arbeitsrecht, S. 121; *Seiter*, Arbeitskampfparität, S. 46; *Zöllner*, Arbeitsrecht, S. 294. Vom Zivilrecht her hat sich auch der BGH hierzu bekannt, vgl. BGHZ 59, 30 (34).

[125] BVerfGE 28, 295 (306); BVerfGE 50, 290 (368).

Nicht in dieser Weise legitimierte Schrankenziehung verletzt nach Auffassung des Bundesverfassungsgerichts den Kernbereich des Art. 9 Abs. 3 GG.

Dieses Postulat verdeutlicht zunächst den Stellenwert des Kernbereichs des Art. 9 Abs. 3 GG gegenüber der auch bei anderen Grundrechten bekannten Wesensgehaltsgarantie des Art. 19 Abs. 2 GG. Während der Wesensgehalt eines Grundrechts nur die äußerste Schranke jedweden Grundrechtseingriffs darstellt, ist der Umfang des Kernbereichsschutzes, obschon oft mit der Wesensgehaltsgarantie in Verbindung gebracht[126], weiterreichend[127]; Kernbereich und Wesensgehalt sind nicht identisch[128]. Der Kernbereich kann nach Auffassung des Bundesverfassungsgerichts schon verletzt sein, wenn die Schrankensetzung nicht „geboten" war. Ein solcher Tatbestand ist allerdings bereits *vor* dem Erreichen des Wesensgehalts denkbar. Daß eine im Sinne des Bundesverfassungsgerichts „nicht gebotene" Schranke nicht bloß eine Verletzung der Koalitionsbetätigungsgarantie, sondern eine solche des *Kernbereiches* darstellt, weist den Begriffsinhalt des Kernbereiches auch in die Richtung, daß er in den *Normbereich* ausstrahlt. Inhalt des Kernbereichs ist damit auch, daß der *Normbereich* von nicht gebotenen Eingriffen freigehalten wird. Auch dies dokumentiert den über den Wesensgehalt hinausreichenden Inhalt des Kernbereiches.

Für Grundrechte mit fest umrissenem Inhalt wirkt das Schranken-Axiom des Bundesverfassungsgerichts gleichzeitig als Direktive für die Kollisionslösung: Die „Gebotenheit" des Eingriffs in die Koalitionsbetätigung muß sich *von außen her* ergeben. Nicht die einfache Abwägung zwischen zwei Rechtspositionen ist gefordert; vielmehr wirkt die eine, die Koalitionsbetätigung, als verfassungsrechtliche Vorgabe, deren Einschränkung legitimiert werden muß.

Dabei bedarf es zunächst einer Konkretisierung des Merkmals „Gebotenheit". Dies muß in zweifacher Hinsicht geschehen, nämlich auf das Rangverhältnis des antipodischen Rechtsgutes und auf die Reichweite des Eingriffs selbst bezogen; also auf das „Weswegen" und auf das „Wie weit". Es versteht sich, daß damit ein geradezu fundamentaler Komplex verfassungsrechtlicher Grundfragen angesprochen wird, der um die Problemkreise Grundrechtskollision, Rang der Grundrechte, Grundrechtseingriff und Übermaßverbot angesiedelt ist; insofern sind vorliegend nur grundsätzliche, auf den Untersuchungsgegenstand begrenzte Aussagen möglich[129].

---

[126] Vgl. *Seiter,* Streikrecht, S. 114; *Wohlgemuth,* S. 111.

[127] Vgl. auch *Konzen,* AcP 177, 473 (508).

[128] *Lerche,* Zentralfragen, S. 25 f.; *Säcker,* Grundprobleme, S. 19, 56.

[129] Weiterführend: *Schlink,* Abwägung, S. 13 ff.; *Schneider,* Güterabwä-

Ausgangspunkt der Frage nach dem „gebotenen" Eingriff muß dabei das Rechtsgut sein, um dessentwillen überhaupt eine Einschränkung erfolgt. Dieses der Koalitionsbetätigung gegenüberstehende Rechtsgut ist dann einer Rangqualifizierung zu unterziehen, wobei der Rang in Relation zur Koalitionsfreiheit und den ihr innewohnenden Garantien zu bestimmen ist. Für die Zuweisung eines Ranges hat das Bundesverfassungsgericht Kriterien und Methoden entwickelt, die eine — zumindest gewisse — Konkretisierung der Relation der antipodischen Rechtsgüter erlauben[130]. Das Bundesverfassungsgericht geht dabei von der grundsätzlichen Existenz einer Wertrangordnung[131] aus, wobei es Rangaussagen teilweise aus einem abstrakten selbständigen Rangvergleich[132], zum anderen aber auch und insgesamt häufiger durch Einzelfallentscheidungen hinsichtlich von Teilbereichen des Rechtsguts[133] zieht. Gerade letztere Entscheidungen werden wesentlich durch den „Grundsatz der Verhältnismäßigkeit" in der Weise bestimmt, daß nicht vordergründig die Rechtsgüter gegeneinander abgewogen werden, sondern der aus dem einen Rechtsgut zu entwickelnde Eingriff nach Gesichtspunkten der Eignung, Erforderlichkeit, Zumutbarkeit und des Übermaßverbotes auf seine Legitimation hin untersucht wird[134].

Für die Gebotenheitsprüfung eines Eingriffs muß danach eine Aufgliederung der als Antipoden wirkenden Rechtsgüter nach deren Rang vorgenommen werden. Aus dem auch innerhalb des Art. 9 Abs. 3 GG geltenden Primat der Freiheit resultiert dabei als erste Konsequenz, daß nachrangige Rechtsgüter einen Eingriff nicht zu rechtfertigen vermögen. Voraussetzung für das „Gebotensein" eines Eingriffs ist daher zunächst, daß das Art. 9 Abs. 3 GG gegenüberstehende Rechtsgut gleich-

---

gung, S. 153 ff.; grundlegend zur Eingriffsproblematik: *Lerche*, Übermaß, S. 10 ff. Vgl. auch: *Gentz*, NJW 1968, 1600 ff.; *Grabitz*, AöR 98 (1973), 568 ff.

[130] Vgl. ausführl.: *Schneider*, Güterabwägung, S. 151 ff., 219 ff.

[131] Bestritten, vgl. *Grabitz*, AöR 98 (1973), 568 (577, 580); *Hesse*, Grundzüge des Verfassungsrechts der Bundesrepublik Deutschland, S. 127 ff.; *Lerche*, Übermaß, S. 126 ff.; *H. H. Rupp*, AöR 101 (1976), 161 ff.; *Schlink*, Abwägung, S. 13, 152 f.

[132] z. B. BVerfGE 28, 243 (260): Einzelgewissen hat *Vorrang* gegenüber Pflicht zur Beteiligung an der bewaffneten Landesverteidigung; BVerfGE 35, 202 (244): Freiheit der Kunst dem Persönlichkeitsschutz *nicht übergeordnet;* BVerfGE 39, 1 (42): Leben als *Höchstwert.*

[133] Vgl. *Schneider*, Güterabwägung, S. 181 ff. m. zahlr. Belegen aus der Judikatur des BVerfG. Schneider sieht hierin eine „zweiphasige" Abwägung, wenn zunächst allgemeine, abstrakte Aussagen und sodann die Konkretisierung auf den Einzelfall erfolgt. Hiergegen grenzt er einphasige Einzelfallentscheidungen ab, bei denen auf eine vorangehende abstrakte Aussage verzichtet werde, vgl. S. 186 f.

[134] Dieser Vorgang darf nicht mit der sog. „praktischen Konkordanz" verwechselt werden, wo es um die mögliche Optimierung beider kollidierenden Rechtsgüter, nicht aber bloß um die Negativprüfung des Eingriffs geht; vgl. *Schneider*, Güterabwägung, S. 202 ff.

rangig oder höherrangig[135] ist. Nur Rechtsgüter in dieser Bedeutung legitimieren eine Freiheitsrechtseinschränkung wenigstens vom Grundsatz her.

Gleichwohl läßt nicht schon die bloße Existenz derartiger Rechtsgüter einen Eingriff als geboten erscheinen. Erforderlich ist vielmehr, daß diese Rechtsgüter konkret beeinträchtigt oder zumindest unmittelbar gefährdet werden. Dies ist letztlich eine Frage des Spannungsverhältnisses zwischen der Freiheitsrechtsausübung und dem gefährdeten Rechtsgut, wird also etwa vom Ausmaß der Gefährdung und der Bedeutung des Rechtsgutes selbst mitbestimmt. Nicht jedes Tangieren eines bedeutsamen Rechtsgutes vermag tatsächlich zu einer Beeinträchtigung zu erwachsen[136].

Innerhalb der beiden in Betracht kommenden Kategorien kann dann wiederum eine Abstufung vorgenommen werden. Bei höherrangigen Rechtsgütern spricht eine Vermutung für das Gebot eines Eingriffs; dies allerdings unter der Einschränkung, daß die soeben genannte Beeinträchtigung überhaupt vorliegt. Bloß gleichrangigen Rechtsgütern kann eine solche indizielle Wirkung nicht zukommen. Bei Gütern dieses Ranges ist daher strenger und konkreter zu prüfen, *ob* ein Eingriff gerechtfertigt werden kann.

Zuletzt ist — und dies in beiden Fällen — die Reichweite des Eingriffs selbst zu bestimmen. Auch ein höherrangiges Rechtsgut legitimiert nicht *jeden* Eingriff, sondern bloß solche, die zur Abwendung der Beeinträchtigung *erforderlich* sind. Ein gleichrangiges Rechtsgut muß zunächst einem Bedeutungsvergleich unterzogen werden, aus dem das Maß dessen bestimmt werden kann, was an Beeinträchtigungen hinzunehmen ist. Hieraus kann die Reichweite des erforderlichen Eingriffs abgelesen werden; dies nun sowohl auf das antipodische Rechtsgut als auch auf den Einstiegspunkt bei dem den Eingriff auslösenden kollidierenden Rechtsgut bezogen: Letzterer liegt nicht bereits an der Außenschranke des Rechtsguts, nicht also bereits bei der bloßen Tangierung. Erst eine gewisse Intensität der Beeinträchtigung läßt Maßnahmen als geboten erscheinen.

Aus den Ausführungen über die Bedeutung von Rahmenrechten ergibt sich, daß das soeben beschriebene Verfahren der Kollisionslösung für diese nur modifiziert in Betracht kommt. Da deren exakter Gehalt nicht feststeht, ist ein abstrakter Rangvergleich etwa nicht möglich. Auch das Fehlen eines festen Schutzbereiches läßt die Bestimmung einer Eingriffsnotwendigkeit in die Koalitionsbetätigung nicht zu. Für Rahmenrechte ist für die notwendige *positive* Bestimmung eines *von*

---

[135] Vgl. etwa BVerfGE 20, 162 (177): „Mindestens gleichwertig."

[136] So auch *Schneider*, Güterabwägung, S. 205.

der Koalitionsbetätigung ausgehenden Eingriffs in das entgegenstehende Rechtsgut daher eine modifizierte Form der Kollisionslösung etwa im Wege der aus dem Zivilrecht bekannten Güter- und Interessenabwägung vorzunehmen[137].

c) Zwischenergebnis

Zusammenfassend läßt sich der Garantieumfang der Arbeitskampfgewährleistung des Art. 9 Abs. 3 GG daher in zwei Schichten zerlegen. Zum einen existiert ein „Kernbereich“ im Sinne einer instrumentellen Mindestkomplettierung der ausfüllungsbedürftigen Norm. Dieser ist prinzipiell eingriffsfest. Zum anderen besteht außerhalb des Kernbereichs im Normbereich des Art. 9 Abs. 3 GG ebenfalls ein Gewährlungsbereich, der jedoch graduell schwächer geschützt ist. Instrumente, die in diesem Sektor bereitgestellt werden, unterliegen — außerhalb der originären Grundrechtsausübung — Schranken, die zum Schutze der Rechtsgüter anderer von der Sache her geboten sind.

---

[137] *Konzen*, AcP 177, 473 (500); *Säcker*, Grundprobleme, S. 132 ff.

§ 6 Garantiebereich des Art. 9 Abs. 3 GG und Boykott als Arbeitskampfmittel

Ist demnach der Arbeitskampf als solcher und mit ihm der Streik als existentielles Arbeitskampfmittel der Gewerkschaft in Art. 9 Abs. 3 GG — und zwar im Kernbereich — verfassungsrechtlich verankert, so richtet sich die Frage nunmehr darauf, ob und inwieweit gerade der *Boykott* als spezielles Arbeitskampfmittel eine verfassungsrechtliche Absicherung erfährt.

I. Die vorbehaltlos angenommene Zulässigkeit des Boykotts als Arbeitskampfmittel

Diese Problemstellung erscheint zunächst allerdings etwas überraschend, wenn man bedenkt, daß der Boykott bisweilen geradezu als selbstverständlich als zulässiges Arbeitskampfmittel qualifiziert wird. Insbesondere etwa das Bundesarbeitsgericht[1] bezeichnet den Boykott als „geschichtlich überkommene Arbeitskampfmaßnahme", die innerhalb der von der Rechtsordnung gewährleisteten Arbeitskampffreiheit als Arbeitskampfmittel nicht ausgeschlossen sei. Auch in der Literatur wird vielfach eine generelle Zulässigkeit des Boykotts, oft durch bloße Erwähnung seiner Form, angenommen[2]. Neuere Urteile von Instanzgerichten rücken den Boykott dezidiert in den Bereich zulässiger Arbeitskampfmittel[3].

Eine genauere Analyse der diesbezüglichen Stellungnahmen erweist jedoch recht schnell, daß damit die hiesige Problematik nur teilweise angesprochen ist. Dies wird vielleicht am deutlichsten bei *Seiter*[4], der die Zulässigkeit des Boykotts damit begründet, daß individualrechtliches Verhalten nicht durch kollektive Ausübung unzulässig werde und die Unterlassung von Vertragsabschlüssen als Boykottdurchführungshandlung zentraler Bestandteil der Privatautonomie sei. Dieser

---

[1] BAG AP Nr. 6 zu § 1 TVG Form.

[2] *Birk*, Rechtmäßigkeit, S. 99; *Brox / Rüthers*, S. 36 ff.; *Geffken*, Seeleutestreik, S. 378 f.; *Hueck / Nipperdey*, II, 2, S. 911; *Nikisch*, II, S. 99 ff.; *Säcker*, Boykott, S. 10 ff., 81; *Seiter*, Arbeitskampfparität, S. 44 f.; *Söllner*, Arbeitsrecht, S. 70; *Zöllner*, Festschrift für Bötticher, S. 427 ff. Birk und Seiter ordnen den Boykott sogar explizit Art. 9 Abs. 3 GG zu.

[3] ArbG Lübeck, SeeAE Nr. 2 (I) zu Art. 9 GG; ArbG Hamburg, SeeAE Nr. 3 zu Art. 9 GG; ArbG Lingen, SeeAE Nr. 4 zu Art. 9 GG.

[4] *Seiter*, Arbeitskampfparität, S. 45.

oben[5] bereits untersuchte Grundsatz ist zutreffend, kann jedoch im Ergebnis lediglich begründen, daß ein Boykott, der allgemein-zivilrechtlich zulässig ist und sich innerhalb der arbeitskampfrechtlichen Grenzen hält, auch in der Funktion als Arbeitskampfmittel nicht automatisch unzulässig wird. Das jedoch konnte nach dem Gesagten an sich nicht zweifelhaft sein: Die in Art. 9 Abs. 3 GG angelegte Arbeitskampffreiheit erlaubt schließlich bisweilen gerade ein Mehr gegenüber der allgemeinen Handlungsfreiheit und sperrt dann umgekehrt Einschränkungen dieser.

Eine Lösung des arbeitskampfrechtlichen Boykottproblems erfordert demgegenüber einen anderen Ausgangspunkt. Dieser ist in Art. 9 Abs. 3 GG zu suchen, aus dem heraus die Frage zu klären ist, welche — *positiven* — Modifikationen eine Boykottbewertung dann erfahren kann, wenn dieser dem Normbereich des Art. 9 Abs. 3 GG zugeordnet werden kann; inwieweit also beispielsweise Vertragsverstöße des Adressaten von einer verfassungsrechtlichen Gewährleistung des konkreten Boykotts überlagert werden können. Letztlich geht es damit um eine Prüfung der Art. 9 Abs. 3 GG möglicherweise zu entnehmenden Privilegierungswirkungen, nicht aber um die bloße Übertragung eines zivilrechtlichen Status quo ins Arbeitskampfrecht. Letzteres wäre schon deswegen nicht akzeptabel, weil eine Einbeziehung des Boykotts in den Schutzbereich des Art. 9 Abs. 3 GG die im Zivilrecht gebräuchliche Interessenabwägung entscheidend beeinflussen kann; eine ohne Berücksichtigung der Garantie des Art. 9 Abs. 3 GG vorgenommene Abwägung ist im Bereich arbeitskampfrechtlicher Erörterungen unzureichend.

II. Grundsätze der Normkomplettierung im Projektionspunkt des Boykotts als Arbeitskampfmittel

Von diesem Ausgangspunkt her ist die Normkomplettierung unter Beachtung der Direktiven des Bundesverfassungsgerichts darauf zu prüfen, ob ihr eine Einbeziehung auch des Boykotts als spezieller Arbeitskampfform in den Normbereich des Art. 9 Abs. 3 GG entnommen werden kann.

1. Historischer Aspekt bei der Normkomplettierung

Bereits oben[6] wurde auf die bedeutende Rolle verwiesen, die dem historischen Aspekt nach der Rechtsprechung des Bundesverfassungsgerichts bei der Normkonkretisierung des Art. 9 Abs. 3 GG zukommt. Gerade unter diesem Gesichtspunkt hat das Bundesarbeitsgericht[7] den

---

[5] § 5, I.

[6] § 5, III, 3.

[7] BAG AP Nr. 6 zu § 1 TVG Form, Bl. 3, 3 R.

Boykott als geschichtlich überkommene Arbeitskampfmaßnahme ge-Gebräuchlichkeit des Boykotts auch — und früher vor allem — im kennzeichnet. Auch die eingangs[8] vorgenommene Genese der judikativen Boykottbewertung dokumentiert hinreichend die historische Bereich der Auseinandersetzung zwischen Kapital und Arbeit in unterschiedlichen Gruppierungen. Betrachtet man die Ursprünge der Boykottgeschehen[9], so kann sogar davon ausgegangen werden, daß der Arbeitskampf überhaupt Ausgangspunkt der Entwicklung dieser Kampfform war.

Der Boykott ist demnach ein historisch überkommenes Kampfmittel innerhalb von Arbeitskämpfen. Gleichwohl ist nicht zu verkennen, daß er in dieser Funktion im Laufe der letzten Jahre an Bedeutung verloren hat.

Das Bundesverfassungsgericht weist in der ersten Tariffähigkeitsentscheidung[10] dem Gesetzgeber in diesem Zusammenhang durchaus die Befugnis zu, bei der Komplettierung des Art. 9 Abs. 3 GG solche Institute zu vernachlässigen, die durch die tatsächliche Entwicklung des sozialen Lebens nahezu völlig oder doch im wesentlichen als überholt gelten dürfen. Dennoch können auch insofern Zweifel an der historischen Legitimation des Boykotts als Arbeitskampfmittel nicht durchschlagen. Sicherlich haben sich der Änderung der Tarifstruktur, insbesondere durch die Organisation der Gewerkschaften nach dem Industrieverbandsprinzip, auch die Arbeitskampfformen angepaßt; Streik und Aussperrung dominieren hier gegenwärtig eindeutig. Dennoch hatte diese Zurückdrängung eher temporären Charakter und ist vollständig ohnehin, wie gelegentliche Judikate erweisen, nicht eingetreten[11]. Schließlich sind Branchenspezifika zu berücksichtigen. So haben gerade in der Seeschiffahrt diese Kampfformen in den letzten Jahren ihre Bedeutung erneut dokumentiert. Der Gesichtspunkt der historischen Entwicklung steht der Einbeziehung des Boykotts als Arbeitskampfmittel in die legislative Normkomplettierung des Art. 9 Abs. 3 GG nicht im Wege.

2. Geeignetheit, Wirksamkeit, Erforderlichkeit

Der Gesichtspunkt der „Geeignetheit" wurde oben bereits so gekennzeichnet, daß das zu installierende Mittel dem Koalitionszweck zu „die-

---

[8] Oben, § 4.

[9] Vgl. bes. *v. Heckel*, S. 482 ff.; *Nestriepke*, I, S. 396; *Weick*, S. 16.

[10] BVerfGE 4, 96 (106).

[11] Vgl. beispielsweise auch die bei *Nipperdey*, Festgabe Küchenhoff, S. 133 ff., erwähnten Ereignisse im Jahre 1958. Weitere Beispiele bei *Matthöfer*, in: Schneider (Hrsg.), Zur Theorie und Praxis des Streiks, S. 155 ff. Einen zumindest boykottähnlichen Fall behandelt BAG AP Nr. 34 zu Art. 9 GG Arbeitskampf.

nen" in der Lage ist[12], wobei auch ein bloß mittelbares Dienen genügen kann. Es handelt sich also um die Frage der Tauglichkeit des Mittels überhaupt, gewissermaßen um die „technische" Beschaffenheit[13].

Auch in diesem Kontext ergeben sich keine nennenswerten Probleme hinsichtlich des Boykotts als Arbeitskampfmittel. Zweck des Arbeitskampfes ist die Ausübung von Druck auf den Gegenspieler, um diesen zum Eingehen auf Forderungen des Kämpfenden zu bewegen. Funktion des Arbeitskampfmittels muß danach die praktische Herstellung einer Drucksituation selbst sein. Dies ist zweifellos dann gegeben, wenn der Arbeitgeber — früher in seinen arbeitsrechtlichen Beziehungen — jetzt in seinen unternehmerischen Außenkontakten beeinträchtigt wird und damit wirtschaftliche Einbußen drohen. Boykottmaßnahmen sind damit zur Erreichung des Koalitionszweckes auch geeignet.

Das als weitere Direktive verstandene Gebot der „Wirksamkeit" des Mittels[14] verlangt nach einer „Effektivität des Kampfmittels"; die Koalitionszweckverfolgung soll wirkungsvoll ausgeübt werden, was sich an sich bereits aus dem Komplettierungsauftrag selbst ergibt.

Die Frage der Wirksamkeit des Kampfmittels Boykott ist nicht pauschal beantwortbar. Die Ereignisse in der Seeschiffahrt lassen den Schluß zu, daß der Boykott gegenüber tarifunwilligen Reedern diese jedenfalls unter Druck gesetzt hat; die judikative[15] Etikettierung als „schärfste Waffe" spricht — ohne sie an dieser Stelle auf ihre Legitimation zu überprüfen — ebenfalls für eine offenbare Wirksamkeit der Maßnahmen.

Auch die Tatsache, daß die jüngsten Boykottfälle jeweils durch ganz spezielle *reale* Konfliktkonstellationen gekennzeichnet sind und insoweit etwa an eine bloß „branchenspezifische" Wirksamkeit zu denken wäre, vermag die Bejahung der Wirksamkeit des Mittels letztlich nicht in Zweifel zu ziehen. Für deren Ermittlung ist ein abstrakter Maßstab anzulegen: Nicht *die* gleichmäßige Wirksamkeit in allen Bereichen, sondern *eine* generelle Wirksamkeit als Kampfmittel überhaupt ist zu fordern. Letzteres aber ist gegeben, auch wenn der *Grad* der Wirksamkeit branchenabhängig differiert.

Die Prüfung der Einbeziehung des Boykotts als Arbeitskampfmittel in den Schutzbereich des Art. 9 Abs. 3 GG unter dem Gesichtspunkt der „Erforderlichkeit" muß primär den Stellenwert des Boykotts für die

---

[12] BVerfGE 19, 303 (312).

[13] *Schneider*, Güterabwägung, S. 205.

[14] BVerfGE 17, 319 (333 f.); BVerfGE 28, 295 (304).

[15] Vgl. LAG Baden-Württemberg, AuR 1974, 316 = AR-Blattei Arbeitskampf IV, Entsch. 1 = SeeAE Nr. 1 (II) zu Art. 9 GG, im Anschluß an die Entscheidung RAG, ARS 2, 217 (221 f.).

Koalitionszweckverfolgung durch Arbeitskampf ermitteln. Festzuhalten ist dabei, daß es um die Erforderlichkeit mit dem Bezugspunkt der *Installierung* des Kampfmittelsystems selbst geht.

Als Zweck des Arbeitskampfs wurde bereits die Ausübung von Druck auf den Gegenspieler bezeichnet, um diesen zum Eingehen auf eigene Forderungen zu bewegen. Die arbeitnehmerseitige Druckausübung im Arbeitskampf kann faktisch alleine an den wirtschaftlichen Positionen des Arbeitgebers ansetzen. In Betracht kommen einerseits Störungen des Binnenbereiches, in der Regel also des Produktions- oder Dienstleistungserzeugungsbereiches, sowie andererseits Behinderung der Außenkontakte des Arbeitgebers, also etwa Störungen auf dem Gebiet des Güterabsatzes. Die Ebenen der Produktion und — verkürzt — Distribution sind also gleichermaßen mögliche Angriffsflächen zur Druckausübung, die Auswahl der durch den Kampf zu treffenden Sphäre ist eine Frage der realen Zugriffsmöglichkeit. Dabei ist schon prima facie der Einfluß der Arbeitnehmerseite auf die Produktionssphäre relativ hoch: Hier stellen die Arbeitnehmer selbst einen unabdingbaren Produktionsfaktor dar, dessen *Vorenthaltung* also „intern" vollziehbar ist; eine *unmittelbare* Druckausübung wird möglich. Die relative Häufigkeit des Streiks als Arbeitskampfform resultiert gerade aus dem Vorteil dieser Konstellation für die Arbeitnehmerseite.

Eine wirksame Druckausübung in dieser Form ist allerdings von dem Vorhandensein bestimmter Faktoren abhängig. Als deren bedeutsamster muß die Stärke der gewerkschaftlichen Vertretung im Betrieb angesehen werden. Nur bei einer bestimmten Mächtigkeit der Gewerkschaft innerhalb der Belegschaft und bei einem beträchtlichen Einfluß auf die Nichtorganisierten ist die Durchsetzung und Organisation einer Vorenthaltung der Arbeitsleistung praktikabel. Damit werden beispielsweise Existenz und Bestand der Gewerkschaft im Betrieb selbst für die Gestaltung einer effektiven Gewerkschaftspolitik vorausgesetzt. Empirische Untersuchungen über den Ablauf von Streikgeschehen[16] weisen stets darauf hin, daß gerade *der Betrieb* als unmittelbarer Ort des Streikgeschehens mit seinen organisationsstrukturellen Determinanten maßgeblich für den Erfolg von Kampfaktionen ist.

Liegen die entsprechenden Voraussetzungen nicht vor, verliert die Vorenthaltung der Arbeitsleistung, also der Streik, zumindest an Gewicht, sie ist in bestimmten Fällen sogar faktisch überhaupt nicht mehr realisierbar. Dies gilt etwa dann, wenn die Gewerkschaft in einem Betrieb noch nicht verankert ist. Eine Mobilisierung der Belegschaft *von außen her* stößt auf praktisch nicht zu überwindende Schwierigkeiten hinsichtlich Information und Solidarisierung der anzusprechen-

---

[16] Vgl. etwa *Dzielak u. a.*, Belegschaften, S. 409 ff., 473 ff., 484 ff., 491 ff.

den Arbeitnehmer[17]. Sie ist wirkungsvoll alleine durch die Vertrauensleute der Gewerkschaft durchführbar, die insbesondere in der Phase des aktiven Streikgeschehens selbst die unumgänglichen organisatorischen Maßnahmen lenken und koordinieren können[18].

Für die Stärke einer gewerkschaftlichen Vertretung sind wiederum bestimmte Faktoren mitentscheidend. Druckausübung durch kollektive Verweigerung der Arbeitsleistung ist auch beispielsweise eine Frage der *Kontinuität* innerhalb der Belegschaft. In Branchen kurzfristiger Arbeitsverträge und häufig wechselnder Belegschaft sind den gewerkschaftlichen Einflußmöglichkeiten enge Grenzen gesetzt. Hier ist auch die Effektivität der Zurückbehaltung der Arbeitsleistung nicht besonders hoch einzuschätzen: Der Arbeitgeber kann etwa bei sehr kurzen Kündigungsfristen die Belegschaft recht schnell auswechseln und auf diese Weise ein einheitliches solidarisches Vorgehen im Arbeitskampf, aber auch bereits bei dessen Vorbereitung, unterbinden. Schließlich spielt auch die soziologische Zusammensetzung der Belegschaft eine entscheidende Rolle, was sich — negativ — etwa in der Seeschiffahrt bezüglich der arbeitsrechtlich unerfahrenen Seeleute aus Billigstlohnländern gezeigt hat.

Determinante einer wirksamen Druckausübung über den Produktionsbereich ist auch der *Ort der Arbeitsleistung*. So läßt etwa eine fehlende oder wechselnde Betriebsstätte ein konzentriertes Vorgehen der Arbeitnehmerseite im Wege der Arbeitszurückbehaltung — besonders aber eine effektive Vorbereitung einer solchen — zumeist scheitern. Erst auf dem Boden einer auf gewisse Dauer angelegten betrieblichen Gemeinschaft der Arbeitnehmer ist solidarisches Kollektivhandeln überhaupt möglich und effektiv. Die betriebliche Verbundenheit der Arbeitnehmer setzt allerdings eine entsprechende räumliche und örtliche Kontinuität der Produktion voraus, die beispielsweise gerade bei einer internationalen Dimension des arbeitgeberischen Geschäftsbereiches nicht gegeben ist.

Die genannten Faktoren fördern im Resultat die Erkenntnis zutage, daß die gewerkschaftliche Druckausübung durch Einflußnahme auf die Produktionssphäre vom Vorliegen bestimmter Voraussetzungen abhängt. Fehlen diese, ist eine entsprechende wirksame Einflußnahme auf den Gegenspieler auf diesem Wege nicht oder zumindest nicht stets möglich.

Für solche Fälle wird eine Verlagerung der Kampfebene auf den Güterumsatzmarkt als alleinige oder wenigstens unterstützende Kampf-

---

[17] Zur Frage gewerkschaftlicher Betätigungsmöglichkeiten im Betrieb vgl. *Däubler*, Gewerkschaftsrechte, S. 105 ff.; zum Zutrittsrecht vgl. *Klosterkemper*, S. 91 ff.; *Reuter* ZfA 1976, 107 ff.; *Säcker*, Zutrittsrecht, S. 7 ff.

[18] Zu deren Rolle vgl. etwa *Dzielak u. a.*, Belegschaften, S. 350, 353 ff.

form unentbehrlich, wenn Druck durch *eigene* Aktionen bewirkt werden soll. Störungen der Außenbeziehungen des Kampfgegners sind aber vor allem über die Verhinderung des Umsatzes der von diesem produzierten Güter oder Dienstleistungen praktikabel. Dies geschieht über das Kampfmittel des Boykotts, dessen Inhalt es gerade ist, Dritte zur Kooperationsverweigerung gegenüber dem Kampfgegner zu bewegen.

Für Kampfmaßnahmen auf der Ebene des Güterumsatzes stellt sich daher der Boykott als *erforderliches* Kampfmittel dar, um eine wirksame Koalitionszweckverfolgung zu gewährleisten.

Mit der sonach zumindest für bestimmte faktische Konstellationen festgestellten „Erforderlichkeit" des Kampfmittels Boykott ist dessen Zulässigkeit jedoch nicht abschließend geklärt. Für die Komplettierungs*direktiven* kann das insoweit gefundene Resultat ausreichen, um eine — wenigstens sektorale — generelle „Erforderlichkeit" zu bejahen. Da das Kampfmittel Boykott aber auch fremde Rechte tangiert, ist die endgültige Bestimmung der „Erforderlichkeit" nicht ohne Blick auf diese Rechte Dritter möglich. Die „Erforderlichkeit" eines solchermaßen wirkenden Kampfmittels ist nicht alleine aus diesem selbst heraus zu bestimmen, sondern fragt auch nach der *Erforderlichkeit der gegnerischen Rechtsbeeinträchtigung.* Der Bezugspunkt der fremden Rechte wird daher eine *endgültige* Aussage zur „Erforderlichkeit" des Boykotts erlauben, die dann auch Elemente des „Übermaßverbotes" einbezieht[19].

III. Gewährleistungsumfang der Normkomplettierung

Ist unter den genannten Aspekten der Boykott als innerhalb der komplettierten Norm des Art. 9 Abs. 3 GG befindlich qualifiziert worden, so ist nunmehr noch offen, welcher der in Art. 9 Abs. 3 GG erkannten Gewährleistungsschichten er zuzuordnen ist.

1. Der Boykott im Sektor der Mindestkomplettierung als Kernbereichsgewährleistung

Bei der Ermittlung des Umfanges des Kernbereiches im Sinne der Mindestkomplettierung[20] wurde offengelassen, ob die Formel der „Unerläßlichkeit" der Betätigung als hinreichendes Kriterium der Bereichsbestimmung gelten kann. Auch für die jetzige Fragestellung kann eine Entscheidung hierüber dahinstehen, wenn der Boykott — zumindest sektoral — ohnehin dem Maßstab der „Unerläßlichkeit" genügen würde.

---

[19] Hierzu unten, § 6, III, 2.

[20] Oben, § 5, III, 4, a, bb).

Geht man mit *Konzen*[21] zunächst davon aus, daß das „Unerläßlichkeitskriterium“ dem Bereich der Kollision einer existentiellen Koalitionsbetätigung mit Rechten anderer zuzuordnen ist, so ist diese Prämisse für den Sachkomplex *Arbeitskampf* sicher gegeben: Dieser ist unerläßliche Voraussetzung einer wirksamen Koalitionszweckverfolgung. Bezüglich dessen Kollision mit den Rechten des kampfbetroffenen Arbeitgebers ist dann — mit Blick auf das spezielle Arbeitskampfmittel Boykott — die Unerläßlichkeit nach der hier vertretenen Auffassung in der Richtung zu prüfen, ob eine etwaige Schrankenziehung gegenüber der arbeitskampfmäßigen Betätigung also das *Minimum* dieser Betätigungsfreiheit beließe[22]. Konkreter: Eine Schrankenziehung des Inhalts, das Arbeitskampfmittel Boykott zu versagen, müßte daraufhin geprüft werden, ob in diesem Falle ein wirksamer Arbeitskampf noch geführt werden könnte.

Dies aber muß jedenfalls für bestimmte Sektoren verneint werden. Nach den im Rahmen der Erforderlichkeitsprüfung erzielten Ergebnissen[23] stellt der Boykott für bestimmte Kampfkonstellationen das einzige *wirksame* Kampfmittel dar. Dies ist in all jenen Fällen anzunehmen, in denen die bereits genannten Prämissen einer effektiven Streikdurchführung nicht oder nicht in ausreichendem Maße gegeben sind. Den auf Seiten der Gewerkschaft als maßgeblich bezeichneten Faktoren ist dabei auf der Arbeitgeberseite deren organisatorische Struktur als Determinante einer Streikmöglichkeit hinzuzufügen. Ein tarifrechtlich verantwortlicher Arbeitgeberverband mit hohem Organisationsgrad verbreitert in der Regel die Kampfmöglichkeit der Arbeitnehmerseite durch Streikmaßnahmen, während eine zersplitterte Verbandsstruktur mit relativ zahlreichen Außenseiter-Arbeitgebern eher ein Ausweichen auf andere Kampfmittel notwendig macht.

Für so gekennzeichnete Arbeitskampfkonstellationen stellt sich der Boykott als einzig mögliche Form einer *wirksamen Koalitionszweckverfolgung* dar; er ist insofern für diese „unerläßlich“, und zwar unabhängig davon, wie dieses Kriterium material ausgefüllt wird. Im Sinne des Komplettierungsauftrages ist damit der Boykott für diese Bereiche als *Mindestkomplettierung* zu qualifizieren. Er befindet sich damit im *Kernbereich* des Art. 9 Abs. 3 GG; eine Schrankensetzung ist insofern generell verwehrt, da die Mindestkomplettierung absoluten Vorrang vor etwa entgegenstehenden Rechten kampfbetroffener Dritter innehat.

---

[21] *Konzen*, Anm. AP Nr. 28, 29 zu Art. 9 GG.

[22] In diesem Sinne auch *Säcker*, Anm. AR-Blattei Berufsverbände, Entsch. 14/16, unter III, 1.

[23] Oben, § 6, II, 2.

Positiv gewendet muß das Prädikat der Mindestkomplettierung Konsequenzen auch für die Qualifizierung der Einzelakte eines solchermaßen im Kernbereich des Art. 9 Abs. 3 GG befindlichen Boykotts ergeben. Auch hier ist eine Harmonisierung dieser verfassungsrechtlichen Wertung mit der zivilistischen Dogmatik vorzunehmen. Deren Einzelresultate sollen im Zusammenhang mit der speziellen Bewertung der Boykottgeschehen erörtert werden[24].

2. Gewährleistung des Boykotts im Normbereich des Art. 9 Abs. 3 GG

Außerhalb der soeben zugrundegelegten Kampfkonstellationen stellt der Boykott nicht das *einzig wirksame* Kampfmittel im Rahmen von Arbeitskämpfen dar, so daß die Funktion einer Mindestkomplettierung für diese Sektoren nicht angenommen werden kann. In diesem Bereich ist der Boykott für die Durchführung eines gewerkschaftlichen Arbeitskampfes nicht konstitutiv.

Dies bedeutet jedoch nicht, daß der Boykott jenseits der Mindestkomplettierung prinzipiell versagt wäre. Der Schutzbereich des Art. 9 Abs. 3 GG endet nicht bereits an seinem Kernbereich, Art. 9 Abs. 3 GG schützt die Betätigungsfreiheit umfassend, wenngleich nicht unbegrenzt[25]. Für diesen „Normbereich" des Art. 9 Abs. 3 GG ist der Gewährleistungsumfang für den arbeitskampfrechtlichen Boykott mit Blick auf den Komplettierungsauftrag einerseits und Eingriffsmöglichkeiten zum Schutz von Rechten Dritter andererseits zu ermitteln.

a) Aussagegehalt des Grundsatzes der freien Kampfmittelwahl

Ein Präjudiz für die diesbezüglichen Überlegungen wäre allerdings in Richtung der prinzipiellen Zurverfügungstellung des Kampfmittels Boykott dann gegeben, wenn sich ein *Nebeneinander von Kampfmitteln* mit dem Ergebnis einer Wahlmöglichkeit für die Gewerkschaft als Mitinhalt der Arbeitskampffreiheit des Art. 9 Abs. 3 GG darstellte.

In diesem Sinne wäre an das Postulat der „Freiheit der Kampfmittelwahl" zu denken. Ein Grundsatz dieses Inhaltes wird überwiegend anerkannt, dabei allerdings höchst unterschiedlich ausgedeutet. Ausgangspunkt ist vielfach die Äußerung des Bundesverfassungsgerichts[26], nach der die Koalitionsfreiheit den Koalitionen die „Wahl der Mittel" überlasse, die sie zur Erreichung ihres Zweckes für geeignet halten. Auch das Bundesarbeitsgericht[27] spricht sich für diesen Grund-

[24] Vgl. unten §§ 9, 10.

[25] Vgl. oben, § 5, III, 4, b, bb), sowie die Nachweise § 5 Fn. 117.

[26] BVerfGE 18, 18 (32).

satz, bisweilen unter der Etikettierung „Kampffreiheit", aus. In der Literatur haben sich besonders *Nipperdey / Säcker*[28] zu diesem Prinzip bekannt und den Koalitionen die Freiheit zugestanden, das für sie wirkungsvollste Kampfmittel zu ergreifen.

Demgegenüber wird eine so verstandene Typenfreiheit von einem Teil der Literatur abgelehnt, mindestens aber relativiert[29]. So spricht auch etwa *Seiter* zum Teil von einem „rechtspolitischen Programmsatz"[30] und reduziert den Grundsatz an anderer Stelle[31] darauf, daß individualrechtlich erlaubtes Verhalten nicht dadurch unzulässig werde, daß es kollektiv ausgeübt wird. *Konzen*[32] bezieht sich bei der Ablehnung der Freiheit der Kampfmittelwahl auf *privilegierte* Arbeitskämpfe und vertritt damit in der Sache die letztgenannte These *Seiters* von einer anderen Warte her.

Insgesamt gesehen krankt die Behandlung dieses „Prinzips" an der wenig präzisen Fragestellung selbst, die nicht deutlich genug werden läßt, *welche* Freiheit mit dem Grundsatz angesprochen werden soll. Die Eckpunkte der Problematik lassen sich jedenfalls abstecken: Es existiert kein Numerus clausus von Kampfmitteln, aber ebensowenig ein Verfassungsauftrag zur Installierung einer Vielzahl privilegierter Kampfinstrumente als *Sachverhaltsgarantie*. Die zur Druckausübung *geeigneten, wirksamen und erforderlichen* Mittel sind zur Verfügung zu stellen und gegebenenfalls zu privilegieren. Innerhalb des so entstehenden Kampfinstrumentariums besteht Wahlfreiheit für die Koalition; das allein kann Sinn des Freiheitsrechts des Art. 9 Abs. 3 GG sein[33].

Auch eine exaktere Analyse des Kontextes der Äußerung des Bundesverfassungsgerichts von der „Wahl der Mittel"[34] läßt kein weitergehendes Ergebnis zu. Dort handelte es sich nicht um die Bewertung der Frage, *wie weit* Art. 9 Abs. 3 GG ein bestimmtes Mittel der Koalitionsbetätigung schützt, sondern um die völlig anders gelagerte Problematik, ob die Festlegung einer Koalition auf bestimmte Kampfmittel, hier speziell den Arbeitskampf, für die Koalitionseigenschaft konsti-

---

[27] BAG AP Nr. 1 zu Art. 9 GG Arbeitskampf, Bl. 8 R; BAG AP Nr. 44 zu Art. 9 GG Arbeitskampf, Bl. 7 R; gerade auf den Boykott bezogen: BAG AP Nr. 6 zu § 1 TVG Form.

[28] *Hueck / Nipperdey*, II, 2, S. 929 m. w. Nachw.

[29] Vgl. *Konzen*, AcP 177, 473 (500 f.); *Zöllner*, Festschrift für Bötticher, S. 427 ff.

[30] *Seiter*, Streikrecht, S. 144.

[31] *Seiter*, Arbeitskampfparität, S. 45.

[32] *Konzen*, AcP 177, 473 (500 f.).

[33] Auf den Zusammenhang mit dem Charakter des Art. 9 Abs. 3 GG als Freiheitsrecht weist auch *Seiter*, Streikrecht, S. 142, hin.

[34] BVerfGE 18, 18 (32).

tutiv sein kann. Mit der These von der „Wahl der Mittel“ hat das Bundesverfassungsgericht ersichtlich nur feststellen wollen, daß ein *Zwang zur Wahrnehmung bestimmter Mittel* seiner Auffassung nach innerhalb des Art. 9 Abs. 3 GG nicht bestehe. Eine Übertragung der bloßen Terminologie auf die *Zulässigkeit* von Kampfformen ist schon von der Systematik her verwehrt.

Insgesamt ergibt sich daher, daß dem Grundsatz der freien Kampfmittelwahl im oben beschriebenen Sinne kein Auftrag zur Verfügungstellung unterschiedlicher Kampfmittel entnommen werden kann. Über die *Zulässigkeit* bestimmter Kampfmittel vermag er keine Aussagen zu leisten[35].

b) Die Kollisionslösung von Normkomplettierung und Schutz der Rechtspositionen des Arbeitgebers unter Beachtung des Übermaßverbotes

Fehlt es danach an Lösungsvorgaben durch ein Prinzip der Kampfmittelfreiheit, so verbleibt es im „Normbereich“ des Art. 9 Abs. 3 GG bei dem kontradiktorischen Verhältnis zwischen Normkomplettierungsauftrag und dem Schutz der kampfbetroffenen arbeitgeberseitigen Rechtspositionen. Deren Kollision ist nach Maßgabe der genannten[36] Kriterien zu lösen; einschlägige spezielle grundrechtsprägende Normen für diese Frage sind nicht ersichtlich. Zunächst empfiehlt sich eine Konturierung der gegenüberstehenden Positionen.

aa) Positionsbestimmung der Art. 9 Abs. 3 GG innewohnenden arbeitnehmerseitigen Koalitionsbetätigungsfreiheit

Auf seiten der Koalitionsbetätigung fällt die Funktion des Arbeitskampfes für eine wirksame Koalitionszweckverfolgung ins Gewicht. Mit der verfassungsrechtlichen Anerkennung der Koalitionsfreiheit korrespondiert, zumindest funktional, die Möglichkeit koalitiver Betätigung mittels Arbeitskampfs. Dabei wäre es grundrechtssystematisch nicht überzeugend, die Koalitions*betätigungs*garantie nur als schwächer geschützten Annex der „primär“ mit Verfassungsrang garantierten Koalitions*bildungs*garantie zu begreifen und einer weitgehenden Einschränkung zugänglich zu machen[37]. Die prinzipiell anerkannte Ausgangsprämisse, nach der die Koalitionsfreiheit ohne eine Koalitionsbetätigungsgarantie leerliefe, fordert als unabweisbare Konsequenz auch die gleichrangige Einbeziehung letzterer in den Schutzbereich des

---

[35] Vgl. auch *Seiter*, Streikrecht, S. 143.

[36] Oben, § 5, III, 4, b, cc), dd).

[37] So aber *Seiter*, Arbeitskampfparität, S. 90; vgl. auch *Konzen*, AcP 177, 473 (507 f.).

Art. 9 Abs. 3 GG mit der Folge, daß auch für diese die gleiche Schrankensystematik gelten muß.

Mit der Fixierung der Koalitionsfreiheit in Gestalt der Arbeitskampffreiheit als Grundrechtsposition auf der Arbeitnehmerseite muß deren materielles Substrat gekennzeichnet werden. Der funktionale Grundcharakter des Arbeitskampfes als Mittel zur Druckausübung weist hier die Richtung: Die Arbeitskampffreiheit muß eine qualifizierte Möglichkeit zur Druckausübung auf die Gegenseite eröffnen. Dieser Druck muß effektiv sein und den Gegner in einem Umfang treffen, der eine Realisierung eigener Forderungen in einem überschaubaren Zeitraum wahrscheinlich, zumindest aber möglich werden läßt. Er muß andererseits mit Mitteln erreichbar sein, die für die durchführende Gewerkschaft *praktikabel* sind, also ihren organisatorischen und finanziellen Fähigkeiten Rechnung tragen.

Zusammengefaßt streitet für die Arbeitnehmerseite die Effektuierung der verfassungsrechtlich gewährleisteten Koalitionsfreiheit in Gestalt der Arbeitskampfgarantie.

bb) Positionsbestimmung der entgegenstehenden Arbeitgeberrechte

Kontradiktorisches Rechtsgut auf seiten des kampfbetroffenen Arbeitgebers ist dessen Eigentumsrecht an den Produktionsmitteln. Für die rechtliche Bewertung ist dieses Recht in dem Institut des „Rechts am eingerichteten und ausgeübten Gewerbebetrieb“ verkörpert, das seine verfassungsrechtliche Legitimation aus Art. 14 GG erfährt. Dieses schützt nach Meinung des Bundesverfassungsgerichts nicht nur die Substanz, sondern auch die Funktionsfähigkeit des Unternehmens[38].

Diese aus Art. 14 GG sich ergebende Rechtsposition des Arbeitgebers ist von ihrer Struktur her als *Rahmenrecht* verfaßt. Das bedeutet, daß der Inhalt des Rechts nicht bereits fixiert und abschließend statisch angelegt ist, sondern vielmehr ein prinzipieller *Schutzkern* von einem Bereich umgeben ist, dessen etwaige Verletzung im Wege der Abwägung mit den entgegenstehenden Rechtspositionen des Eingreifenden positiv zu bestimmen ist[39].

Diese Rahmenrechtsstruktur ist normativ bereits in Art. 14 Abs. 1 GG angelegt, der eine Inhalts- und Schrankenbestimmung des Eigentumsrechts vorsieht.

Das Rechtsgut des Eigentums des Arbeitgebers im Sinne des rahmenrechtlich verfaßten Unternehmensrechtsschutzes steht der Koalitionsfreiheit demgemäß als nichtstarre Antipode gegenüber.

[38] BVerfGE 14, 263 (279); BVerfGE 50, 290 (344 ff.).

[39] Vgl. insbesondere *Fikentscher*, Schuldrecht, S. 634 ff.

cc) Kollisionslösung unter Beachtung des Übermaßverbotes

Die sodann vorzunehmende Kollisionslösung richtet sich nach den bereits dargelegten[40] Methoden, wobei der Charakter des gegenüber der Koalitionsfreiheit antipodischen Rechtsgutes als *Rahmenrecht* zu berücksichtigen ist.

Für die Kollisionslösung wird darüber hinaus allerdings auch das *Übermaßverbot* relevant. Dieses Rechtsprinzip, auf das noch spezieller einzugehen sein wird[41], gilt seit dem Beschluß vom 21. 4. 1971[42] für das Bundesarbeitsgericht als eine Säule des Arbeitskampfrechts. Es wird allerdings höchst unterschiedlich interpretiert und angewandt[43], so daß es zunächst einer Konkretisierung dieses Grundsatzes für den hier einschlägigen Gebrauch bedarf.

Bei der Feststellung des Gewährleistungsumfanges des Arbeitskampfes gegenüber Rahmenrechten Dritter wird das „öffentlich-rechtliche Übermaßverbot"[44] relevant, das primär auf staatliche Eingriffe in Grundrechtsbetätigungen bezogen ist und insoweit als „Schranken-Schranke"[45] fungiert. Greift der Gesetzgeber mit Blick auf die Rechtspositionen der Kampfbetroffenen einschränkend in die grundrechtlich abgesicherte Kampffreiheit ein, so steht diese Schrankensetzung unter dem Gebot, keine „übermäßigen" Begrenzungen der Koalitionsfreiheit vorzunehmen[46], sondern nur solche, die zum Schutze der Rechtsgüter der kampfbetroffenen Arbeitgeber geboten sind. Aus der erwähnten prinzipiellen Eingriffsfestigkeit des Kernbereichs im Sinne der Mindestkomplettierung ergibt sich damit zugleich, daß bezüglich in diesem Sektor geschützter Betätigungen das Übermaßverbot ohnehin irrelevant ist.

---

[40] Oben, § 5, III, 4, b, dd).

[41] Unten, § 8.

[42] BAG AP Nr. 43 zu Art. 9 GG Arbeitskampf.

[43] Eher ablehnend etwa *Däubler*, JuS 1972, 642 ff.; *ders.*, ZfA 1973, 201 (203); *ders.*, Arbeitsrecht, Bd. 1, S. 139; *Däubler / Hege*, Koalitionsfreiheit, S. 111; *Hoffmann*, in: Kittner (Hrsg.), Streik und Aussperrung, S. 76; *Joachim*, in: Kittner (Hrsg.), Streik und Aussperrung, S. 27 ff.; *Meyer*, ZRP 1974, 253 ff.; *Reuß*, AuR 1971, 353 ff.; *ders.*, AuR 1975, 289 ff.; *Wohlgemuth*, S. 102 ff. m. w. Nachw. Eher grundsätzlich zustimmend beispielsweise: *Konzen*, AcP 177, 473 (510 ff.); *Löwisch*, ZfA 1971, 319 ff.; *Reuter*, JuS 1973, 284 (286 f.); *ders.*, RdA 1975, 275 (279 ff.); *Richardi*, RdA 1971, 334 (336, 342); *ders.*, NJW 1978, 2057 (2059 ff.); *Scheuner*, RdA 1971, 327 (329); *Seiter*, Streikrecht, S. 146 ff. m. w. Nachw.; *ders.*, Arbeitskampfparität, S. 88 ff.

[44] Dies trennt *Seiter*, Streikrecht, S. 148 ff., zutreffend vom privatrechtlichen Übermaßverbot.

[45] *Säcker*, GewMH 1972, 287 (297).

[46] *Isensee*, Beamtenstreik, S. 25; *Säcker*, GewMH 1972, 287 (296 ff.); *W. Weber*, Koalitionsfreiheit, S. 38; vgl. auch *Seiter*, Streikrecht, S. 149; Seiter will das Übermaßverbot aber auch bereits bei der *Schaffung* der Kampfmittel selbst zur Anwendung bringen.

Für die den Grundsätzen des Übermaßverbotes Rechnung tragende Kollisionslösung zwischen der Arbeitskampffreiheit des Art. 9 Abs. 3 GG und dem Recht am Gewerbebetrieb des Arbeitgebers aus Art. 14 GG wird dann eine weitere Vorgabe relevant. Eine solche Kollisionslösung ist nämlich bereits für das Arbeitskampfmittel *Streik* erfolgt. Deren Resultat ist die Anerkennung des Primats des Streikrechts und gleichzeitige Ablehnung des Vorliegens eines „Eingriffs" in das Rahmenrecht am Gewerbebetrieb. Der — nach allgemeinen arbeitsrechtlichen Grundsätzen — zulässige Streik stellt nahezu unbestrittenermaßen keinen rechtswidrigen Eingriff in das Recht am Gewerbebetrieb dar. Damit ist klargestellt, daß das Recht am Unternehmen prinzipiellen Einschränkungen durch die Arbeitskampfbefugnis der Gewerkschaft zugänglich ist und letzterer — jedenfalls in den Grenzen des zulässigen Streiks — der Vorrang gebührt.

Für die vorzunehmende Kollisionslösung hinsichtlich des Boykotts ist nun weiter davon auszugehen, daß innerhalb des hier einschlägigen „Normbereichs" des Art. 9 Abs. 3 GG der Boykott *nicht* die *Mindestkomplettierung* selbst darstellt und insofern gerade nicht dem Kernbereichsschutz unterfällt. Kennzeichen des (bloßen) Normbereichs ist es gerade, daß *andere* Kampfmittel, insbesondere der Streik, in diesem Sektor ebenfalls *möglich* und auch *wirksam* sind. Ist aber für diesen Sektor der Streik — und dieser prinzipiell im *Kernbereich* — geschützt, so ist diesbezüglich die auch dort vorzunehmende Kollisionslösung im Projektionspunkt der Rechte Dritter zugunsten der Arbeitskampffreiheit mittels des Streiks bereits erfolgt.

Für die Kollisionslösung im Projektionspunkt des Boykotts resultiert daraus die Erkenntnis, daß bezüglich diesem — a maiore ad minus — ebenfalls von einem Primat gegenüber dem antipodischen Rahmenrecht des Arbeitgebers auszugehen ist, wenn er *geringfügiger* als der (Voll-)-Streik in diesen Rechtskreis eingreift. Dieser Schluß gilt bis hin zur Grenze der *identischen* Eingriffsintensität eines Boykotts. Negativ gewendet: Für den Boykott kommt ein anderes Resultat einer Kollisionslösung nur in Betracht, wenn er eine *weiterreichende* Rechtsgutsbeeinträchtigung als der (Voll-)Streik bewirkte. *Wie* dieses Resultat ausfallen würde, ist damit nicht entschieden. Es ist jedenfalls nicht ohne weiteres davon auszugehen, daß der Streik die *Obergrenze* jeder denkbaren Beeinträchtigung durch Arbeitskampf darstellt.

Vergleicht man unter diesem Gesichtspunkt die Wirkungsintensität von Boykott und Streik, so fällt auf, daß der Boykott allerdings bisweilen mit dem Attribut einer „besonderen Gefährlichkeit" belegt wird, der es in adäquater Form zu begegnen gelte[47]. Hingewiesen wird dabei

[47] Vgl. etwa *Löwisch*, RdA 1977, 356 (359 f.); *Seiter*, Arbeitskampfparität, S. 44; *Wiedemann*, Anm. AP Nr. 6 zu § 1 TVG Form, Bl. 4 R.

vielfach auf die bereits erwähnte Etikettierung des Boykotts als „schärfste Waffe" durch das Reichsarbeitsgericht[48], ansonsten erfolgt diese Annahme weitgehend unsubstantiiert und zumeist ohne Begründung.

Dieser axiomatische Ansatz ist schon deswegen nicht überzeugend, weil er einer Überprüfung an der sozialen Realität letztlich nicht standhält. Bei der Darstellung der historischen Entwicklung des Gebrauchs des Boykotts als Arbeitskampfmittel[49] hatte sich ergeben, daß die Arbeitskampfstatistik für die Nachkriegsperiode nur ein äußerst spärliches Auftreten des Boykotts ausweist; die höchstrichterliche Rechtsprechung beschäftigt sich überhaupt nur in einem einzigen Fall mit einem arbeitskampfrechtlichen Boykott[50]. Als typisches Arbeitskampfmittel der Arbeitnehmerseite dominiert eindeutig der Streik in seinen unterschiedlichen Formen. Auch in denjenigen Ländern, in denen der Boykott als Arbeitskampfmittel eine größere Rolle spielt, etwa in den USA[51], wird er zumeist als streikunterstützende oder streikergänzende Maßnahme eingesetzt; im Ergebnis also nur dann, wenn — wegen der tariflichen und „arbeitskampftechnischen" Besonderheiten — der Streik selbst keinen hinreichenden Erfolg verbürgt.

Angesichts dieser empirischen Daten über die Häufigkeit des Einsatzes des Boykotts wäre die These der „besonderen Gefährlichkeit" nur haltbar, wenn man den Gewerkschaften konzedierte, sie würden vom Einsatz ihrer „schärfsten Waffe" im Arbeitskampf freiwillig absehen. Die Gewerkschaften in der Bundesrepublik haben sicher das Prädikat einer äußersten Zurückhaltung hinsichtlich von Arbeitskämpfen verdient; gleichwohl scheint die Unterstellung zu weitgehend, sie würden aus altruistischen Gründen eher einen Arbeitskampf zu verlieren riskieren als ihre „schärfsten" Mittel zum Einsatz bringen. Der Streik ist ganz offensichtlich die *in der Regel* wirksamere Waffe der Arbeitnehmerseite, der Boykott typischerweise weniger erfolgversprechend: Einen anderen Schluß läßt die soziale Faktizität kaum zu. Die These von der „besonderen Gefährlichkeit" ist daher schon empirisch kaum haltbar.

Aber auch die Analyse des Einzelgeschehens bestätigt die Gefährlichkeitsthese nicht. Der Boykott im ursprünglichen Sinne ist abhängig von der aktiven Solidarität Dritter, denen gegenüber in der Regel keine wirksame Einflußmöglichkeit ausgeübt werden kann. Der Aufruf etwa

---

48 RAG ARS 2, 217 (221 f.); vgl. hierzu oben, § 4, II, 2.

49 Oben, § 4.

50 BAG AP Nr. 6 zu § 1 TVG Form; BAG AP Nr. 34 zu Art. 9 GG Arbeitskampf liegt thematisch immerhin nahe.

51 Vgl. schon *Schwittau*, S. 240; instruktiv auch *Biedenkopf*, Unternehmer, S. 104 ff.

zu einem Kundenboykott gegenüber einem Unternehmen oder bloß einer Ware ist zwar durch die erheblichen Kommunikationsmöglichkeiten unserer Zeit weithin *verbreitbar*, hinsichtlich seines Erfolges allerdings in gleich hohem Maße vage[52]. Zum einen ist unter den Bedingungen einer durch ein Höchstmaß an Konsum gekennzeichneten Gesellschaft mit einem breiten Spektrum sozialer Verflechtungen und Abhängigkeiten eine entsprechend notwendige Solidaraktion ohnehin nur schwer erreichbar. Zum anderen stehen dem Kampfgegner eben jene Kommunikationsmöglichkeiten in gleicher, bei bestimmter Medienstruktur eher stärkerer Weise offen, so daß ihm bereits auf diesem Sektor — also ohne Rückgriff auf binnenbetriebliche oder marktbezogene Maßnahmen — eine Reaktion möglich ist.

Das Postulat einer „besonderen Gefährlichkeit" des Boykotts als Arbeitskampfmittel ist danach empirisch nicht nachweisbar und auch bei der Einzelanalyse des Kampfgeschehens nicht verifizierbar. Es handelt sich vielfach um eine eher unreflektiert übernommene Etikettierung, die auf gänzlich unterschiedlichem faktischem und rechtlichem Boden entstanden ist, die offenläßt, auf welchen empirischen Daten diese Einschätzung beruht und welcher Vergleichsmaßstab sie tragen soll.

Wenn der Arbeitgeber beim *Vollstreik* die völlige Unterbindung seiner Produktion hinzunehmen hätte, aufgrund dieser keine Produkte mehr anbieten und verkaufen könnte, so ist nicht ersichtlich, daß dieser Tatbestand schwerer wiegen soll, wenn er als Resultat von Maßnahmen alleine auf dem Güterabsatzmarkt selbst eintritt.

Als Ergebnis des Vergleichs der Wirkungen der Kampfmittel Boykott und Streik ergibt sich damit, daß der Boykott im Grundsatz keine weiterreichenden Eingriffe in das Recht am Gewerbebetrieb hervorruft als der (Voll-)Streik selbst. Letzterem aber steht bei eigener Kollisionslösung der Primat gegenüber dem Rahmenrechtsschutz unstreitig zu; im hier zugrundegelegten „Normbereich", wo also Streik und Boykott gleichermaßen möglich und wirksam sind, kann für den Boykott kein anderes Resultat gelten. Für die *Kollisionslösung*[53] ergibt sich damit eine Gewährleistung des Boykotts auch im „Normbereich" des Art. 9 Abs. 3 GG. Angesichts der allenfalls gleichrangigen Eingriffsintensität des Boykotts würde eine gegenüber seiner Anwendung gezogene gesetzliche Schranke dem „Übermaßverbot" unterfallen.

Für dieses Ergebnis spricht entscheidend auch der Charakter des Art. 9 Abs. 3 GG als Freiheitsrecht. Die von verfassungswegen gewähr-

---

[52] Vgl. nur die allenfalls partielle Effektivität der neuen Stromzahlungsboykotte als Protest gegen Atomkraftwerke; z. B. AG Stuttgart, JZ 1979, 809.

[53] Ob dieses Ergebnis auch der Prüfung am Paritätsmaßstab standhält, wird zu untersuchen sein; vgl. unten § 7.

leistete Tarifautonomie weist bei staatlicher Zurückhaltung prinzipiell den Koalitionen die Befugnis zu, primär über die ihnen eigenen Mittel zu bestimmen und autonom darüber zu befinden, *wie* sie ihren Koalitionszweck verfolgen wollen. Daß damit kein „unbegrenzter Handlungsspielraum" und auch keine unbegrenzte Kampfmittelwahl eröffnet sind, ist bereits dargelegt. Sicher ist damit aber vorausgesetzt, daß *innerhalb* des Rahmens der staatlicherseits — zulässigerweise — zu ziehenden Grenzen den Koalitionen der Primat bei der Auswahl der zur Wahrnehmung ihrer Funktionen anzuwendenden Mittel zusteht. Aus der dem Freiheitsrechtscharakter des Art. 9 Abs. 3 GG zugeordneten Kampffreiheit folgt zwingend, daß den Koalitionen zuerkannt werden muß, die Wahl ihrer Mittel — im anerkannten Bereich — selbst vorzunehmen. Die verfassungsrechtlich garantierte Tarifautonomie verwehrt eine unlegitimierte Beschränkung dieser Freiheit der Koalitionen.

IV. Ergebnis

Der Garantiebereich des Art. 9 Abs. 3 GG umfaßt prinzipiell auch das Arbeitskampfmittel Boykott. Dieser ist im „Kernbereich" des Art. 9 Abs. 3 GG — eingriffsfest — geschützt, wenn er die einzige Möglichkeit wirksamer Druckausübung für die Gewerkschaft darstellt, also im Sinne des Komplettierungsauftrags die Normmindestkomplettierung bedeutet. Auch außerhalb des Kernbereichs befindet sich der Boykott im — graduell schwächeren — Normbereichsschutz, da eine Kollisionslösung gegenüber den Rahmenrechten des Arbeitgebers zugunsten des Kampfmittels Boykott ausfällt. Ob und inwieweit diese generelle Einbeziehung des Boykotts innerhalb Art. 9 Abs. 3 GG einer Korrektur im Hinblick auf *Paritätsüberlegungen* bedarf, wird anschließend zu untersuchen sein.

§ 7 Boykott und Paritätsmaßstab

Nach nahezu einhelliger Ansicht liegt der Tarifautonomie ein Prinzip der „Parität" der Koalitionen zugrunde, das auch für den *Arbeitskampf* bestimmend ist. Für das soeben grundsätzlich dem Schutzbereich des Art. 9 Abs. 3 GG zugeordnete Arbeitskampfmittel Boykott ist demnach eine Prüfung auch am Maßstab der Parität vorzunehmen.

I. Systematik des Paritätsgrundsatzes

1. Funktion und Inhalt des Paritätsgrundsatzes

a) Funktionsbestimmung und Legitimationsbasis des Paritätsgrundsatzes

Für die überwiegende Ansicht in der Literatur[1] bildet die ratio des Art. 9 Abs. 3 GG[2] die Legitimationsbasis für die Ableitung des Prinzips der Koalitionsparität.

Der Koalitionsfreiheit wird der Sinn zugrundegelegt, daß den Koalitionen auf Arbeitnehmer- und Arbeitgeberseite die Befugnis zur autonomen Regelung der Arbeits- und Wirtschaftsbedingungen unter Ausschluß staatlicher Intervention zuerkannt wird. Das Koalitionsrecht des Art. 9 Abs. 3 GG ist danach auf der Grundlage von Koalitionsgegensatz und Koalitionseinigung angelegt[3]. Die Koalitionen der Arbeitnehmer und Arbeitgeber sollen im Wege einer kontradiktorischen Auseinandersetzung die „Arbeits- und Wirtschaftsbedingungen" autonom gestalten; dies durch privatrechtliche Verträge, die allerdings wegen der erkannten Funktionsuntauglichkeit der Privatautonomie beim Individualarbeitsvertrag aufgrund des typischen „Machtgefälles" zwischen Arbeit-

---

[1] Vgl. für viele nur: *Krejci*, S. 48 ff.; *Raiser*, Aussperrung, S. 59 ff.; *Rüthers*, Rechtsprobleme, S. 70 ff.; *Säcker*, Gruppenparität, S. 112 ff.; *Seiter*, Streikrecht, S. 171, bes. Fn. 74; *Zöllner*, Aussperrung, S. 24 ff.

Vgl. jedoch demgegenüber *Zachert / Metzke / Hamer*, S. 213 ff.

[2] Teilweise wurde im Anschluß an BAG AP Nr. 1 zu Art. 9 GG Arbeitskampf auch auf Art. 3 Abs. 1 GG als Basis des Paritätsprinzips abgestellt; vgl. *Hueck / Nipperdey*, II, 6. Aufl., S. 47; *Brox / Rüthers*, S. 45. Vgl. hiergegen: *Evers*, S. 53 ff.; *Hoffmann*, in: Kittner (Hrsg.), Streik und Aussperrung, S. 47 (53); *H. Klein*, Koalitionsfreiheit, S. 136 ff.; *Lerche*, Zentralfragen, S. 64 ff.; *Raiser*, Aussperrung, S. 62 ff.; *Seiter*, Streikrecht, S. 160 f.; *Wohlgemuth*, S. 122; *Zachert*, AuR 1977, 1 ff.

[3] Für viele beispielsweise: *Scholz / Konzen*, § 3, A, I.

geber und Arbeitnehmer im kollektiven Raum angesiedelt werden[4]. Dabei bleibt das liberale Vertragsmodell im Grundsatz erhalten und wird bloß in die Verbandsebene projiziert; man spricht von „kollektiver Privatautonomie“[5].

Der Arbeitskampf stellt sich als Form des „antagonistischen Wettbewerbs“[6] dar, mit Hilfe dessen durch Druck auf den Gegner der Regelungskompromiß erreicht werden soll. Dem so erzielten Ergebnis der Kollektivvereinbarung kann dann die dem liberalen Vertragsmodell zugrundeliegende „Richtigkeitsgewähr“ nur dann zukommen, wenn die Auseinandersetzung auf der Grundlage eines (gewissen) Gleichgewichts geführt wird, wenn also keine Seite eine Übermacht dahingehend gewinnt, daß sie die Vertragsbedingungen weithin zu ihren Gunsten, also nicht mehr „gerecht“, gestalten kann[7]. Hierfür ist eine gleichgewichtige Kräfteverteilung zwischen beiden Parteien konstitutiv: Ein beide Seiten möglichst gleich begünstigender Kompromiß setzt, bei dem auch von der h. M. akzeptierten Antagonismus der Interessen, eben gleichermaßen mächtige Kontrahenten voraus. Der Paritätsgrundsatz ist danach in Art. 9 Abs. 3 GG selbst mit garantiert und findet dort seine verfassungsrechtliche Verankerung.

b) Inhalt des Paritätsgrundsatzes

Die Ermittlung des Inhalts des Paritätsgrundsatzes ist allerdings bereits problematisch. Angesichts der divergierenden Anwendung und der verschiedenartigen Bezugspunkte dessen Gebrauchs kann von einem unumstrittenen festen Inhalt gegenwärtig wohl kaum die Rede sein. Gerade die neuerliche Diskussion um die Aussperrung, deren Zulässigkeit im wesentlichen mit Hilfe des Paritätsgrundsatzes begründet wird, zeigt einmal mehr den blankettbegrifflichen[8] Zuschnitt dieses Grundsatzes.

Die Anwendung des Paritätsgesichtspunktes im Arbeitskampfrecht geht zurück auf den ersten Grundsatzbeschluß des Bundesarbeitsgerichts[9] zum Arbeitskampf, in dem erklärt wird, die Kampfmittel der Sozialpartner dürften nicht ungleichmäßig behandelt werden, es gelte der „Grundsatz der Waffengleichheit“[10]. In neuerer Zeit wird der Grund-

---

[4] Vgl. stellvertretend nur *Raiser*, Aussperrung, S. 65.

[5] *Scholz / Konzen*, § 5, C, I.

[6] *Scholz / Konzen*, § 5, C, I.

[7] Vgl. nur *Rüthers*, Rechtsprobleme, S. 71.

[8] Vgl. die eingehende und überaus interessante Analyse von *Pabst*, S. 103 ff.; weiterhin *van Gelder*, AuR 1969, 207: „Zauberformel“; *Rüthers*, DB 1969, 967 (969): „Leerformel“.

[9] BAG AP Nr. 1 zu Art. 9 GG Arbeitskampf.

[10] BAG AP Nr. 1 zu Art. 9 GG Arbeitskampf, Bl. 8 R.

satz der Kampfparität teilweise so formuliert, daß er „Gleichgewichtigkeit und die materielle Chancengleichheit der Tarifpartner bei Tarifverhandlungen und in Arbeitskämpfen" fordere[11]. Bereits aus dieser Kontrastierung wird ersichtlich, daß dem gleichen Begriff erheblich divergierende Inhalte unterlegt werden, wobei die unterschiedlichen Verästelungen im einzelnen, etwa die Frage der in den Vergleich einzubeziehenden Faktoren, hierbei noch nicht einmal angesprochen sind. Im wesentlichen lassen sich zwei Eckpunkte der Diskussion ausmachen.

aa) Bezugspunkt: Kampfmittel oder Verhandlungschance

Der Terminus Parität ist schon vom Begriff her isoliert nicht verständlich und auf Bezugsgrößen angewiesen. Es bedarf einer Fixierung derjenigen Komponenten, die gegeneinander ins Verhältnis gesetzt und als paritätisch befunden werden sollen.

Für den Großen Senat des Bundesarbeitsgerichts waren dies zunächst[12] die *Kampfmittel* der Arbeitnehmer und Arbeitgeber im Arbeitskampf, was durch die These von der „Waffengleichheit" belegt wird. Auf dieser Basis leitete das Bundesarbeitsgericht aus der Existenz der Kampfmittel Streik und Aussperrung ab, ein gleichgewichtiger Kampf sei möglich, da jeder Seite ein Arbeitskampfmittel zur Verfügung stehe.

Von dieser auf die Kampfmittel eingeengten Sicht löste sich die Literatur und projizierte die Kampfparität auf die Gesamtsituation: Möglichst gleiche *Verhandlungschancen* wurden als Inhalt des arbeitskampfrechtlichen Paritätsgrundsatzes erkannt[13]. Diesen Standpunkt nimmt nunmehr — jedenfalls im wesentlichen — auch die Rechtsprechung des Bundesarbeitsgerichts ein[14]. Mit den gleichen Verhandlungschancen soll sichergestellt werden, daß — auf der Ebene der Vertragsverhandlungen — keine Tarifvertragspartei der anderen von vornherein ihren Willen aufzwingen kann.

bb) Formelle oder materielle Parität

Die ursprüngliche Konzeption des Bundesarbeitsgerichts von der „Gleichheit der Waffen" war auch verbunden mit einer formellen Sicht der zu fordernden Parität, die darauf hinauslief, daß Streik und Aussperrung nach denselben *rechtlichen Regeln* zu behandeln seien. Kon-

---

[11] *Eichmanns*, RdA 1977, 135 (140); vgl. auch *Konzen*, AcP 177, 473 (527): „Gleichwertiger Einfluß bei der Tarifgestaltung".

[12] BAG AP Nr. 1 zu Art. 9 GG Arbeitskampf.

[13] Vgl. nur *Seiter*, Streikrecht, S. 159 m. w. Nachw.; vgl. auch *Konzen*, AcP 177, 473 (525).

[14] BAG AP Nr. 43 zu Art. 9 GG Arbeitskampf, Bl. 7 R, noch ohne allerdings den Begriff Kampfparität zu erwähnen; nunmehr ausdrücklich BAG, BB-Beilage Nr. 4/1980, S. 7.

kret führte dieser Ansatz etwa zu der Annahme, daß keiner Partei ein lösendes Kampfmittel zugestanden werden könne, wenn die andere Seite nur suspensiv wirkende Mittel zur Verfügung habe[15]. Für den Paritätsmaßstab entscheidend mußte danach die *rechtliche Wirkung* und *Behandlung* der Kampfmittel sein.

Mit der Verlagerung des Anknüpfungspunktes von den Kampfmitteln hin zur Verhandlungschance korrespondierte aber fast zwangsläufig die Erkenntnis, daß eine materielle Sicht der die Paritätsermittlung bestimmenden Determinanten notwendig sei. Die gegenwärtig fast einmütig verfochtene Theorie der „materiellen Kampfparität“[16] bezieht also unterschiedliche Ausgangspositionen und reale Kampfmittelwirkung, also jedenfalls bestimmte sozio-ökonomische Gegebenheiten, in ihre Prüfung der Parität der Verhandlungschance mit ein. Weitgehende Einigkeit besteht dabei auch darüber, daß die so verstandene Kampfparität *abstrakt-generell* zu betrachten sei und Machtungleichgewichte im Einzelfall nicht stets ausschalten könne[17].

2. Systematische Schwächen des generalklauselartigen Paritätsgrundsatzes

Die Inhaltsbestimmung des Paritätsgrundsatzes hat die Problematik dieses generalklauselartig verfaßten Prinzips ansatzweise bereits erkennen lassen. Dabei kann an dieser Stelle auf die *Modellgebundenheit* der Paritätsvorstellung und deren Legitimation nicht eingegangen werden[18].

Auch „modellintern“ verbleiben zahlreiche systematische Schwächen des Paritätsmaßstabes. Da „Parität“ — wie gezeigt — als Begriff keinen eigenständigen Aussagewert hat und auf Bezugsgrößen angewiesen ist, bedarf es der Festlegung eben jener Determinanten, anhand derer das Paritätsurteil zu treffen ist.

Deren Bestimmung ist allerdings nicht unumstritten. Die Schnittlinie verläuft hier nicht einmal zwischen der Vorstellung einer „formellen“ und der einer „materiellen“ Koalitionsparität, deren Verhältnis von

---

[15] So etwa *Reuß*, AuR 1963, 225 ff.

[16] *Däubler*, JuS 1972, 642 (644); *Eichmanns*, RdA 1977, 135 (137); *Frey*, AuR 1963, 301 (303); *Konzen*, AcP 177, 473 (526); *Raiser*, Aussperrung, S. 59 f.; insbes. auch *Rüthers*, JurA 1970, 85 (102 ff.); *Säcker*, Gruppenparität, S. 112 ff.; *Seiter*, Streikrecht, S. 160 ff.; *Steindorff*, RdA 1965, 253 (258); *Wohlgemuth*, S. 115 ff.; *ders.*, BB 1979, 113 ff.; *M. Wolf*, ZfA 1971, 151 (152 f.); *Zöllner*, Aussperrung, S. 29. Nunmehr auch BAG, BB-Beilage Nr. 4/1980, S. 7.

[17] *Birk*, Rechtmäßigkeit, S. 69; *Seiter*, Streikrecht, S. 163; *ders.*, Arbeitskampfparität, S. 60; *Zöllner*, Aussperrung, S. 34; vgl. auch *Raiser*, Aussperrung, S. 71 f.

[18] Vgl. hierzu kritisch: *Kittner*, GewMH 1973, 91 (95); *H. Klein*, Koalitionsfreiheit, S. 136 ff.; *Zachert / Metzke / Hamer*, S. 162 ff.

Scholz / Konzen[19] zutreffend im Sinne einer nur „bedingten Alternativität“ gekennzeichnet wird. Auch innerhalb „materieller“ Paritätsüberlegungen sind die Faktoren, die in die Fixierung der jeweiligen Machtpositionen der Gegenspieler eingehen müssen, nicht gänzlich unbestritten. Selbst die absolute Zuordnung etwa der Kampfmittelparität auf den Abschluß eines Tarifvertrages[20] schafft keine unbestrittene Ausgangsposition, sondern reduziert nur das Spektrum möglicher Argumentationsbasen um sozio-ökonomische Gesamtüberlegungen auf den — schmalen — Sektor des Tarifarbeitskampfs. Dort wiederum verbleiben durchaus gewichtige Streitfragen: die nach dem (individualen) finanziellen Risiko von Arbeitnehmern und Arbeitgebern im Arbeitskampf[21], die nach der (finanziellen) Leistungsfähigkeit der Koalitionen im Arbeitskampf[22]. Diese Fragen werden auch auf dem Boden der modellgebundenen Überlegungen unterschiedlich beantwortet, so daß auch insofern nicht von einem festen Begriffsinhalt des „Paritätsgrundsatzes“ ausgegangen werden kann.

Letzterer aber ist auch unter dem Gesichtspunkt der *Rechtsnormqualität* problematisch. Sollen aus dem „Paritätsgrundsatz“ rechtliche Konsequenzen deduziert werden, so wird dies bei einem besonders vagen Begriffsinhalt nur ungenügend berechenbar und tangiert damit sogar mittelbar rechtsstaatliche Prinzipien. Exemplarisch für diesbezügliche Gefahren kann dabei die Rechtsprechung des Bundesarbeitsgerichts zum Paritätsgrundsatz herangezogen werden, aus der in durchweg topischer, vielfach apodiktischer Weise bislang nahezu ausschließlich die Eröffnung von Befugnissen für die Arbeitgeberseite resultierte. Nach Ansicht des Bundesarbeitsgerichts ist aufgrund des Paritätsprinzips die Aussperrung gleichermaßen zulässig wie der Streik[23]. Das Paritätsprinzip gewährleistet die sukzessive Aussperrung[24] und die Aussperrung arbeitswilliger Arbeitnehmer[25]. Auch die Aussperrung schwangerer Arbeitnehmerinnen[26] wird über den Paritätsgrundsatz legitimiert, der insofern sogar § 9 MuSchG überspielen kann. Der Paritätsgrundsatz läßt die Verweigerung von Urlaubsabgeltungszahlungen[27] als gerecht-

---

[19] *Scholz / Konzen*, § 8, B, I.

[20] Vgl. nur *Konzen*, AcP 177, 473 (529).

[21] Vgl. nur *Däubler*, JuS 1972, 642 (646); *Kittner*, GewMH 1973, 91 (96); *Raiser*, Aussperrung, S. 74 ff. m. zahlr. w. Nachw.; *Zachert / Metzke / Hamer*, S. 132 ff.

[22] *Föhr*, DB 1979, 1698 (1700); *Kittner*, GewMH 1973, 91 (96 ff.); *Raiser*, Aussperrung, S. 77 ff. m. w. Nachw.

[23] BAG AP Nr. 1 zu Art. 9 GG Arbeitskampf.

[24] BAG AP Nr. 10 zu Art. 9 GG Arbeitskampf.

[25] BAG AP Nr. 6 zu Art. 9 GG Arbeitskampf.

[26] BAG AP Nr. 11, 26 zu Art. 9 GG Arbeitskampf.

[27] BAG AP Nr. 35, 36 zu Art. 9 GG Arbeitskampf.

fertigt erscheinen. Auch die der „Betriebsrisikolehre" zugeordnete Sphärentheorie, mit der der Wegfall der Lohnzahlungspflicht in von Streiks betroffenen Drittbetrieben — entgegen der allgemeinen Betriebsrisikolehre — angeordnet wird, wird neuerdings vielfach auf den Paritätsgrundsatz zurückgeführt[28]. Für den Gebrauch des Paritätsbegriffes stellt sich schließlich die Anschlußfrage, ob er sich im normativen Sinne versteht oder nicht. Vom normativen Verständnis her[29] wäre der Paritätsgrundsatz dahin auszulegen, daß die *Rechtsordnung* beide Koalitionen als gleichgewichtig zu sehen und gleichgewichtig zu behandeln habe; dies liefe auf diejenige Vorstellung hinaus, die herkömmlicherweise unter dem Stichwort „formelle" Parität abgehandelt wird.

Auf der materiellen Seite könnte das normative Verständnis, etwa nach der These *Richardis*[30], die Rechtsordnung gehe vom Gleichgewicht aus, aber auch bedeuten, Parität herrsche, oder, normativ, Parität solle herrschen[31]. Dann aber wäre wiederum nach den Maßstäben zu fragen, mit deren Hilfe dieser Zustand fest- oder hergestellt werden könnte. Gleichwohl ist gerade der Ansatz, daß Parität herrsche, in der Literatur durchaus geläufig. Mit den Daten „Erfolg der gewerkschaftlichen Arbeitskämpfe"[32] und „Entwicklung der Lohnquote"[33] wird häufig auf ein angeblich real existierendes Gleichgewicht hingewiesen. Diese Argumentation vermag jedoch keineswegs einen derzeitigen Gleichgewichtszustand hinreichend zu belegen. Der Hinweis auf den vorgeblichen „Erfolg gewerkschaftlicher Arbeitskämpfe" ist rein formal und abstrahiert von dem materiellen Hintergrund. Angesichts der prinzipiellen Zuweisung des Arbeitsertrages an den Unternehmer und der Preisinflation bedeutet jedes Festhalten am status quo für die Arbeitgeberseite stets einen Gewinn und für die Arbeitnehmerseiter stets eine Lohneinbuße; ein Kompromiß auf *reale* Lohnsteigerung in Höhe der Inflationsrate, wie in den vergangenen Jahren teilweise zu beobachten, ist damit bloß als *Sicherung des Realeinkommens* des Arbeitnehmers zu betrachten.

---

[28] BAG AP Nr. 30 zu § 615 BGB Betriebsrisiko; vgl. schon BAG AP Nr. 2, 3 zu § 615 BGB Betriebsrisiko.

[29] Hierfür *Mayer-Maly*, DB 1979, 95 (98 ff.); *Richardi*, NJW 1978, 2057 (2061). Gegen ein normatives Verständnis jetzt auch BAG, BB-Beilage Nr. 4/1980, S. 7.

[30] *Richardi*, NJW 1978, 2057 (2061).

[31] Vgl. *Wolter*, AuR 1979, 193 (199).

[32] *Konzen*, AcP 177, 473 (531); *Raiser*, Aussperrung, S. 80 ff. Vgl. auch *Eichmanns*, RdA 1977, 135 (138).

[33] *Konzen*, AcP 177, 473 (531); *Raiser*, Aussperrung, S. 82 f. Bemerkenswert ist, daß die Argumentation mit der Lohnquote zwar als Stütze der Propagierung eines herrschenden Gleichgewichts genutzt wird, andererseits aber als „ideologisch" abgetan wird, wenn sie im umgekehrten Sinne verwandt wird, vgl. *Konzen*, AcP 177, 473 (531) auf der einen Seite, *Scholz / Konzen*, § 9, A, II, 4, andererseits.

Ein Ummünzen dieses Befundes in einen gewerkschaftlichen „Erfolg" ist daher, wenn man nicht bereits die Vermeidung von Lohneinbußen als solchen qualifiziert, versagt[34]. Über die Steigerung der „Lohnquote" herrscht schon nominal Streit[35]; selbst bei der Einigung auf eine bestimmte Größe ist noch nichts über die Frage ausgesagt, ob die Veränderung „angemessen" ist oder nicht. Zu deren Lösung sich auf den „Sachverständigenrat"[36] zu berufen, ist schon prinzipiell wegen der Tarifautonomie versagt; schließlich ist die Frage eines „angemessenen Lohnes" auch rein wissenschaftlicher Erkenntnis nicht zugänglich, sondern durch bestimmte ideologische Vorverständnisse determiniert[37].

Gerade die beiden letzterwähnten Aspekte, Arbeitskampferfolg und Lohnquote, erweisen, daß die Parität einer normativen Wertung kaum zugänglich ist und auch insofern einer hinreichenden Justiziabilität entbehrt. Ob eine Situation als Gleichgewichtszustand bezeichnet werden kann oder nicht, ist auf kognitivem Weg nicht ermittelbar, sondern bedarf einer *politischen* Bewertung. Diese ausschließlich in die Kompetenz des Gesetzgebers fallende Entscheidung steht noch aus; sie kann angesichts der kompetenziellen Probleme auch nicht durch die Judikatur des Bundesarbeitsgerichts ersetzt werden.

Die genannten systematischen Unzulänglichkeiten des Paritätsgrundsatzes erschweren dessen Anwendung im einzelnen. Der nur ungenau konturierte Begriffs*inhalt* läßt es angezeigt erscheinen, eher vorsichtig mit dem Paritätsgrundsatz zu operieren und einen Dezisionsspielraum[38] bei seiner Anwendung anzuerkennen.

II. Parität und Boykott in der Funktion als Mindestkomplettierung

Eine am Grundsatz der Parität orientierte Beurteilung des Arbeitskampfmittels Boykott läßt es zunächst angezeigt erscheinen, den Sektor, in dem der Boykott als Mindestkomplettierung wirkt, einer gesonderten Betrachtung zu unterziehen.

In diesem Sektor wird nämlich mittels des arbeitskampfrechtlichen Boykotts eine *wirksame Koalitionszweckverfolgung* überhaupt erst möglich. Die funktional verstandene Koalitionsfreiheit wird für den ent-

---

[34] Vgl. auch *Föhr*, DB 1979, 1698 (1702).

[35] Vgl. nur *Däubler*, JuS 1972, 642 (646) einerseits und *Raiser*, Aussperrung, S. 82 f. andererseits. Zu beachten ist allerdings, daß zum Teil von unterschiedlichen Bezugsquoten ausgegangen wird.

[36] *Konzen*, AcP 177, 473 (531); *Raiser*, Aussperrung, S. 83.

[37] Vgl. auch *Föhr*, DB 1979, 1698 (1702); zurückhaltend auch *Eisemann*, BB 1979, 218 (219).

[38] Auf einen solchen weist auch *Konzen*, AcP 177, 473 (528), hin.

sprechenden realen Bereich durch die Zurverfügungstellung des Arbeitskampfmittels Boykott *ausübbar*. Für die Funktionsfähigkeit des Tarifsystems ist der Boykott in diesem Sektor konstitutiv.

Dies hat für die Beurteilung unter dem Gesichtspunkt der Parität zur Folge, daß eine Schrankenziehung gegenüber dem Boykott unter diesem Aspekt verwehrt ist. Wenn der Grundsatz der Kampfparität überhaupt weiterreichende Folgerungen als die Erkenntnis erlaubt, daß *durch* die Koalitionsfreiheit und den Arbeitskampf eine gewisse Gleichgewichtigkeit der Arbeitnehmerseite gegenüber der Machtposition der Arbeitgeberseite überhaupt erst hergestellt wird[39], so kann mit ihm jedenfalls nicht das koalitionsfreiheitsrechtliche *Mindestmaß* versagt werden. Die Effektuierung des Freiheitsrechts ist Inhalt und primärer Auftrag des Art. 9 Abs. 3 GG. Aus dem Paritätsgrundsatz etwa vorzunehmende Begrenzungen können allenfalls überschießende Tendenzen abwehren, sind aber sicher gegenüber der *Mindestbefugnis* unanwendbar.

Der Grundsatz der Parität ist gegenüber dem Boykott im Sektor der Mindestkomplettierung irrelevant.

III. Die Relevanz des Paritätsgrundsatzes für den arbeitskampfrechtlichen Boykott im Normbereich des Art. 9 Abs. 3 GG

1. Konkretisierung des Paritätsgrundsatzes im Bezugspunkt der Kampfmittel

a) Paritätserfordernis und einzelnes Koalitionskampfmittel

Vom Ausgangspunkt der Geltung eines koalitionsrechtlichen Paritätsgrundsatzes ist zu dessen Anwendung eine Konkretisierung im Bezug des Koalitions*kampfes* notwendig. Gerade dort bedarf es zur Einigung auf einen als „richtig" empfundenen Kompromiß einer Gleichgewichtslage zwischen den Kontrahenten, so daß die Koalitionsparität insbesondere im Bereich der Kampfparität gewährleistet sein müßte.

Dabei muß in jedem Falle davon abgesehen werden, das Paritätserfordernis bei dem einzelnen Kampfmittel selbst anzusiedeln und zu fordern, jedem Kampfmittel der einen Seite habe ein gleichgewichtiges und speziell kontradiktorisches der anderen Seite gleichsam gegenüberzustehen. Zumindest mißverständliche Überlegungen *Zöllners*[40], der sich letztlich eigentlich gegen eine Symmetrie des Waffenarsenals

---

[39] Vgl. etwa *Zweigert / Martiny*, in: Gewerkschaftliche Politik: Reform aus Solidarität, S. 109 (118 f.).

[40] *Zöllner*, Festschrift für Bötticher, S. 429 (437, 441).

ausspricht[41], würden allerdings in diese Richtung deuten, wenn er im Kontext von Bummelstreik und Gründung von Konkurrenzunternehmen als „neuen“ Arbeitskampfformen unter Hinweis auf den Paritätsgrundsatz nach „gleichen oder ähnlichen Waffen des Arbeitgebers“ bzw. „gegengewichtiger Waffe des Arbeitgebers“ fragt und solche etwa gegenüber der Gründung von Konkurrenzunternehmen durch die Arbeitnehmerseite nicht erblickt.

Eine Projektion der Kampfparität auf die einzelnen Kampfmittel im Sinne einer Konnexität entspricht nicht dem Charakter des Art. 9 Abs. 3 GG als prinzipielles Freiheitsrecht. Letzteres verlangt vielmehr, der Koalition die autonome Auswahl der ihr geeignet erscheinenden Kampfmittel im Rahmen des Normbereichs des Art. 9 Abs. 3 GG zu überlassen und ihr gleichzeitig zuzugestehen, dies unter dem Aspekt größtmöglichen eigenen Erfolges und ohne Blick auf eine etwa gleichgewichtige Kampfposition des Gegners zu tun. Der Paritätsgrundsatz statuiert keine stetige Patt-Situation; das Postulat eines quasi unentschiedenen Ausgangs jeden Kampfes kann aus ihm nicht begründet werden[42]. Das Prinzip der Parität vermag demgemäß nur auf der Ebene des Koalitionsverfahrens in seiner Gesamtheit, nicht dagegen auf der Ebene des einzelnen Kampfmittels zu gelten[43].

b) Der abstrakte Maßstab der Parität

Dort wiederum bedarf einer weiteren Überlegung die Frage, ob die Balance innerhalb des Koalitionsverfahrens auf die *konkrete* Arbeitskampfsituation oder auf die *generelle* Verteilung der Kampfmittel zu beziehen ist. Auch hier führt der freiheitsrechtliche Charakter des Art. 9 Abs. 3 GG zu einer Beschränkung der aus dem Paritätsgrundsatz zu folgernden Konsequenzen auf die generelle Kampfsituation: Nur die *abstrakte* Parität, also abgehoben von einzelnen Kampfsituationen und -mitteln, ist gefordert[44]. Machtungleichgewichte im Einzelfall sind nicht stets ausgeschlossen[45].

Gleichwohl kann bei Zugrundelegung des Gleichgewichtsmodells auf mögliche Korrekturen an etwaigen Disparitäten nicht verzichtet wer-

[41] *Zöllner*, Festschrift für Bötticher, S. 429 (438); *ders.*, RdA 1969, 250 (256).

[42] Vgl. auch *Löwisch*, Anm. AR-Blattei, Arbeitskampf IV, Entsch. 1; *dens.*, RdA 1977, 356 (359).

[43] Vgl. auch BAG, BB-Beilage Nr. 4/1980, S. 7; *Scholz / Konzen*, § 8, A, I, m. w. Nachw.

[44] *Birk*, Rechtmäßigkeit, S. 69; *Hanau*, Wirtschaftspolitische Chronik 1978, 176 ff.; *Konzen*, ZfA 1975, 401 (423); *Säcker*, Grundprobleme, S. 30; *Seiter*, Streikrecht, S. 163 f.; *ders.*, Arbeitskampfparität, S. 60 f.; *Scholz / Konzen*, § 8, B, II.

[45] BAG, BB-Beilage Nr. 4/1980, S. 7; *Bertelsmann*, S. 227 f.; *Krejci*, S. 54 f.; *Seiter*, Streikrecht, S. 163; *ders.*, Arbeitskampfparität, S. 61; *Zöllner*, Aussperrung, S. 34.

den. Dies soll im wesentlichen durch Kampfgrenzen und Kampfverbote erreicht werden, über die konkreten Ungleichgewichtslagen begegnet werden kann[46].

Für solche Korrekturen kommt indes nicht bereits jede Disparitätssituation in Betracht. Eine einen derartigen korrektiven Eingriff indizierende Störung der Parität ist nur dann anzunehmen, wenn diese das vorausgesetzte Gleichgewichtssystem der Kampfmittel *allgemein* und *evident* betrifft[47]. Die Restriktion möglicher Eingriffe ergibt sich wiederum bereits aus dem Freiheitsrechtscharakter des Art. 9 Abs. 3 GG. In diesem ist, wie *Scholz / Konzen*[48] formulieren, die „legitime Chance zur konkreten Imparität" eingeschlossen. Nur dort, wo das Gleichgewichtssystem gravierend gestört ist, etwa durch Kompensation und Mißbrauch gesellschaftlicher Macht[49], sollen demgemäß korrigierende Eingriffe auf der Ebene der Parität zulässig sein. Ansonsten soll es bei Korrekturen über die Ebene der Kampfgrenzen verbleiben. Hinzuzufügen ist, daß diese wiederum, dann zwar vom „ob" des paritätsregulierenden Eingriffs her gedeckt, in Art und Umfang, also vom „wie" her, unter dem Gesichtspunkt des (öffentlich-rechtlichen) „Übermaßverbotes" zu dosieren sind: Ein Eingriff darf nicht weiterreichen, als es zur Erreichung der *Evidenzgrenze* erforderlich ist. Verwehrt sind Regulative, die in einen Bereich gelangen, der *aus sich heraus* einen Eingriff nicht indizierte.

c) Die Problematik einer branchenspezifischen Kampfparität

Eine solche Korrektur schlägt nun *Seiter*[50] exemplarisch für den Bereich der Seeschiffahrt bezogen auf Boykottmaßnahmen vor. Schon wegen des Ausgangspunkts der vorliegenden Untersuchung, aber auch hinsichtlich der Vorgehensweise Seiters und dessen Thesen scheint eine nähere Betrachtung lohnend, aus der möglicherweise Rückschlüsse auf Voraussetzungen und Grenzen derartiger Paritätskorrekturen zu gewinnen sind.

Seiter betrachtet zunächst die Streikmöglichkeiten der Schiffsbesatzung *auf See* und die diesbezüglich möglichen Streikabwehrmaßnahmen der Arbeitgeberseite; dabei gelangt er zu dem Resultat, daß den eingeschränkten Streikmöglichkeiten der Besatzung auf See auch nur beschränkte Gegenmaßnahmen der Arbeitgeberseite gegenüberstehen und insgesamt ein generelles Ungleichgewicht nicht festgestellt werden

---

[46] *Seiter*, Streikrecht, S. 172 f.; *ders.*, Arbeitskampfparität, S. 61; *Scholz / Konzen*, § 8, B, II.

[47] *Scholz / Konzen*, § 8, B, III.

[48] *Scholz / Konzen*, § 8, B, III.

[49] *Scholz / Konzen*, § 8, B, III.

[50] *Seiter*, Arbeitskampfparität, S. 61 f.

könne[51]. Demgegenüber sieht er bei einer Gegenüberstellung der beiderseitigen Kampfmöglichkeiten *im Hafen* jedenfalls bei der Durchführung des Boykotts durch Sympathiekämpfe der Hafenarbeitnehmer die materielle Parität in den Kampfmitteln nicht mehr gegeben[52]. Dem Reeder stehe in diesem Fall kein geeignetes Abwehrmittel zur Verfügung: Die aus Gründen der „Betriebsrisikolehre" entfallende Lohnzahlungspflicht gegenüber der Schiffsbesatzung übe auf die Gewerkschaft keinen nennenswerten Druck aus, die Hafenarbeitnehmer würden von Aussperrungen der Reeder aber nicht betroffen und ein versuchtes Löschen in einem anderen Hafen liefe wegen des internationalen Einflusses der Dachorganisation der Gewerkschaft leer. Sympathiearbeitskampfmaßnahmen der Hafenarbeiter hält Seiter aus deren realer Situation heraus für unwahrscheinlich[53], da solche diesen entweder nicht möglich seien oder ihren eigenen Interessen widersprächen. Dieser Befund soll nach Seiter für die Erkämpfung von Firmen- und Verbandstarifverträgen gelten. Bei bestimmten Kleinreedern verneint Seiter im Wege einer Übertragung der Grundsätze des Urteils des Bundesarbeitsgerichts zur „Sozialmächtigkeit"[54] auf die Arbeitgeberseite aus Paritätsgründen deren Arbeitskampffähigkeit überhaupt. Im Resultat gelangt Seiter folglich zu einer Paritätskorrektur in der Weise, daß Sympathiekampfmaßnahmen der Hafenarbeitnehmer ausgeschlossen werden und Kleinreeder, denen die Fähigkeit zur Ausübung von Gegendruck fehlt, nicht bestreikt werden dürfen[55].

Die Frage der Arbeitskampfunfähigkeit der Kleinreeder soll zunächst vorab geklärt werden. Seiter hält diese angesichts der Wertung des § 2 Abs. 1 TVG gleichwohl für *tariffähig*. Geht man von der Möglichkeit bloß freiwilliger Tarifverträge aus, so wäre die Lage der Kleinreeder ausgesprochen günstig: Sie brauchten, ohne einem Streik ausgesetzt zu sein, auf gewerkschaftliche Tarifforderungen nicht einzugehen. Die Arbeitsverhältnisse der betreffenden Besatzungen blieben untarifiert und müßten dann durch Individualabrede gestaltet werden. Damit aber wäre, jedenfalls in — jetzt offenbar beständigen — Zeiten von Arbeitslosigkeit, genau diejenige Situation erreicht, die der frühkapitalistischen Art und Weise der Festlegung der Arbeitsbedingungen entspricht und der durch das Koalitionsrecht gerade begegnet werden soll. Der Wertung des § 2 Abs. 1 TVG muß demgegenüber auch hier

---

[51] *Seiter*, Arbeitskampfparität, S. 72.

[52] *Seiter*, Arbeitskampfparität, S. 83, 85; ähnl. *Wiedemann*, Anm. AP Nr. 6 zu § 1 TVG Form, bezogen allerdings auf den Fall des Boykotts eines deutschen Reeders in einem ausländischen Hafen.

[53] *Seiter*, Arbeitskampfparität, S. 83.

[54] BAG AP Nr. 24 zu Art. 9 GG; zur Sozialmächtigkeit vgl. *Dütz*, AuR 1976, 65 ff.; *Söllner*, AuR 1976, 321 ff.

[55] *Seiter*, Arbeitskampfparität, S. 87.

Geltung verschafft werden; ist der Kleinreeder für sich genommen nicht mächtig genug, mag er sich in seinem Arbeitgeberverband organisieren. Das ist schließlich nur dasjenige, was vom einzelnen Arbeitnehmer ebenfalls verlangt wird. Wenn das Koalitionsrecht des Art. 9 Abs. 3 GG Arbeitnehmern und Arbeitgebern gleichermaßen zusteht, scheint dieser Schluß unausweichlich.

Hinsichtlich der postulierten Korrektur des Kampfmittelsystems aus Paritätsgründen könnte Seiters Vorschlag der Eliminierung des Sympathiearbeitskampfes der Hafenarbeitnehmer *von der Folge her* an sich durchaus der eingangs erwähnten Prämisse des (öffentlich-rechtlichen) Übermaßverbotes beim Eingriff entsprechen, das eine abgestufte Intensität des Korrektivs verlangt[56].

Allerdings ergibt ein Blick auf die ermittelten Determinanten der Ungleichgewichtslage, daß die *Voraussetzungen* einer Korrektur durchaus nicht eindeutig vorliegen. So kann es etwa für die Feststellung der Imparität nicht oder jedenfalls nicht in erheblichem Umfange auf kampf*taktische* Erwägungen einer Seite ankommen. Wenn Seiter[57] konstatiert, der Arbeitgeber habe bei einer Aussperrung im Hafen den „Nachteil einer Verhärtung der Kampffronten" zu befürchten, so ist diese Folge Arbeitskämpfen allgemein eigen und kann keineswegs Basis einer Bewertung dahingehend sein, dem Arbeitgeber sei dann mit der Aussperrung kein geeignetes Gegenmittel zur Hand gegeben. In der Konsequenz einer solchen Argumentation läge schließlich auch, eine Störung der Parität deswegen zu propagieren, weil die Anwendung eines bestimmten Kampfmittels vielleicht „unpopulär" wäre. Situationsrelative Positionen dieser Art können jedenfalls keinen Parameter für die Feststellung von Imparitäten auf der Gesamtebene bilden.

Ähnliches gilt für die Möglichkeit von Sympathiekampfmaßnahmen von seiten anderer, hier der Hafenarbeitgeber. Wenn Sympathiekampfmaßnahmen von deren Seite zwar möglich, aber wenig wahrscheinlich sind[58], so kann dies nicht dazu führen, nun etwa der Gegenseite aus Gründen der Parität den Gebrauch gleichartiger Kampfmittel zu versagen. Hier muß es dem betroffenen Arbeitgeber, dem Reeder, anheimgestellt werden, sich der Solidarität anderer Arbeitgeber zu versichern und um Sympathiekampfmaßnahmen nachzusuchen. Gelingt ihm dies nicht, so ist es keineswegs geboten, diesen Mangel staatlicherseits durch Restriktionen des Aktionsvermögens der Gegenseite auszugleichen.

---

[56] Vgl. auch *Scholz / Konzen*, § 8, C, II.

[57] *Seiter*, Arbeitskampfparität, S. 73.

[58] *Seiter*, Arbeitskampfparität, S. 82 f.

Ein weiteres Bedenken richtet sich gegen die isolierte Betrachtung der Arbeitskampfsituation im Hafen. Letztlich handelt es sich um einen Tarifstreit zwischen der (Seeleute-)Gewerkschaft und dem Reeder, der in mehreren Akten, zu unterschiedlichen Zeitpunkten und mit verschiedenen Ansatzpunkten durchgeführt werden kann. Die *Gesamt*parität zwischen den Kontrahenten kann dann aber nicht separat für einzelne Handlungsabschnitte, sondern nur *generell* bestimmt werden. Nimmt man beispielsweise an, ein im Tarifstreit befindlicher Reeder verfüge über zehn Schiffe, von denen sich nur ein einziges im Hafen befindet und dort boykottiert wird, so ist leicht ersichtlich, daß selbst eine potentielle Ungleichgewichtigkeit der Kampfsituation im Hafen für den *Gesamtvergleich* der Verhandlungspositionen von Reeder und Arbeitnehmerkoalition keine Schlußfolgerung hinsichtlich einer Imparität zuließe. Auch insofern greift die separierende Betrachtung der Parität zu kurz. Es wird auch deutlich, daß die von Seiter vorgeschlagene Korrektur des Kampfmittelsystems keine *branchenspezifische*, sondern eine *situationsspezifische* Kampfparität zum Ergebnis hätte. Dies aber würde von einem Paritätsgrundsatz, dem ein abstrakter Maßstab zugrunde liegt, nicht mehr getragen.

2. Imparität durch den Einsatz des Boykotts als Arbeitskampfmittel?

a) Irrelevanz einer Prüfung des Boykotts an der konkreten Koalitionsparität

Der Grundsatz der Koalitionsparität basiert, wie gezeigt, auf einer abstrakten Betrachtungsweise der Gewichtigkeit der Koalitionen in der kontradiktorischen Auseinandersetzung. Er bedeutet nicht, daß eine Aufspaltung der Paritätsprüfung auf einzelne Koalitionsmittel vorgenommen und die Gleichgewichtigkeit innerhalb jeden Koalitionsmittels selbst bestimmt werden dürfte[59]. In den — spezielleren — Bereich der Kampfparität projiziert ist damit deren Prüfung mit dem Bezugspunkt eines einzelnen Kampfmittels versagt: Eine „Ausgewogenheit“ des einzelnen Kampfmittels selbst ist vom Grundsatz der Kampfparität her nicht geboten[60]. Gefordert sein kann nur eine „strukturelle Gleichgewichtigkeit“ der Kampfgegner[61].

Für die Boykottproblematik unter dem Aspekt des Paritätsgrundsatzes fördert dies die Erkenntnis zutage, daß die einschlägige Fragestellung von vornherein nicht dahin lauten kann, welche Kampfmittel der Arbeitgeberseite gegenüber einem gewerkschaftlichen Boykott zur Verfügung stehen. Paritätsrelevant kann nur die Prüfung sein, ob der

---

[59] *Scholz / Konzen*, § 8, A, I.

[60] *Scholz / Konzen*, § 8, A, I.

[61] Vgl. auch *Raiser*, Aussperrung, S. 72; *dens.*, ZRP 1978, 201 (203).

Boykott das *Gesamt*kampfgefüge tangiert und dies in *evidenter* Weise verschiebt. Dabei ist nach dem Vorstehenden die Erörterung dieses Problems anhand eines *konkreten* Arbeitskampfes ausgeschlossen, da situationsspezifische Imparitäten im Rahmen des Gewährleistungsumfanges des Art. 9 Abs. 3 GG keine durchgreifende Bedeutung erlangen können.

Mit dieser Feststellung ist zugleich den auf den Paritätsgrundsatz gestützten Verdikten gegen die gewerkschaftlichen Boykottmaßnahmen in der Seeschiffahrt im Jahre 1973 der Boden entzogen. Die vom Landesarbeitsgericht Baden-Württemberg[62] unter dem Aspekt des Grundsatzes der Waffengleichheit geführte Argumentation, mit dem Boykott werde die Arbeitgeberseite des ihnen angestammten Kampfmittels der Aussperrung beraubt, geht insofern in eklatanter Weise fehl. Weder verlangt der Grundsatz der Kampfparität, daß Kampfmittel der Arbeitnehmerseite stets so beschaffen sein und angewandt werden müssen, daß der Arbeitgeberseite jedenfalls die Möglichkeit der Aussperrung offenstünde, noch läßt sich aus ihm überhaupt eine Balancepflicht *einzelner* Kampf*mittel* deduzieren[63].

b) Determinanten einer abstrakten und strukturellen Gleichgewichtigkeit beim Einsatz des Boykotts als Arbeitskampfmittel

Die am Maßstab des Paritätsgrundsatzes vorzunehmende Prüfung des Boykotts als Arbeitskampfmittel konzentriert sich demnach auf die Frage, ob die generelle Zuordnung des Boykotts in das Kampfpotential der Arbeitnehmerseite das Gesamtgefüge abstrakter Koalitionsparität in *evidenter* Weise beeinträchtigt. Deren Beantwortung gestaltet sich als Folge der bereits erwähnten Vagheit der eine Gleichgewichtslage konstituierenden Determinanten und auch als Folge von deren Einzelbewertung allerdings schwierig.

aa) Fehlendes konnexes Kampfmittel der Gegenseite als Bezugspunkt

Ein der Paritätsproblematik bei Streik und Aussperrung paralleles Herangehen an diese Frage ist für den Sektor des Boykotts verwehrt. Während dort die Gleichgewichtslage häufig im Rahmen einer Gegenüberstellung der von der h. M. als „spiegelbildlich“ verstandenen Kampfmittel Streik und Aussperrung in ihren wesentlichen Wirkungen

---

[62] LAG Baden-Württemberg, AuR 1974, 316 ff. = SeeAE Nr. 1 (IV) zu Art. 9 GG = AR-Blattei, Arbeitskampf IV, Entsch. 1, unter B I 2 b der Gründe.

[63] Auch der Ansatz von *Glietsch*, S. 82 ff., ist etwas zu sehr auf das einzelne Kampf*mittel* selbst hin angelegt, vgl. aber auch *Glietsch*, S. 92 f.

erfolgt, fehlt beim Boykott ein solcher Bezugspunkt im Kampfpotential der Gegenseite.

Dieser Befund wiegt allerdings materiell nicht schwer. Von der Ausgangslage der *abstrakten* Koalitionsparität kann es ohnehin nicht darum gehen, die Parität anhand konnexer Kampfmittel der jeweiligen Seite zu bestimmen.

bb) Die faktische Problematik von Solidaraktionen als paritätserhaltende Größe

Andererseits wäre daran zu denken, daß die bereits beschriebenen praktischen Probleme der Boykottdurchführung die Vermutung nahelegten, die Parität werde durch den Einsatz des Boykotts als Arbeitskampfmittel nicht gestört. Eine solche Vermutung bedürfte allerdings der Verifizierung durch eine Analyse von paritätsrelevanten Gesichtspunkten beim entsprechenden Gebrauch des Boykotts.

Zu vordergründig wäre es dabei, wollte man argumentieren, trotz realen Einsatzes des Boykotts in der Seeschiffahrt seien nur solche Tarifverträge zwischen den Reedern und der zuständigen Gewerkschaft ÖTV zustandegekommen, die auch für die Reeder letztlich tragbar seien und diese jedenfalls nicht zum Ruin geführt hätten. Argumentationen ähnlichen Stiles finden sich zwar bisweilen innerhalb der Paritätsdiskussion zwischen Streik und Aussperrung; so, wenn etwa dargelegt wird, die „Erfolgsstatistik" gewerkschaftlicher Streiks lasse eine Unterlegenheit der Gewerkschaften nicht als wahrscheinlich erscheinen[64]. Sie entbehren aber, wie gezeigt, sozialwissenschaftlich exakter Parameter und basieren (auch) auf ideologischen Prämissen zur volkswirtschaftlichen Verteilungsproblematik[65]. Insofern könnte eine diesbezügliche Argumentation die Paritätsdiskussion im Bereich des Boykotts nicht befruchten.

Der 1. Senat des Bundesarbeitsgerichts[66] sieht Boykottmaßnahmen nicht generell als paritätswidrig an, da der Boykottierte grundsätzlich wenigstens die Möglichkeit habe, den Boykott durchzustehen. Dieser Ansatz überrascht ein wenig angesichts der Tatsache, daß der Große Senat[67] das Verwiesensein der Arbeitgeberseite auf Dulden und Durchstehen des Arbeitskampfes als Gefahr für das System freier Vereinbarung der Arbeitsbedingungen angesehen hatte[68]. Wenn der 1. Senat gleichwohl auf die Durchhaltemöglichkeit verweist, die im übrigen von

---

[64] *Raiser*, Aussperrung, S. 82; *Rüthers*, Rechtsprobleme, S. 81 f.

[65] Krit. auch *Föhr*, DB 1979, 1698 (1702).

[66] BAG AP Nr. 6 zu § 1 TVG Form, Bl. 3 R.

[67] BAG AP Nr. 43 zu Art. 9 GG Arbeitskampf, Bl. 7 R.

[68] Hierzu zust. *Konzen*, AcP 177, 473 (532); *Reuter*, RdA 1975, 275 (284); *Zöllner*, Aussperrung, S. 23, 56 f.

einem Teil der Literatur[69] ohnehin als eine für die Arbeitgeberseite ausreichende Position angesehen wird, so ist diese Divergenz aus der spezifischen *Boykott*situation heraus allerdings durchaus eher begründbar. Besonders evident wird dies beim Blick auf den Fall von Boykotten in Form der Kaufenthaltung oder der generellen Unterlassung von Vertragsabschlüssen in der ursprünglichen Konstellation der bloßen Aufforderung des Verrufers hierzu. Angesichts der Vielfalt der sozialen Einbindungen des Anbieters von Waren oder Dienstleistungen — oder auch von Arbeitsplätzen — ist ein *totales* Absperren vom Markt in legaler Weise in der Regel unmöglich. Als Resultat eines Boykottaufrufes stellt sich gewöhnlich nur eine gewisse Reduzierung des gewerblichen Umsatzes ein, ohne daß dieser gänzlich zum Erliegen käme. Von der Tatsache her, daß sich der Boykottaufruf meist an eine unbestimmte Anzahl Dritter richtet, ist mit dessen vollständigem Erfolg ohnehin nicht zu rechnen. Das Ergebnis einer temporären und im Ausmaß begrenzten Umsatzeinbuße ist allerdings auch aufgrund anderer — nicht arbeitskampfbedingter — Umstände denkbar und dem marktwirtschaftlichen System ohnehin immanent.

Auch solchen sich aus der Marktsituation ergebenden Umsatzminderungen muß der Arbeitgeber/Unternehmer begegnen; hierzu steht ihm ein breites Instrumentarium betriebswirtschaftlicher Maßnahmen zur Verfügung. Letzteres befähigt ihn dann, gleichermaßen auch auf Arbeitskampfsituationen beruhenden Kaufenthaltungen für eine gewisse Zeit entgegenzusteuern und die durch einen Boykott geschaffene Situation „durchzustehen", zumal diese vom Gegner, wohl aber noch mehr von den Boykottanten her, zumeist nur eine begrenzte Zeit in einer Form aufrechterhalten werden kann, die geeignet wäre, wirksamen Druck auf den Arbeitgeber/Unternehmer auszuüben.

Auch wer dem Verwiesensein der Arbeitgeberseite auf das Durchhalten eines Arbeitskampfes generell ablehnend gegenübersteht, wird diese Einschätzung für den Bereich des Boykotts modifizieren müssen: Das Ingangsetzen und Aufrechterhalten einer spürbaren „Meidung" des Kampfgegners auf dem Sektor des Güterabsatzmarktes ist angesichts der vom Aufrufer nicht zu steuernden Vielschichtigkeit der Boykottanten in einer Weise kompliziert und im Ergebnis vage, daß das Instrumentarium betriebswirtschaftlicher Gegenmaßnahmen des Arbeitge-

---

[69] *Bertele*, Rechtsnatur, S. 89 f.; *Däubler*, JuS 1972, 642 (646); *Evers*, S. 61 ff.; *Frey*, AuR 1963, 301 (305); *Hoffmann*, in: Kittner (Hrsg.), Streik und Aussperrung, S. 64 f.; *Joachim*, AuR 1973, 289 (293); *Kittner*, GewMH 1973, 91 (96); *Wohlgemuth*, S. 144.

Dabei wird jeweils darauf verwiesen, daß in zahlreichen Arbeitskämpfen auch ohne Aussperrungen ein tragfähiger Kompromiß zu erzielen war; vgl. für das Beispiel des Landes Hessen, das bis 1978 (fast) keine Aussperrung kannte: *Wolter*, AuR 1979, 193 (196).

bers/Unternehmers hieran gemessen vom Wirkungsgrad her kaum geringer zu veranschlagen ist. Für die Fälle des Boykotts im Wege des bloßen Aufrufs zur Meidung des Boykottierten ist daher eine *evidente* Paritätsstörung bereits auf der Basis der auch vom Bundesarbeitsgericht postulierten Durchhaltemöglichkeit des Arbeitgebers nicht zu erkennen.

Es verbleibt allenfalls die Frage, ob dieses Ergebnis für die Fälle des Boykotts im Wege einer durch Streik der Arbeitnehmer des Boykottanten herbeigeführten „Meidung" des Boykottgegners einer Modifizierung bedarf, da diese „Streikfront" über die Verbandsmacht unter Umständen leichter gehalten werden kann, als es bei Einwirkungsmöglichkeiten gegenüber den Boykottanten in den sonstigen Fällen möglich ist. Dabei ist zunächst davon auszugehen, daß das Bundesarbeitsgericht[70] seine Aussage zur Durchhaltemöglichkeit des Arbeitgebers gegenüber einem Boykott gerade in einem Fall der letzteren Art, also in Kenntnis der besonderen Problemlage der Durchführung des Boykotts im Wege eines partiellen Streiks, abgegeben hat. Sicher hat das Bundesarbeitsgericht seine diesbezüglichen Positionen eher grundsätzlich als konkret abgesteckt. Wenn es dabei nicht die gesamte Problemlage hat ansprechen wollen, so wären immerhin diesbezügliche Einschränkungen erforderlich gewesen.

Dem streitigen Fall liegt dabei eine weitere Besonderheit im Sachverhalt zugrunde: Dort hatte nämlich ein einziger Arbeitnehmer, Kranführer in einem dänischen Hafen, die Entladung des Schiffes des Boykottierten verweigert. Bei dieser Sachlage ist geradezu ein Maximum an Einflußmöglichkeiten des Aufrufers auf denjenigen, der den Boykottanten zur Meidung des Boykottierten zwingt, jedenfalls dann gegeben, wenn der betreffende Arbeitnehmer etwa Mitglied der aufrufenden Gewerkschaft ist oder zumindest mit dieser — möglicherweise über einen internationalen Dachverband — kooperiert. Über diesen Arbeitnehmer ist dann auch — jedenfalls bei einer Schaltstellenfunktion — der Einfluß auf den Boykottanten maximal groß. Insofern lag der Entscheidung des Bundesarbeitsgerichts gerade ein Sachverhalt mit relativ günstiger Einflußmöglichkeit des Verrufers zugrunde, der, falls dies beabsichtigt gewesen wäre, eine einschränkende Bewertung durchaus nahegelegt hätte. Daß diese unterblieben ist, könnte durchaus damit zusammenhängen, daß mit dieser auf den ersten Blick überaus günstigen Position des Aufrufers allerdings als Kehrseite zugleich die relativ einfache Möglichkeit der Ersetzung dieses Arbeitnehmers und damit der Aufrechterhaltung der arbeitstechnischen Funktion korrespondiert. Der boykottierte Reeder etwa kann seinerseits versuchen, auf den Hafenarbeitgeber dahingehend einzuwirken, daß dieser statt des streikenden

[70] BAG AP Nr. 6 zu § 1 TVG Form.

Arbeitnehmers einen anderen Arbeitnehmer mit der entsprechenden Aufgabe betraut. Hierzu bedarf es nicht einmal einer „Sympathiekampfmaßnahme“ im engeren Sinne, da das angestrebte Ergebnis durch arbeitsorganisatorische Dispositionen erreicht werden kann. Letztlich ist auch die (vorübergehende) Einstellung einer Ersatzkraft denkbar. Die vordergründig für den Aufrufer besonders günstige Ausgangssituation erweist sich als für die Gegenseite ebenso leicht abwehrbar, eine *evidente* Paritätsverschiebung ist insofern nicht ersichtlich.

Dieser Realbefund ist zugleich symptomatisch für die gesamte Fallgruppe der Durchführung des Boykotts im Wege eines Streiks der Arbeitnehmer des Boykottanten. Stets ist einer kampftaktisch günstigen Komponente der einen Seite ein Korrelat zugeordnet, das eine partielle Übervorteilung der Gegenseite ausschließt. Dabei lassen sich im wesentlichen zwei paritätsrelevante Gesichtspunkte erkennen.

Zum einen können bei der unter Paritätsaspekten zu prüfenden Gewichtung der Druckausübung im Wege des Sympathiekampfes dessen reale Voraussetzungen nicht außer acht gelassen werden. Die Arbeitskampfpraxis der Bundesrepublik Deutschland verzeichnet kaum nennenswerte Sympathiekampfaktionen der Arbeitnehmerseite[71]. Deren geringe Häufigkeit[72] ist dabei ganz sicher auch darauf zurückzuführen, daß es innerhalb der gegenwärtigen sozialen Realität einer Gewerkschaft faktisch kaum möglich ist, innerverbandlich Arbeitskampfmaßnahmen zugunsten anderer auf altruistischer Grundlage durchzusetzen[73]. Die vielfach angeführte Solidarität[74] im Arbeitsrecht vermag — jedenfalls derzeit — die nicht unerheblichen finanziellen Verluste des einzelnen Arbeitnehmers, die sich aus der Differenz zwischen dem durch einen Streik entfallenden Arbeitslohn und der zu erwartenden Streikunterstützung ergeben[75], nicht so zu kompensieren, daß eine notwendige (Sympathie-)Streikbereitschaft zu erzielen wäre. Auch die Gewerkschaft selbst wird aus kampftaktischen Gründen ihre eigene Streikkasse nur zögernd zugunsten verbandsfremder Arbeitnehmer einsetzen: Auch für die Gewerkschaft hat ein Sympathiekampf hohe Kosten zur Folge[76]. Beides zusammengenommen beläßt die Sympathiekampfmaß-

[71] Auf Arbeitgeberseite kann die Verweigerung der Lohnzahlung in Drittbetrieben außerhalb des Tarifgebietes nach der „Sphärentheorie“ allerdings durchaus als Form der Sympathieaussperrung angesehen werden, vgl. auch *Birk*, Rechtmäßigkeit, S. 70 f.; *Seiter*, Arbeitskampfparität, S. 49.

[72] Vgl. auch *Däubler*, Arbeitsrecht, Bd. 1, S. 174 f.

[73] Vgl. auch *Scholz / Konzen*, § 12, B, I.

[74] Hierzu: *Gamillscheg*, Festschrift für Fechner, S. 135 ff.; *Pfarr / Kittner*, RdA 1974, 284 ff.

[75] Die diesbezüglichen Zahlenangaben differieren erheblich. *Hensche*, in: Streikfreiheit und Aussperrungsverbot, S. 42, beziffert die Streikunterstützung auf 75 % des Lohnes; *Bertelsmann*, S. 282, kommt unter Hinweis auf Beispiele von *R. Schmid*, Aussperrung, auf wesentlich geringere Beträge.

nahmen im Status eines faktischen Ausnahmetatbestandes, dessen Organisation sich auf individualer und verbandsmäßiger Ebene als überaus schwierig erweist. Die Arbeitskampfstatistik bestätigt diesen Befund und ist geeignet, gewisse „irreale Züge“[77] aus der Diskussion um Sympathiestreiks auszuscheiden.

Für die Paritätsrelevanz eines im Wege eines Streiks durchgeführten Boykotts bedeutet dies, daß nicht erst ein bestimmtes antipodisches Gegenmittel der Arbeitgeberseite als „Gegengewicht“ wirkt, sondern daß die für die Gewerkschaftsseite an sich vorteilhafte Position ihre eigene Begrenzung durch ihre sozialen Determinanten schon in sich trägt; sie begrenzt sich selbst. Eine im echten Sinne materiell verstandene Paritätsprüfung muß diesen Aspekt berücksichtigen.

Der zweite paritätsrelevante Gesichtspunkt ist in der Notwendigkeit begründet, die Gesamtpalette arbeitgeberischer Gegenmöglichkeiten in den Vergleich der Durchsetzungschancen einzubeziehen. Bereits oben wurde darauf hingewiesen, daß verkürzte Situationsbeobachtungen, wie etwa diejenige einer isolierten Betrachtung *eines* Schiffes eines Reeders in *einem* Hafen, nur eine unvollständige Analyse erlauben und paritätsrelevante Schlüsse nicht zulassen.

Dies gilt insbesondere für das Problem der Sympathiekampfmaßnahmen der Arbeitgeberseite. Die Argumentation *Seiters*[78] überzeugt gerade in diesem Punkte nicht. Die kontradiktorischen Kampfmöglichkeiten sind von ihrer Existenz her gegeneinander zu gewichten, ohne daß zuvor das Potential der Arbeitgeberseite nach kampf*taktischen* Erwägungen differenziert werden kann. Es ist paritätsirrelevant, wenn die Arbeitgeberseite aus kampftaktischen Erwägungen bestimmte Kampfmittel gerne oder weniger gerne einzusetzen beabsichtigt. In den Vergleich kann nur eingehen, was *real* an Möglichkeiten und Befugnissen vorgegeben ist. Dabei kann keine Paritätsverschiebung konstatiert werden, wenn der Arbeitgeber ebenfalls, wie schon die Arbeitnehmerseite, auf den — gewiß mühevollen — Weg verwiesen wird, andere Arbeitgeber zu Sympathiekampfmaßnahmen zu gewinnen. Sicher ist richtig, daß etwa der Reeder keine Möglichkeit hat, auf die Hafenarbeitnehmer durch *eigene* Kampfmaßnahmen einzuwirken. Dies ist jedoch für den *Hafenarbeitgeber* durchaus möglich: Mag der Reeder sich dessen Solidarität versichern.

---

[76] Hierauf weist zu Recht *Birk*, Rechtmäßigkeit, S. 91, hin. Diesen Aspekt vernachlässigt *Seiter*, Arbeitskampfparität, S. 83, der von einer Streikunterstützung alleine für die primär Streikenden ausgeht und diese — zutreffend — als gering einschätzt, während die Unterstützung an die Sympathiestreikenden übersehen wird.

[77] *Birk*, Rechtmäßigkeit, S. 91.

[78] *Seiter*, Arbeitskampfparität, S. 82 f.

Die beiden letztgenannten Gesichtspunkte lassen insgesamt daher eine evidente Paritätsverschiebung durch den Einsatz des Boykotts nicht erkennen. Die Vermutung der Paritätsgerechtheit wird anhand der Analyse der sozialen Realität und Faktizität von Boykottgeschehen verifiziert.

IV. Ergebnis

Der — inhaltlich und systematisch nur unzureichend konturierte — Grundsatz der Parität steht der verfassungsrechtlichen Verankerung des Boykotts als Arbeitskampfmittel nicht entgegen. Im Sektor, in dem der Boykott die Normmindestkomplettierung des Art. 9 Abs. 3 GG darstellt, ist der Paritätsgrundsatz irrelevant. Ein im „Normbereich" befindlicher arbeitskampfrechtlicher Boykott führt angesichts seiner faktischen Determinanten prinzipiell nicht zu einer evidenten Paritätsverschiebung.

§ 8 Boykott und Übermaßverbot

Bei der judikativen Beurteilung der Boykottgeschehen in der Seeschiffahrt[1] unterfielen diese teilweise einem Verdikt der „Unverhältnismäßigkeit"; eine Einschätzung, die auch in der Literatur[2] gelegentlich Zustimmung gefunden hat. Insofern erscheint ein detailliertes Eingehen auf diesbezüglich auftauchende Fragen an dieser Stelle notwendig, die die eher prinzipiellen Erwägungen[3] präzisieren sollen.

I. Die Relevanz von öffentlich-rechtlichem und privatrechtlichem Übermaßverbot für die Gewährleistungsschichten des Boykotts

Unter Hinweis auf die durch eine verflochtene und wechselseitig abhängige Gesellschaft bedingte Einwirkung von Streik und Aussperrung auf Nichtstreikende, sonstige Dritte und die Allgemeinheit hat das Bundesarbeitsgericht erklärt, Arbeitskämpfe müßten unter dem „obersten Grundsatz der Verhältnismäßigkeit" stehen[4]. Konkret wird gefolgert, daß Arbeitskampfmaßnahmen zur Erreichung der Ziele geeignet und erforderlich sein müßten und erst als letztes Mittel ergriffen werden dürften, daß die Durchführung des Arbeitskampfes selbst unter Verhältnismäßigkeitsgesichtspunkten erfolgen müsse und daß nach Beendigung des Arbeitskampfes der Arbeitsfriede in größtmöglichem Umfang wiederherzustellen sei.

Dem so statuierten Prinzip ist eine breite Kritik in der Literatur[5] begegnet, die nicht alleine auf jene Autoren begrenzt war, die dem Arbeitskampfsystem des Bundesarbeitsgerichts ohnehin ablehnend gegenüberstehen. Der entscheidende dogmatische Einwand gegenüber der Argumentation des Bundesarbeitsgerichts bestand darin, daß dieses weder von der verfassungsrechtlichen Verankerung des Arbeitskampfes in Art. 9 Abs. 3 GG ausging, noch eine dogmatisch exakte zivilistische

---

[1] LAG Baden-Württemberg, AuR 1974, 316 = AR-Blattei, Arbeitskampf IV, Entsch. 1 = SeeAE Nr. 1 (II) zu Art. 9 GG.

[2] *Seiter*, Arbeitskampfparität, S. 91 ff.; *Löwisch*, RdA 1977, 356 (359 f.), nimmt eine grundsätzliche Nachrangigkeit des Boykotts gegenüber dem Streik an.

[3] Oben, § 6, III, 2, b, cc).

[4] BAG AP Nr. 43 zu Art. 9 GG Arbeitskampf, Bl. 6 R.

[5] Vgl. die Nachweise oben, § 6, Fn. 43.

Legitimation des Grundsatzes der Verhältnismäßigkeit erarbeitete, sondern vielmehr ein Institut „eigener Art" in eigener Rechtschöpfung etablierte.

Diese systematischen Ungereimtheiten sind auch im neuesten Urteil des BAG zum Arbeitskampfrecht nicht ausgeräumt. Zwar wird darin klargestellt, daß das BAG die Begriffe „Verhältnismäßigkeitsgrundsatz" und „Übermaßverbot" synonym verwendet und den Gebrauch des Prinzips deswegen als legitim ansieht, weil dieses sowohl im Privatrecht als auch im öffentlichen Recht Geltung erlangt habe. Nicht offengelegt wird jedoch nach wie vor, welche dogmatische Absicherung seine Verwendung gerade im Arbeitskampfrecht erfährt. Die bloße Herausstellung als Ordnungsprinzip des Arbeitskampfrechts kann eine solche nicht ersetzen[6]: *Staatliche* Eingriffe in Freiheitsrechte und *privatrechtliche* Eingriffsbefugnisse in fremde Rechtskreise erfahren ihre Grenzziehung nicht ohne weiteres nach gleichen Kriterien.

Die Wahl eines verfassungsrechtlichen oder zivilistischen Ausgangspunktes für den Grundsatz der Verhältnismäßigkeit hätte dabei zum Kern der Problematik hingeführt. Dieser liegt in der Unterscheidung von öffentlich-rechtlichem und privatrechtlichem Verhältnismäßigkeitsprinzip, besser: öffentlich-rechtlichem und privatrechtlichem Übermaßverbot. Dabei ist das öffentlich-rechtliche Übermaßverbot auf die Schaffung des Kampfinstrumentariums, das privatrechtliche auf den konkreten Gebrauch der Mittel bezogen. Beide fungieren — entgegen Erwägungen *Seiters*[7] — nicht als „Doppelschranke", sondern stellen genuine Prinzipien dar, die unterschiedlichen Zielen dienen. Letzteres bedeutet konkret, daß beiden divergente Stoßrichtungen und der Prüfung einer Maßnahme an beiden Ausprägungen unterschiedliche Kriterien zugrundeliegen. Ist ein Kampfmittel bei der Komplettierung des Art. 9 Abs. 3 GG als nicht dem Übermaßverbot unterfallend erkannt worden, was sowohl für den Sektor des Boykotts als Mindestkomplettierung[8] als auch für den Boykott im Normbereich[9] angenommen wurde, so ist bei seinem konkreten *Gebrauch* keine erneute *generelle* Verhältnismäßigkeitsprüfung, sondern nur eine solche nach einem privatrechtlich betrachteten „übermäßigen", also in der Regel sittenwidrigen Verhalten anzustellen. Letzteres aber kehrt in den prinzipiellen Bereich einschlägiger zivilistischer Dogmatik zurück, kann auf dort existente Grundsätze zurückgreifen und diese den Erfordernissen arbeitskampfrechtlicher Prinzipien gemäß anpassen.

---

[6] *Konzen / Scholz*, DB 1980, 1593 (1597).

[7] *Seiter*, Streikrecht, S. 150 f.; hiergegen *Konzen*, AcP 177, 473 (513 f.).

[8] Oben, § 6, III, 1; hier ist das Übermaßverbot insgesamt ohne Relevanz.

[9] Oben, § 6, III, 2, b, cc).

Nur eine so verstandene Relevanz des Gedankens des „Übermaßverbotes“ als Ausfluß der Vorstellung einer Begrenzung eigener Befugnisse durch Rechtspositionen Dritter ist für den Arbeitskampf anzuerkennen. Dies unterscheidet sich freilich noch immer von dem neuerlich modifizierten Ansatz des Bundesarbeitsgerichts[10].

II. Boykott und privatrechtliches Übermaßverbot

Für den *konkreten Gebrauch* des Boykotts erlangt demgemäß das privatrechtliche Übermaßverbot prinzipielle Relevanz. Wenn sonach auf zivilistische Dogmatik zurückgegriffen werden kann, so darf dies angesichts der Wertung des Art. 9 Abs. 3 GG keine unbesehene Übernahme dieser bedeuten. Die zivilistisch geprägten Grundsätze bedürfen vielmehr eines arbeitskampfrechtlichen Zuschnitts.

1. Arbeitskampfrechtliche Modifikationen des privatrechtlichen Übermaßverbotes

Das Zivilrecht bedient sich beim Eingriff in als „übermäßig“ empfundenes Verhalten des Instrumentariums des § 826 BGB, mit dessen Hilfe der privatrechtlichen Handlungsfreiheit insgesamt eine — am Maximum orientierte — Begrenzung gesetzt wird. Das Zusammenspiel des generalklauselartigen Zuschnitts der Norm und der judikativen Herausbildung von Fallgruppen erlaubt dabei eine — zugleich an bestimmten abstrakt-generellen Grundsätzen orientierte — individualisierte Bemessung der zu beurteilenden Geschehen. Bereits bei der Analyse der zivilistischen Boykottbewertung, auf deren Sektor eben jene arbeitskampfrechtlich bezogenen Maßstäbe der „Sittenwidrigkeit“ geprägt wurden[11], ist herausgestellt worden, daß die Feststellung eines Verstoßes gegen § 826 BGB jeweils im Rahmen einer wertenden Betrachtung erfolgen muß, in die die individuellen Merkmale des konkreten Falles einfließen. Die durch die Fallgruppen geprägten Prinzipien sind demgemäß nach Maßgabe der zugrundeliegenden Konfliktlage und der hierfür von der Rechtsordnung vorgegebenen Bewertungsmaßstäbe[12] auf den Einzelfall projizierbar.

Für die „Konfliktlage“ Arbeitskampf sind die von der Rechtsordnung vorgegebenen Bewertungsmaßstäbe im wesentlichen Art. 9 Abs. 3 GG und dessen Komplettierung zu entnehmen. Damit wird zugleich die Brücke zu der — oben[13] beschriebenen — parallelen Entwicklung der

---

[10] BAG BB-Beilage Nr. 4/1980, S. 10 ff.

[11] Vgl. auch *Brox / Rüthers*, S. 156; *Hueck / Nipperdey*, II, 2, S. 1035; *Nikisch*, II, S. 139.

[12] Oben, § 4, IV, 2; *Weick*, S. 174.

[13] Oben, § 4, III, 3.

Boykottbewertung im Lichte des Art. 5 Abs. 1 GG geschlagen, wo deutlich wurde, daß die Wahrnehmung grundgesetzlich eröffneter Befugnisse die Gewichte innerhalb der Interessenabwägung entscheidend verschieben und eine statische Grenze der Rechte des Gegners nicht mehr zugrundegelegt werden konnte.

Die ansonsten die Generalklausel des § 826 BGB kennzeichnenden Kriterien Kampfziel, Kampfmittel und deren Verhältnis zueinander erfahren bei der arbeitskampfrechtlichen Betrachtung demzufolge Modifikationen. Für das *Kampfziel* etwa ist zu berücksichtigen, daß das System der in Art. 9 Abs. 3 GG begründeten Tarifautonomie eine Kontrolle des *Tarif*zieles prinzipiell verwehrt. Sicher kann behauptet werden, daß Ziele im Sinne eines „Racheaktes“[14] oder ähnlicher Art gleichwohl bewertet werden und dem Sittenwidrigkeitsverdikt unterfallen können. Doch ist dies für die Arbeitskampfpraxis untypisch und kann und sollte auch deswegen vernachlässigt werden, um Einfallstore in den Sektor der Überprüfung des Tarifzieles generell auszuschließen. Das sollte letztlich auch für den vielzitierten Fall des „ruinösen“ Arbeitskampfes[15] gelten. Das Kampfziel, den Gegner zu ruinieren, ist nach klassischen Gesichtspunkten sicher „sittenwidrig“ und widerspricht auch — jedenfalls aus der Sicht der Arbeitnehmer — dem transitorischen Charakter des Arbeitskampfes. Bloß ist dieser Fall von der Interessenlage der Arbeitnehmerseite völlig abstrahiert: Diese zerstörten sich ihren eigenen Arbeitsplatz und stellten damit zunächst einmal ihre Existenzgrundlage in Frage. Eine solche Absicht ist sinnvollerweise der Arbeitnehmerseite[16] nicht zu unterstellen. Das Beispiel der Sittenwidrigkeit des Kampfzieles wegen der Absicht ruinösen Kampfes bleibt in dieser Richtung ein wenig im Bereich des Lehrbuchfalles verhaftet[17].

[14] *Brox / Rüthers*, S. 156.

[15] *Brox / Rüthers*, S. 156; *Nikisch*, II, S. 141; auch BAG AP Nr. 43 zu Art. 9 GG Arbeitskampf, Bl. 7, führt dieses Beispiel an. Ausführl. hierzu: *Seiter*, Streikrecht, S. 532 ff.; insbes. auch *ders.*, Arbeitskampfparität, S. 93 ff., unter Auflistung einzelner Fallgruppen.

[16] Vgl. auch *Seiter*, Streikrecht, S. 533; umgekehrt wäre allerdings denkbar, daß Arbeitskampfmaßnahmen der Arbeitgeberseite durchaus, wenn nicht auf den Bestand, so doch auf das Aktionsvermögen einer Gewerkschaft abzielen können. Auf diesen Umstand weist *Kittner*, Verbot der Aussperrung, 1979, S. 41 f., hin. Bemerkenswerterweiser wird das Verbot ruinösen Kampfes stets individualbezogen gebraucht und gegenüber den Verbänden eher vernachlässigt; gerade dort zeigt sich einmal mehr die Problematik „spiegelbildlicher“ Betrachtung im Arbeitskampf: Der Arbeitgeberverband kann durch Arbeitskampfmaßnahmen kaum ruiniert werden, die Gewerkschaft jedoch über die Streik- und die Gemaßregeltenunterstützung recht schnell.

[17] Überdenkenswert wäre in diesem Zusammenhang vielleicht einmal die Frage, ob nicht bereits *lösende* Kampfmittel gegenüber dem einzelnen Arbeitnehmer in die Nähe ruinöser Kampfmaßnahmen gelangen, da sie dessen Existenz u. U. gefährden können; vgl. etwa *Brox / Rüthers*, S. 149. Hierzu aber: *Seiter*, Streikrecht, S. 534 f.

Auch für die Beurteilung der Sittenwidrigkeit anhand des *Kampfmittels* muß auf die Wertung des Art. 9 Abs. 3 GG zurückgegriffen werden. Die im Rahmen der Komplettierung eröffneten Kampfmittel selbst sind per se niemals sittenwidrig. Damit ist auch ein entsprechendes Verdikt gegenüber den mit dem Einsatz des Boykotts als Arbeitskampfmittel *typischerweise* verbundenen Folgen verwehrt. Unzulässig wäre daher jede Argumentation dahingehend, ein konkreter Boykott sei etwa sittenwidrig, weil eine unbestimmte Vielzahl von Dritten miteinbezogen werde oder weil der Gegner vom geschäftlichen Wettbewerb ausgeschlossen werde. Bei der Durchführung können demgegenüber Teilgeschehen mit der Rechtsordnung kollidieren und den generell über Art. 9 Abs. 3 GG errichteten Schutzbereich verlassen. Insbesondere wird hier auf Gewaltmaßnahmen anläßlich von Arbeitskämpfen verwiesen[18]. Dabei kann jedoch nicht einmal jede strafbare Handlung *anläßlich* von Arbeitskämpfen diese generell dem Verdikt der Sittenwidrigkeit unterstellen: Zurechnung von Verhalten Dritter muß — wie stets im Zivilrecht — legitimiert werden. Die üblicherweise[19] im Rahmen der Kampfmittel verworfene „bewußt falsche Kampfpropaganda" sowie „aufhetzende Verächtlichmachung" des Gegners sind dagegen eher Relikte weit zurückliegender Judikate[20]; sie sind nur zurückhaltend in die heutige Zeit zu übernehmen, wo angesichts der veränderten Medienlage eine völlig andere Beeinflussungsmöglichkeit mit subtileren, möglicherweise aber „aufhetzenderen" Mitteln möglich ist.

Eine Feststellung der Sittenwidrigkeit der *Mittel-Zweck-Relation* scheitert im Arbeitskampfrecht ebenfalls an der Unzulässigkeit der Kontrolle des Kampf*zieles*. *Seiter*[21] möchte deshalb die Prüfung der Relation eine Stufe vorverlegen und das Verhältnis von Kampfschaden und Willensbeeinflussung des Gegners untersuchen. Die Schadenszufügung soll danach zu dem der Willensbeeinflussung dienenden Druck nicht außer Verhältnis stehen. Dies soll etwa den *Kampfrahmen*, insbesondere das Kampfgebiet betreffen, aber auch die Frage der *Intensität der Schädigung*, insbesondere beim Einsatz modifizierter Kampfmittel[22]. Letztlich beläßt diese Relationsprüfung allerdings Zweifel an ihrer Praktikabilität und inhaltlichen Legitimation. Zwischen Schadenszufügung und Willensbeeinflussung besteht ein gleichsam direkt proportionales Verhältnis: Ein größerer Schaden läßt den Druck auf den Gegner anwachsen. Eine diesbezügliche Relationsprüfung müßte diesen

---

[18] *Brox / Rüthers*, S. 156; *Nikisch*, II, S. 140 f.

[19] *Brox / Rüthers*, S. 156; *Nikisch*, II, S. 140 f.

[20] Vgl. *Nikisch*, II, S. 150 Fn. 50.

[21] *Seiter*, Streikrecht, S. 540 ff.; *ders.*, Arbeitskampfparität, S. 93 ff.; ihm folgend *Konzen*, AcP 177, 473 (516).

[22] Hierauf ist bezüglich des Boykotts sogleich einzugehen.

Zusammenhang um ihrer eigenen Rechtfertigung willen leugnen. Zugleich ist nicht ersichtlich, welche Bezugsgrößen diese Prüfung tragen sollten, wie beispielsweise der „Druck“ auf den Gegner zu messen sein soll. Gerade im Arbeitskampfrecht muß die Einführung weiterer sich durch Vagheit auszeichnender Prüfungsgesichtspunkte sorgsam vermieden werden.

Insgesamt erweist sich das Instrumentarium der zivilistischen Sittenwidrigkeitsprüfung im Rahmen des § 826 BGB für das Arbeitskampfrecht als in der gezeigten Weise modifizierungsbedürftig. Die vorzunehmende Interessenabwägung muß die sich aus Art. 9 Abs. 3 GG ergebenden Wertungen beachten und vermag (nur) dann allerdings eine sachgerechte, auf die Konfliktlage bezogene Prüfung des privatrechtlichen Übermaßverbotes zu leisten und damit die Grenzen der privatrechtlichen Handlungsfreiheit auf dem Sektor der Durchführung von Arbeitskämpfen abzustecken.

2. Kampfmittel und Übermaßverbot

Für den Boykott ergeben sich danach insbesondere im Bezugspunkt des Kampf*mittels* Abwägungsprobleme mit dem (privatrechtlichen) Übermaßverbot, die eine detailliertere Betrachtung nahelegen.

a) Grundsatz des schonendsten Mittels

Als Folgewirkung der bereits oben[23] erwähnten und kritisierten Etikettierung des Boykotts als „schärfste Waffe“ wird dieser teilweise deswegen als unverhältnismäßig qualifiziert, weil er einem „Grundsatz des schonendsten Mittels“ nicht genüge. Dieser besage, daß von zwei gleichermaßen geeigneten Mitteln zunächst das schonendere zu wählen sei[24]. Eine besondere Ausprägung hiervon ist die von *Löwisch*[25] vertretene Subsidiarität des Boykotts in dem Sinne, daß dieser als Sympathiearbeitskampf erst dann als sachgerechtes Mittel in Betracht komme, wenn die arbeitskampferöffnende Maßnahme des Streiks erfolgt sei und nicht zum Ziel geführt habe.

Daß der Boykott a priori als das weniger schonende Kampfmittel angesehen werden kann, ist bereits bezweifelt worden; insofern wäre der aus dem „Grundsatz des schonendsten Mittels“ gefolgerten Nachrangigkeit des Boykotts schon die sachliche Berechtigung entzogen. Aber auch deren Prämisse, der Grundsatz selbst, ist nicht anzuerkennen. Zunächst fehlen bereits sichere Kriterien dafür, welches Kampf-

---

[23] Oben, § 6, III, 2, b, cc).

[24] *Seiter*, Arbeitskampfparität, S. 92 f.; vertreten auch von *Löwisch*, Anm. AR-Blattei, Arbeitskampf IV, Entsch 1; *dems.*, RdA 1977, 356 (359 f.).

[25] *Löwisch*, RdA 1977, 356 (360).

mittel im Einzelfall als „schonender“ angesehen werden kann und wessen Sicht maßgeblich sein soll. Eine Aussage darüber, ob etwa beim Verbandsarbeitskampf der Schwerpunktstreik gegenüber dem Vollstreik das schonendere Mittel ist, kann ohne Fixierung der Bezugspunkte sinnvollerweise nicht getroffen werden. Für das bestreikte Unternehmen stellt sich die Intensitätsproblematik anders dar als für andere, nichtbestreikte Unternehmen oder für den Verband. Ein nur spärlich befolgter Boykott wäre selbst dann, wenn man den Boykott generell als schärfere Waffe ansähe, wohl weniger einschneidend als ein straff durchgeführter Streik. Differenzierungen nach der *Dauer* des Arbeitskampfes können hierbei sogar dahinstehen, es bleibt die Feststellung, daß eine exakte Bestimmung des Einwirkungsgrades von Arbeitskampfmaßnahmen faktisch nur schwer durchführbar ist[26]. Schon wegen des Fehlens sicherer Parameter ist insofern ein Grundsatz des schonendsten Kampfmittels nicht legitimierbar.

Ein Grundsatz des dargestellten Inhalts würde letztlich auch auf ein zeitlich und der Intensität nach abgestuftes Kampf*mittel*system hinauslaufen. Ein bestimmtes Arbeitskampfmittel dürfte danach nur dann ergriffen werden, wenn andere, in der Kampfmittelskala vorangehende Kampfmittel nicht zum Erfolg geführt hätten. Im Resultat bewirkte dies Arbeitskämpfe, die jedenfalls erheblich in die Länge gezogen werden müßten, wollte man die vorgegebene Reihenfolge beachten[27].

Schließlich spricht entscheidend gegen einen Grundsatz des schonendsten Kampfmittels, daß die aus Art. 9 Abs. 3 GG hergeleitete Arbeitskampf*freiheit* es den Koalitionen selbst überläßt, das ihnen zur Erreichung ihres Kampfzieles zweckmäßigste unter mehreren *erlaubten* Mitteln auszuwählen. Die Koalitionen sind in der Kampftaktik grundsätzlich frei[28]; insofern gilt jedenfalls der — bereits erwähnte — Grundsatz der „Kampfmittelfreiheit“[29]. Dem würde es widersprechen, wollte man die Koalitionen dennoch gerade auf bestimmte Kampfformen und Kampftaktiken dadurch festlegen, daß ihnen die Präferenz oder Subsidiarität einzelner Kampfmittel je nach Arbeitskampflage zwingend vorgegeben würde.

Der Boykott erweist sich nach dem Gesagten als ein eigenständiges und gleichrangiges Arbeitskampfmittel der Arbeitnehmerseite, dessen Unterstellung unter *besondere*, gegenüber dem Streik zusätzliche Zu-

---

26 Vgl. auch *Birk*, Rechtmäßigkeit, S. 104.

27 Abl. auch *Birk*, Rechtmäßigkeit, S. 104 f.; prinzipiell (und in Abweichung von: Arbeitskampfparität, S. 92 f.) auch *Seiter*, Streikrecht, S. 516 f., 517 Fn. 18, mit dem ausdrücklichen Hinweis, daß nicht verlangt werden könne, daß Sympathiekampfmaßnahmen erst stattfinden dürften, wenn eine Partei im Hauptkampf zu erliegen drohe.

28 Vgl. auch *Konzen*, AcP 177, 473 (514); *Seiter*, Streikrecht, S. 142; dezidiert auch BGH AP Nr. 56 zu Art. 9 GG Arbeitskampf.

29 Vgl. oben, § 6, III 2, a.

lässigkeitsvoraussetzungen unter dem Gesichtspunkt der Verhältnismäßigkeit nicht legitimierbar ist.

b) *Boykottdurchführung und Übermaßverbot*

Eine boykottbezogene Relevanz des privatrechtlichen Übermaßverbotes ist danach insbesondere für die Determinante *Kampfmittel* erkennbar; letzteres allerdings nicht im Sinne des Kampfmittels des Boykotts selbst — das ist alleine eine Frage des öffentlich-rechtlichen Übermaßverbots —, sondern bezogen auf die zur *Durchführung* des Boykotts eingesetzten Mittel.

Die Qualifizierung bestimmter Mittel der Boykottdurchführung als „übermäßig" muß dabei allerdings die Resultate der zivilistischen Boykottbewertung[30] zumindest im Grundsatz rezipieren, wenngleich diese in das Arbeitsrecht integriert werden müssen. Dort hat sich eine wertende Betrachtungsweise durchgesetzt und eine eher schematische, auf begriffliche Ausfüllung der judikativ-kasuistischen Kriterien hinauslaufende verdrängt. Im Zivilrecht gewinnt also die Einbeziehung der Konfliktlage und der sich gegenüberstehenden Machtpositionen Bedeutung; eine fallspezifische Würdigung wird damit ermöglicht.

Nach den für das Verhältnis des Arbeitskampfrechts zum allgemeinen Zivilrecht entwickelten Maßstäben[31] verbieten sich für das Arbeitskampfrecht jedenfalls inhaltlich strengere Kriterien für die Zulässigkeit bestimmter Kampfmittel. Dieser Grundsatz ist auch auf die *Methode* übertragbar: Die Freiheitsrechtsausübung im Rahmen des Art. 9 Abs. 3 GG kann nicht prinzipiell in engere Spielräume gezwängt werden, als sie für die allgemeine Handlungsfreiheit der Privatrechtssubjekte entwickelt wurden. Demzufolge ist es auch auf dem Sektor des Arbeitskampfrechts geboten, eine etwaige Verletzung des privatrechtlichen Übermaßverbotes nicht begrifflich-schematisch, sondern konkretwertend festzustellen.

Unter dieser Prämisse wäre die Herausarbeitung von allgemeingültigen Kriterien, so verlockend sie für den Juristen sein mag, nicht letztlich ertragreich. Gewiß ist dies unter dem Gesichtspunkt der Rechtssicherheit mißlich, aber unter den Bedingungen eines sozialen Wandels für zahlreiche solcher Kriterien kaum vermeidbar, deren Bewertung von letzterem abhängig ist. Es wurde bereits darauf hingewiesen, daß etwa „aufhetzende Propaganda", ein gerade für den Boykott vielfach genanntes Unwertkriterium[32], angesichts einer veränderten Medien- und Kommunikationsstruktur derzeit völlig anders zu beurteilen ist

---

[30] Oben, § 4, IV.

[31] Oben, § 5, I.

[32] *Seiter*, Streikrecht, S. 523 f. m. zahlr. Nachw. zur Rechtsprechung von RG und RAG.

als zu Zeiten, in denen das Reichsgericht[33] dieses unrechtsindizierende Merkmal entwickelt hat.

Nur etwas anders gelagert ist die Bewertungsproblematik hinsichtlich des *Umfanges* der Kampfmaßnahmen, also etwa hinsichtlich *Dauer* des Boykotts oder *Anzahl* der einbezogenen Kampfbeteiligten. Zwar unterliegen auch diese — etwa bezogen auf die Konkurrenzsituation am Wettbewerbsmarkt oder ähnliches — einer dynamischen Betrachtungsweise, doch wird hier eher das genannte Einstellen in den sozialen Rahmen des Kampfes relevant: Konfliktlage und Machtmöglichkeiten sind für eine angemessene Bewertung konstitutiv. Dabei verlieren dann vordergründige Schlagworte recht schnell ihre suggestive Aussagekraft. So vermittelt etwa der im Rahmen der Auseinandersetzungen in der Seeschiffahrt verwandte Terminus „weltweiter Boykott“[34] nahezu mühelos den Eindruck einer „Unverhältnismäßigkeit“: Der Weltmaßstab gilt stets als das Maximale, das Maximale jedoch kollidiert in der Regel mit dem „Angemessenen“. Kontrastiert man nun den Terminus mit der realen Situation etwa eines Reeders, dessen zahlreiche Schiffe Häfen in der gesamten Welt anlaufen, so wird deutlich, daß es geradezu selbstverständlich einer weltweiten Ausdehnung der Kampfmaßnahmen bedurfte, wollten diese *wirksam* sein. Ebenso verfehlt wäre es, den Fall des Boykotts unter Zuhilfenahme der Arbeitsverweigerung nur *eines einzigen* Arbeitnehmers[35], des Kranführers im Hafen, um dieser Tatsache willen als besonders „angemessen“ zu qualifizieren.

Beide Beispiele erweisen die Schwierigkeit der Fixierung von Kriterien, die stets unbeeinflußt von der realen Kampfsituation Aussagekraft im Rahmen des Übermaßverbotes beanspruchen könnten. Es wäre offensichtlich nicht haltbar, wollte man eine Regel dahingehend postulieren, ein „weltweiter“ Boykott sei in jedem Falle unverhältnismäßig. Eine ähnliche Situationsgebundenheit ließe sich auch für die Frage der *Dauer* von Boykottmaßnahmen nachweisen.

Es verbleibt schließlich der Gesichtspunkt der unzulässigen Gewaltanwendung bei der Boykottdurchführung, wobei allerdings — wie gezeigt — deren Zurechnung zum Gesamttatbestand jeweils gesondert vorzunehmen ist und den Boykott nicht von vornherein und in jedem Falle in seiner Gesamtheit als rechtswidrig erscheinen läßt[36].

---

[33] Vgl. nur RGZ 66, 379 (384); RGZ 76, 35 (40); RGZ 105, 4 (7).

[34] So etwa LAG Baden-Württemberg, AuR 1974, 316 ff. = AR-Blattei, Arbeitskampf IV, Entsch. 1 = SeeAE Nr. 1 (II), zu Art. 9 GG.

[35] BAG AP Nr. 6 zu § 1 TVG Form.

[36] Vgl. zum Ganzen *Seiter*, Streikrecht, S. 525 f.: Bloße *Duldung* von Ausschreitungen durch die (Streik-)Leitung soll nicht zur Rechtswidrigkeit der Gesamtaktion führen.

Einen gewichtigeren Ansatzpunkt der Prüfung des Übermaßverbotes scheint prima facie die Palette der Boykottdurchführungs*formen*[37] darstellen zu können, die eine Stufung von bloßem Aufruf zur Meidung über die Drohung mit Nachteilen bis hin zur Durchführung der Meidung durch zusätzliche Arbeitskampfmaßnahmen aufweist.

Aber auch hier muß auf die gegenüber dem Grundsatz des schonendsten Mittels vorgebrachten Einwände zurückgegriffen werden. Die Koalition ist in der Wahl der Kampftaktik grundsätzlich frei und kann das ihr am günstigsten erscheinende — erlaubte — Mittel zur Anwendung bringen, ohne zuvor eine Skala anderer denkbarer Mittel durchlaufen zu müssen.

Zudem sprechen systematische Erwägungen gegen eine Relevanz des Übermaßverbotes für die Anwendung der divergenten Durchführungs*formen*. Erscheint der konkrete Boykott — insbesondere im Verhältnis Verrufer zum Boykottierten — insgesamt als zulässig, so wäre denkbar und sicher rechtmäßig, wenn bei Einsatz der Form des *bloßen Aufrufs* eine *vollständige* Meidung des Kampfgegners durch die Adressaten erfolgte. Die totale Absperrung — bis zu der Grenze des ruinösen Kampfes — wäre also das Maß dessen, was der Boykottierte ungünstigstenfalls hinzunehmen hätte. Die Durchführungsform des zusätzlichen Arbeitskampfes gegenüber dem Adressaten kann dann *gegenüber dem Boykottierten* keine weiterreichenden Wirkungen erzielen. *Diesem gegenüber* — und darauf ist abzustellen — kann daher die letztgenannte Form im Vergleich zum bloßen Aufruf nicht „übermäßig“ sein, da abstrakt lediglich die gleiche Maximalwirkung möglich ist; ein maximaler Erfolg des bloßen Aufrufs aber kann dem Übermaßverbot grundsätzlich nicht unterfallen.

Im Rahmen des Übermaßverbotes, also im Projektionspunkt der *Intensität des Eingriffs*, kann die angewandte Durchführungsform demgemäß für sich genommen keine Relevanz erlangen. Eine Boykottdurchführung auf der dritten Stufe ist nicht bereits deswegen unverhältnismäßig, weil vorangehende Stufen hätten kampferöffnend eingesetzt werden müssen.

III. Ergebnis

Die unterschiedlichen Gewährleistungsschichten des Boykotts unterfallen nicht einem öffentlich-rechtlichen Übermaßverbot. Allein ein privatrechtlich verstandenes, arbeitskampfrechtlich modifiziertes Übermaßverbot wird für den Boykott relevant. Insoweit entscheiden die Umstände des Einzelfalles über eine etwaige „Sittenwidrigkeit“ eines *konkreten* Boykottgeschehens. Dabei stellt die Boykottdurchführungs*form* kein Indiz im Rahmen des Übermaßverbotes dar.

---

[37] Oben, § 2, III, 2.

Dritter Teil

Konsequenzen der verfassungsrechtlichen und arbeitskampfsystematischen Grundlagen für die Boykottbewertung im einzelnen

§ 9 Exemplarische Anwendung I: Fallgruppe der Kundensperre mittels bloßer Aufforderung an Dritte

Die Prüfung der verfassungsrechtlichen Verankerung des Boykotts innerhalb des Art. 9 Abs. 3 GG sowie die Kontrastierung mit den einschlägigen arbeitskampfrechtlichen Prinzipien „Parität" und „Übermaßverbot" haben die systematische Stellung des Boykotts im Arbeitskampfrecht deutlich werden lassen. Die hieraus resultierenden Folgen für die Einzelfragen des Boykotts sollen nunmehr exemplarisch für bestimmte Fallgruppen entwickelt werden. Von der praktischen Relevanz her bietet sich die Kunden- oder Absatzsperre an, die zunächst in der Durchführungsform der bloßen *Aufforderung an Dritte*[1] und sodann[2] in der Form der *faktischen Durchsetzung der Sperre mittels weiterer Kampfmaßnahmen*[3] untersucht werden soll.

I. Kundensperre ohne Verletzung vertraglicher Pflichten

Die rechtliche Einzelbeurteilung von Kundensperren hat bereits prima facie danach zu differenzieren, ob diese ohne Verletzung von Vertragspflichten oder unter Verstoß gegen solche erfolgt oder erfolgen soll. Vertragspflichten können dabei im Verhältnis Verrufer — Boykottierter und im Verhältnis Adressat — Boykottierter betroffen sein.

1. Prinzipielle Zulässigkeit vertragskonformen Verhaltens

Bereits bei der Erörterung des Verhältnisses des Arbeitskampfrechts zur zivilistischen Boykottbewertung[4] wurde der Grundsatz betont, daß bei Abwesenheit vertraglicher Verpflichtungen der Nichtabschluß von

---

[1] Vgl. oben, § 2, III, 2, a.

[2] Unten, § 10.

[3] Vgl. oben, § 2, III, 2, c.

[4] Oben, § 5, I, 1.

Verträgen mit dem Boykottierten prinzipiell ebenso zulässig ist wie etwa die vertragsgemäße Kündigung existenter Beziehungen. An diesem Ergebnis kann sich nach dem Gesagten auch durch eine gemeinsame und gleichzeitige Wahrnehmung dieser Rechte mit anderen nichts ändern. Demzufolge ist auch der Aufruf hierzu — falls der Verrufer gegenüber dem Boykottierten nicht selbst einem Kampfverbot unterliegt — prinzipiell rechtmäßig.

Angesichts seiner Funktion als Basis von Privilegierungen zivilrechts*widrigen* Verhaltens[5] bleibt das Arbeitskampfrecht für diesbezügliche Fallgestaltungen irrelevant.

2. Deliktsrechtliche Grenzen

Gleichwohl gelten auch bei Abwesenheit vertraglicher Pflichten die allgemeinen zivilrechtlichen Grenzen des Deliktsrechts, mit deren Hilfe der Rechtskreis des betroffenen Boykottierten prinzipiell geschützt wird. Dieser deliktsrechtlich geschützte Bereich muß allerdings *arbeitskampfspezifisch* abgesteckt werden[6].

a) Recht im Sinne des § 823 Abs. 1 BGB am eingerichteten und ausgeübten Gewerbebetrieb

Die deliktsrechtliche Relevanz von Arbeitskämpfen liegt in der judikativen Ausprägung des „Rechts am eingerichteten und ausgeübten Gewerbebetrieb"[7] innerhalb des § 823 Abs. 1 BGB begründet. Auch das Bundesarbeitsgericht[8] erkennt ein Schutzgut in dieser Form wenigstens prinzipiell an. Ein solchermaßen absolut geschütztes Recht diesen Inhalts wird allerdings bereits in der Zivilrechtslehre weitgehend kritisiert[9].

Bezweifelt wird teilweise schon, ob es sich bei dem Recht am Unternehmen um ein *absolut* geschütztes Recht in einer Kategorie handelt, die mit den Rechtsgütern Leben, Eigentum etc. gekennzeichnet ist. In Frage gestellt wird jedenfalls aber die *Unrechtsindikation* eines Eingriffs in diesen Rechtskreis. Letzteres kann als Status quo im Zivilrecht angesehen werden: Die rechtliche Einordnung bestimmter Eingriffe

---

[5] Vgl. oben, § 5, I.

[6] Vgl. oben, § 5, I.

[7] Zu dessen Entwicklung vgl. oben, § 4, III, 2.

[8] Vgl. nur BAG AP Nr. 2, 32, 34, 62 zu Art. 9 GG Arbeitskampf.

[9] Vgl. nur *v. Caemmerer*, Festschrift zum 100jährigen Bestehen des Deutschen Juristentages, Bd. II, 1960, S. 49 (89 ff.); *Esser / Weyers*, Schuldrecht, II, 2, S. 142 ff.: „unterschiedliche Schutztendenzen"; *Larenz*, Schuldrecht II, S. 558 f., vermißt eine dogmatische Verankerung. Vgl. auch *Wiethölter*, KJ 1970, 121 ff., mit einer grundsätzlichen, auch auf ideologische Fragen abgestellten Kritik. Grundsätzlich zustimmend aber zuletzt *Buchner*, DB 1979, 1069 ff., mit einer Analyse der neueren Rechtsprechung.

in das bloß als „Rahmenrecht" qualifizierte Recht am Unternehmen muß jeweils *positiv* bestimmt werden[10]. Die Bestimmung erfolgt im Wege einer Interessenabwägung, die bereits auf der Tatbestandsebene der Norm angesiedelt ist. Auch das Bundesarbeitsgericht geht von der letztgenannten Einschätzung aus.

Die arbeitskampfrechtliche Ausprägung dieser Grundsätze wird bestimmt durch die grundrechtlich abgesicherte Arbeitskampffreiheit. Eine im Schutzbereich des Art. 9 Abs. 3 GG befindliche Betätigung, also auch prinzipiell die Kundensperre *als Arbeitskampfform*, stellt von vornherein keinen tatbestandsmäßigen Eingriff in ein Recht am eingerichteten und ausgeübten Gewerbebetrieb dar[11]. Eine etwaige Rechtswidrigkeit könnte sich allenfalls aus anderen Normen und Wertungen der Rechtsordnung ergeben, müßte dann aber positiv festgestellt werden[12]; jene Normen und Wertungen müßten allerdings ihrerseits an der Garantie der Arbeitskampffreiheit selbst gemessen werden.

Ein zusätzlicher Gesichtspunkt für diese grundsätzlich positive Beurteilung der Kundensperre im Rahmen des Arbeitskampfrechts ergibt sich in der Frage der Relation von Vertrags- und Deliktsrecht. Im allgemeinen Zivilrecht findet ein zusätzlicher Schutz von Vertragsansprüchen im Wege des deliktsrechtlichen Unternehmensschutzes generell Ablehnung[13]. Gleiches muß für den Arbeitskampf im Wege des Streiks angenommen werden: Ist die streikweise Arbeitsniederlegung von den arbeitskampfrechtlichen Zulässigkeitsprinzipien her nicht gedeckt, so handelt es sich um eine Verletzung des Arbeitsvertrages, deren Rechtsfolgen sich (nur) nach eben jenen Vertragsgrundsätzen und den hierzu bestehenden normativen Regeln bemessen[14].

Es fragt sich allerdings, ob dieser Schluß auf Boykotte im Wege von Kundensperren übertragen werden kann. Prinzipiell ist dies für solche Fallkonstellationen zu bejahen, in denen die Adressaten sich ihrer vertraglichen (Abnahme-)Pflicht durch ordnungsgemäße Kündigung entledigt haben. Zwar wird grundsätzlich auch die Möglichkeit einer „sittenwidrigen" Kündigung dann angenommen, wenn diese zur Einleitung von rechts- oder sittenwidrigen Arbeitskämpfen erfolgt[15]. Die Kundensperre als solche ist aber prima facie *keine* rechtswidrige

[10] Vgl. nur *Esser / Weyers*, Schuldrecht, II, 2, S. 142 ff.; zur diesbezüglichen Problematik bei — damals aktuellen — Demonstrationen vgl. *Säcker*, ZRP 1969, 60 ff.

[11] Vgl. nur *Birk*, Rechtmäßigkeit, S. 110.

[12] H. M., vgl. nur *Hueck / Nipperdey*, II, 2, S. 998 ff.; *Lieb*, Arbeitsrecht, S. 121; *Seiter*, Arbeitskampfparität, S. 46; *Zöllner*, Arbeitsrecht, § 40 I 2 jew. m. w. Nachw.

[13] Vgl. *Buchner*, Gewerbebetrieb, S. 147 f. m. w. Nachw.

[14] *Löwisch*, Deliktsschutz, S. 201 f.; *Seiter*, Streikrecht, S. 460 f. m. w. Nachw.

[15] *Seiter*, Streikrecht, S. 426 ff.

Arbeitskampfmaßnahme, so daß es auf eine petitio principii hinausliefe, wollte man Kündigung des Vertrages und Kundensperre in ihrer Verbindung der Rechtswidrigkeit unterstellen. Erfolgt die Kundensperre durch *Vermeidung* von (neuen) Vertragsabschlüssen, so entfällt zunächst der alleine auf den *Primat der Vertragsebene* gestützte Ausschluß der Deliktsprüfung. Gerade hierin sieht *Seiter*[16] den Unterschied zwischen Streik und Boykott bezüglich der Leistungsverweigerung. Gleichwohl ist auch hier eine Ausstrahlung der Vertragsebene in das Deliktsrecht gegeben. Existieren keine vertraglichen Bindungen zwischen Adressat und Boykottiertem, so steht — bei Abwesenheit eines Kontrahierungszwanges — dem Adressaten angesichts der Wertung des Art. 2 Abs. 1 GG der Nichtabschluß von Verträgen prinzipiell frei. Dieses verfassungsrechtlich nicht bloß gebilligte, sondern *gewährleistete* Vertragsverhalten kann in keinem Falle zu einem *rechtswidrigen* Eingriff in ein Recht am Gewerbebetrieb führen, so daß für den insoweit abstinenten Adressaten jedenfalls der Schutzbereich des Art. 2 Abs. 1 GG relevant wird, wenn man nicht bereits auch dessen Handlung dem — für den Verrufer geltenden — Bereich des Art. 9 Abs. 3 GG unterstellt.

Eine Kundensperre ohne Verletzung vertraglicher Pflichten ist daher *für sich genommen* deliktsrechtlich im Sinne des § 823 Abs. 1 BGB und des dort teilweise statuierten Rechts am eingerichteten und ausgeübten Gewerbebetrieb unbedenklich.

b) §§ 823 Abs. 2, 826 BGB als externe Kampfgrenzen der Durchführung der Kundensperre im einzelnen

Ist die Kundensperre damit *als solche* deliktsrechtlich irrelevant, so kommt eine Kollision mit deliktsrechtlichen Normen immerhin bei der *Durchführung im einzelnen* in Betracht. Die §§ 823 Abs. 2, 826 BGB stellen nämlich externe Kampfgrenzen und Kampfverbote dar, die auch für den legitimen Arbeitskampf Geltung beanspruchen.

Als Schutzgesetz im Sinne des § 823 Abs. 2 BGB kann dabei beispielsweise § 74 Abs. 2 S. 1 BetrVG herangezogen werden, nach dem Arbeitskämpfe zwischen Arbeitgeber und Betriebsverfassungsorgan untersagt sind[17]. Ferner kommen über den Weg des § 823 Abs. 2 BGB auch die strafrechtlichen Grenzen von Arbeitskämpfen ins Spiel, wobei als „Schutzgesetz" im Sinne des § 823 Abs. 2 BGB allerdings nur solche Normen angesehen werden können, die gerade den Schutz des betroffenen Arbeitgebers oder aber des Verbandes bezwecken[18]. Dies wird

---

[16] *Seiter*, Streikrecht, S. 460, Fn. 99.

[17] *Dietz / Richardi*, BetrVG, § 74 Anm. 29; *Seiter*, Streikrecht, S. 465.

[18] *Löwisch / Krauß*, AR-Blattei, Arbeitskampf II, unter B IV 3 a m. w. Nachw.

etwa für den Tatbestand der Nötigung, § 240 StGB, angenommen, wobei eine Anwendung dieser Norm auf der Ebene des Strafrechts ihrerseits gerade jene Interessenabwägung voraussetzt, die auch aus dem Gesichtspunkt des Arbeitskampfrechts auf dessen Ebene geboten ist.

Die über § 823 Abs. 2 BGB einfließenden Gesichtspunkte der Nötigung finden vor allem in älteren Darstellungen für das Verhältnis zwischen Verrufer und Adressat Beachtung[19]. In der Tat geht es in diesem Verhältnis um die Herbeiführung einer gewünschten Handlung oder Unterlassung seitens der Adressaten, so daß von der tatsächlichen Konstellation die Ausgangslage des Nötigungstatbestandes vorgegeben ist. Für Kundensperren ergibt sich damit an dieser Stelle ein entscheidender Gesichtspunkt zur Bewertung ihrer Rechtmäßigkeit. Auf die Adressaten darf kein *rechtswidriger* Zwang ausgeübt werden, der sie in unzulässiger Weise in ihrer Willensfreiheit beeinträchtigte; ebenfalls ist selbstverständlich eine Einbeziehung von Gewaltmaßnahmen bei der Gewinnung von Boykottanten versagt.

Die Kampfgrenze des § 826 BGB wurde bereits oben[20] erwähnt. Sie wirkt schwerpunktmäßig innerhalb der Beziehungen zwischen Verrufer und Boykottiertem. Ihre Kriterien im einzelnen sind bereits genannt; hierauf kann an dieser Stelle verwiesen werden.

II. Kundensperre unter Verletzung vertraglicher Pflichten

1. Pflichtverletzung des Verrufers

Im Rechtsverhältnis zwischen Verrufer und Boykottiertem sind im Rahmen des Boykotts als Arbeitskampfmittel Verletzungen insbesondere eines zwischen beiden Parteien existenten *Tarifvertrages* denkbar. Einem Aufruf zum Boykott könnte eine bestehende Friedenspflicht entgegenstehen.

Auf Art und Umfang der tarifvertraglichen Friedenspflicht kann an dieser Stelle nicht eingegangen werden[21]; eine Verletzung kommt jedenfalls dann in Betracht, wenn eine Friedenspflicht *vereinbart* ist und es inhaltlich um die Regelung einer im Tarifvertrag normierten Frage geht. Soweit diese Konstellation vorliegt, beinhaltet die Friedenspflicht das Verbot von Arbeitskampfmaßnahmen um solche Regelungen für die Laufzeit des Tarifvertrages zwischen dessen Parteien. Ruft eine Gewerkschaft dennoch zu Boykottmaßnahmen auf, so stellt

[19] Vgl. beispielsweise *F. Mayer*, S. 26 f.; *Oertmann*, Politischer Boykott, S. 11, 67; *Strauß*, S. 141.

[20] Oben, § 8, II.

[21] Vgl. zu den Einzelheiten nur *Däubler / Hege*, Tarifvertragsgesetz, S. 76 ff.; *Wiedemann / Stumpf*, TVG, § 1 Rdn. 323 ff.; jew. m. w. Nachw.

dies eine Verletzung des schuldrechtlichen Teils des Tarifvertrages dar, die eine vertragliche Haftung der Gewerkschaft auslöst. Dabei kommt im Falle des Verbandstarifvertrages dem einzelnen Arbeitgeber der Schutz des § 328 BGB zugute.

2. Pflichtverletzung des Adressaten

Eine faktisch durchaus größere Bedeutung dürften Pflichtverletzungen im Verhältnis des Adressaten zum Boykottierten erlangen. Bestehen zwischen beiden Vertragsbeziehungen, in der Regel also Abnahmepflichten des Adressaten für Produkte oder Dienstleistungen des Boykottierten etwa im Rahmen von Dauerschuldverhältnissen, so liegt in der Befolgung des Boykottaufrufs jedenfalls prima facie ein Vertragsbruch. Ähnliches würde für den Fall gelten, in dem der (vertraglich noch nicht gebundene) Adressat etwa wegen eines Kontrahierungszwanges zum Abschluß von Verträgen mit dem Boykottierten verpflichtet wäre, dies gleichwohl aber verweigerte. Letztere Fallkonstellation dürfte allerdings eher atypisch sein und soll hier nicht weiter verfolgt werden.

Derartige Fallgestaltungen werden prinzipiell als Vertragsbruch qualifiziert und entsprechend sanktioniert[22]. Die Tatsache, daß der Adressat sein vertragswidriges Verhalten letztlich „auf Aufforderung", also unter Befolgung des Boykottaufrufes begeht, soll an dieser Bewertung nichts ändern. Zwar wird bisweilen das Vorliegen einer Art „Pflichtenkollision" anerkannt, dem Adressaten jedoch nur die Entscheidung anheimgestellt, *in welcher Richtung* er vertragsuntreu werden soll.

Dieses Ergebnis kann vom Ausgangspunkt der vorliegenden Untersuchung her nicht ungeprüft übernommen werden. Es beruht im Grundsatz auf der „Weimarer" Konzeption des Arbeitskampfrechts[23], das eine Suspendierungswirkung beim rechtmäßigen Streik nicht kannte und ein vertragstreues Verhalten ohnehin als Prämisse für Kampfmaßnahmen ansah. Legt man demgegenüber den — auch für den Boykott Geltung erlangenden — verfassungsrechtlichen Schutzbereich des Art. 9 Abs. 3 GG als Maßstab an, so ist zumindest zu überlegen, ob dieser im Ergebnis nicht — ebenso wie beim legitimen Streik — zu Privilegierungen auch eines solchen vertragswidrigen Verhaltens beim Boykott führen kann, wenn letzterer den prinzipiellen arbeitskampfrechtlichen Anforderungen genügt.

---

[22] *Bulla*, AR-Blattei, Arbeitskampf IV, unter V B 1 b, bb; *F. Mayer*, S. 28; *Oertmann*, Politischer Boykott, S. 12, 67 f.; *Strauß*, S. 141; vgl. auch oben, § 4, I.

[23] Auch *Bulla*, dessen Ausführungen aus dem Jahre 1950 datieren, hat sich hieran weitgehend orientiert.

Dabei ist allerdings zu bedenken, daß Art. 9 Abs. 3 GG gerade nicht als geschlossenes System konzipiert ist. Es handelt sich vielmehr um eine — im obigen Sinne[24] — partiell „offene" Norm. Die in ihr angelegte Arbeitskampffreiheit ihrerseits ist ebenfalls nicht statisch verfaßt, sondern erfährt ihre Legitimation über den Gesichtspunkt, daß Kampfmaßnahmen zur wirksamen Koalitionszweckverfolgung dienen und entsprechend *geeignet* und *erforderlich* sein müssen. Insofern ist eine automatische Parallelität bei der rechtlichen Ausgestaltung einzelner Kampfmittel nicht anzunehmen; die spezielle Ausformung eines bestimmten Kampfmittels determiniert nicht diejenige anderer. Die Privilegierungswirkung beim rechtmäßigen Streik kann daher alleine nicht als Begründung dafür ausreichen, auch beim Boykott gleiches oder ähnliches anzunehmen. Zu fragen ist vielmehr, ob eine solche Privilegierung innerhalb eines Boykottgeschehens *erforderlich* ist, um das Kampfmittel des Boykotts *wirksam* zu gestalten.

Zunächst aber erfordert die Lösung der Frage einer etwaigen Privilegierungswirkung einen Blick auf ratio und Wirkungsweise der Suspendierung der Arbeitsvertragspflichten beim legitimen Streik. Dort spielt der Gesichtspunkt der antagonistischen Bipolarität des Arbeitsverhältnisses eine gewichtige Rolle. Wenn beim zulässigen Streik die Leistungspflicht des Arbeitnehmers suspendiert und seine Arbeitsniederlegung privilegiert wird, so verbleibt diese Wirkung innerhalb des primären Kampfverhältnisses, in dem sich Arbeitnehmer auf der einen und Arbeitgeber auf der anderen Seite gegenüberstehen. Sie betrifft genau dasjenige, um dessen Bedingungen gestritten wird, nämlich den Austausch gerade dieser (nun suspendierten) Arbeitsleistung gegen Entgelt. Mit der Privilegierung der Leistungsverweigerung in diesem Verhältnis wird der Tatsache Rechnung getragen, daß wegen des hier stattfindenden, von der Rechtsordnung gebilligten Interessenaustrags die Kontrahenten von ihren gegenseitigen Pflichten entbunden werden sollen. Teilweise kommt dabei auch der Gesichtspunkt der Unzumutbarkeit zum Tragen, innerhalb des antagonistischen Gegensatzes dem Kontrahenten gegenüber in irgendeiner Weise zu Handlungen verpflichtet zu sein, die eine partielle Aufgabe der eigenen Kampfposition bedeuten könnten. Dieser Grundsatz ist dem Arbeitsrecht durchaus nicht fremd, er findet sich beispielsweise auch bei der Frage des Einzugs von Gewerkschaftsbeiträgen durch den Arbeitgeber. Letztlich entspricht dies auch dem Leitbild des Art. 9 Abs. 3 GG, das von *gegnerischen* Koalitionen und deren kampfweisem Interessenaustrag ausgeht.

Auch die „Einheitstheorie", nach der das Kollektivrecht die Individualpflichten überlagert, hat dieses kontradiktorische Verhältnis zwi-

[24] Vgl. oben, § 5, III, 2.

schen Arbeitgeber und Arbeitnehmer im Auge. Wenn letztere sich kollektiv im Kampf befinden, sollen sie nicht als Individuen zur Zusammenarbeit mit dem Gegenspieler verpflichtet sein. Die Privilegierung löst in diesem Falle die Kollision *kongruenter* Rechtsverhältnisse individualer und kollektiver Art.

Schließlich beruht die Privilegierung innerhalb des antagonistischen Grundverhältnisses auch auf der Basis der prinzipiellen Steuerbarkeit des Verhaltens auf seiten der gleichen Arbeitskampfpartei. Es kann davon ausgegangen werden, daß die Arbeitnehmerkoalition das Verhalten der Kämpfenden insgesamt steuern kann. Treten innerhalb des Arbeitskampfes bestimmte Entwicklungen, etwa Kompromißangebote oder ähnliches, ein, so ist eine *unmittelbare* Reaktion der Arbeitnehmerkoalition möglich. Im Ergebnis bedeutet die Gewähr, daß die Suspendierung mit der unmittelbaren Trägerschaft des Kampfes gekoppelt ist, eine gewisse Eingrenzung der doch prinzipiell als Ausnahmeerscheinung innerhalb der Rechtsordnung konzipierten Privilegierungswirkung. Diese ist letztlich kalkulierbarer; sie bleibt auch *temporär,* da nach Abschluß des Arbeitskampfes die Pflichten nicht erneuert zu werden brauchen, sondern lediglich wiederaufleben.

Diese Voraussetzungen und Wirkungen sind im Fall der Kundensperre für die Beziehungen des *Adressaten zum Boykottierten* nicht durchgängig gegeben. Weder handelt es sich um den für das Arbeitsverhältnis kenzeichnenden antagonistischen Gegensatz noch um *kongruente* Leistungspflichten der Adressaten gegenüber dem Geschäftsgegner. Schließlich fehlt die Gewähr eines reagiblen Verhältnisses zwischen Suspendierung und Kampfentwicklung. So ist es etwa durchaus denkbar, vielleicht sogar wahrscheinlich, daß Adressaten den Abbruch der Geschäftsbeziehung zum Boykottierten auf Dauer anlegen und als Kunden gänzlich verlorengehen. Damit entfiele aber der für das *Innenverhältnis* beim legitimen Streik kennzeichnende transitorische Charakter der Leistungsverweigerung, womit schon prima facie die veränderte Qualität derartiger Suspendierungswirkungen in *diesem* Verhältnis deutlich wird.

Von der Ausgangslage her ist bei der Kundensperre eine Analogie zur Situation beim Streik nicht gegeben. Eine etwaige Privilegierungswirkung bedürfte zur Begründung insofern weiterreichender Argumente.

Zu denken wäre dabei an eine andere Fallkonstellation, wo allerdings bisweilen arbeitskampfbedingte Störungen zivilrechtlicher Drittverpflichtungen abweichend von den üblichen schuldrechtlichen Regeln behandelt werden. Es sind dies solche Fälle, in denen einem Unternehmer die Vertragserfüllung gegenüber Dritten infolge Arbeitskampfes zumindest nur verzögert möglich oder ganz unmöglich wird. Ein Teil der Literatur[25] läßt in der Tat das Entfallen einer Vertragspflicht des Unternehmers in derartigen Fällen prinzipiell zu; andere[26] gelangen — zurückhaltender — unter dem Gesichtspunkt der *Zumutbarkeit* oder des *Wegfalles der Geschäftsgrundlage* wenigstens unter bestimmten Voraussetzungen zu einem ähnlichen Ergebnis. Zur Begründung wird — mit unterschiedlicher Reichweite — darauf hingewiesen, der im Arbeitskampf befindliche Unternehmer könne, wie *Löwisch*[27] es formuliert, den „Vorrang der Sozialpartnerfunktion vor der Vertragserfüllungspflicht" für sich geltend machen.

Dieser Gesichtspunkt ließe sich zwar nicht unmittelbar auf den Fall der Kundensperre übertragen, da die Adressaten / Käufer, um deren Vertragspflichtverletzung es geht, keine unmittelbare Sozialpartnerfunktion ausüben, sondern nur mittelbar in den Interessenaustrag der sozialen Gegenspieler einbezogen sind. Jedoch könnte die Argumentation *Löwischs* abstrakt besagen, daß die Durchführung eines legitimen Arbeitskampfes schuldrechtliche Verpflichtungen *überhaupt* überlagern kann. Dann wäre es nur ein kleiner Schritt zu der Einbeziehung auch des Pflichtenkreises solcher Dritter in einen derartigen Dispens, die als *notwendige* Beteiligte, wie die Adressaten / Käufer im Falle des Boykotts im Wege der Kundensperre, in das Arbeitskampfgeschehen eingeschaltet sind.

Ein solcher Schluß ginge freilich über dasjenige hinaus, was unter dem Gesichtspunkt der „Vertragserfüllung im Arbeitskampf"[28] diskutiert wird. Bei näherem Zusehen betreffen die zugebilligten Vertragspflichtverletzungen jeweils nur solche *Leistungspflichten*, deren Erfüllung dem Unternehmer *aufgrund* des Arbeitskampfes nicht möglich ist. Bedingungen zum Dispens von der Leistungspflicht sind also *faktische Verhinderung* der Leistungsmöglichkeit und deren *kausale* Verursachung durch Arbeitskampf. Diese Voraussetzungen sind bei einer Kundensperre nicht gegeben. Die Verletzung der Abnahme- und der Zahlungspflicht der Kunden erfolgt nicht *aufgrund* eines Unmöglichwerdens infolge Arbeitskampfes. Vielmehr soll der Arbeitskampf gerade *durch* den Abbruch oder die Nichteinhaltung der vertraglichen

---

[25] *Hueck / Nipperdey*, II, 2, S. 956 ff.; *Löwisch*, DB 1962, 761 ff.; *ders.*, AcP 174, 202 (233); *Mayer-Maly*, Beilage zu: Recht und Sozialpolitik, Heft 40 (1965), S. 1 ff.; *Mühlen*, S. 10 ff.

[26] *Brox / Rüthers*, S. 260 ff.; *Esser*, JZ 1963, 489 ff.; *Lauschke*, DB 1966, 137 ff.; *F. Müller*, ArbR-GW 4 (1967), S. 71 ff.

[27] *Löwisch*, AcP 174, 202 (233).

[28] Vgl. hierzu außer den in § 9 Fn. 25, 26 genannten Autoren noch: *Brendel*, Einfluß des Arbeitskampfes auf Abnahme- und Lieferverpflichtungen, Diss. Hamburg, 1969; *Hohn*, Unternehmerhaftung gegenüber Geschäftspartnern bei Arbeitskämpfen, 1965; *Mühlen*, Die Schädigung von Drittbetrieben im Arbeitskampf, Diss. Köln, 1967.

Pflichten der Kunden *geführt werden*. Es besteht aber qualitativ ein erheblicher Unterschied zwischen arbeitskampfbedingten Störungen im Leistungsverhältnis und solchen Leistungsverweigerungen, die ihrerseits bewußt gerade als Kampf*mittel* eingesetzt werden. Trägt im ersten Fall immerhin zum Teil der Gedanke des „Nicht-Vertretenmüssens" eine etwaige Freistellung von der Leistungspflicht und von Schadensersatzansprüchen, so kann dies für die Fälle der zweiten Kategorie kaum gelten.

Eine Analogie der zur Leistungspflichtverletzung durch Arbeitskampf entwickelten Gedanken auf die Leistungsverweigerung im Rahmen von Kundensperren ist daher verwehrt. Es verbleibt auch hier dabei, daß die Verletzung der Vertragspflichten der Kunden nicht privilegiert werden kann und damit vertragswidrig ist.

Dieses Ergebnis bedarf auch angesichts der unterschiedlichen verfassungsrechtlichen Gewährleistungsschichten des Boykotts keiner Korrektur. Auch die Tatsache, daß für bestimmte reale Kampfkonstellationen der Boykott als *Mindestkomplettierung* des Art. 9 Abs. 3 GG und insoweit in dessen *Kernbereich* befindlich erkannt wurde[29], kann nicht bedeuten, daß in diesem Sektor ein rechtlich *unbegrenztes* Handeln des Verrufers zulässig ist. Insofern käme eine Suspendierung von vertraglichen Drittpflichten der Adressaten allenfalls in Betracht, wenn diese Wertung für eine *wirksame* Boykottdurchführung überhaupt konstitutiv wäre. Dies kann nicht angenommen werden. Sicher würde eine solche den Boykott überaus *effektiv* sein lassen; die Effektivität ist jedoch nicht alleiniger Maßstab einer Ausgestaltung eines Kampfmittels, das sich eben auch auf die *Erforderlichkeit* hin eine Prüfung gefallen lassen muß. Wenngleich sicherlich nicht alleine das Minimum an Möglichkeiten gewährt werden muß, so bedarf die Erforderlichkeitsprüfung — wie gezeigt — auch eines Blickes auf die entgegenstehenden Rechte des Kampfbetroffenen.

Angesichts der Möglichkeit der Suspendierung einer Vielzahl von — oft nicht überschaubaren und nicht steuerbaren — Drittverpflichtungen der Adressaten zum Boykottierten und der damit initiierten weitgehenden Rechtsbeeinträchtigungen auf seiten des letzteren ist von einer Erforderlichkeit der Privilegierungswirkung für die Durchführung eines Boykottes nicht auszugehen.

3. Interdependenzen beider Pflichtenkreise

Für die Bewertung des Boykotts kann die Frage Relevanz erlangen, inwieweit Verstöße innerhalb eines Pflichtenkreises auf die Gesamt-

[29] Oben, § 5, III, 4, a.

bewertung des Boykotts, aber auch auf Bewertungsgrundlagen innerhalb des jeweils anderen Pflichtenkreises einzuwirken vermögen.

Die Bedeutung einer Verletzung der vertraglichen Friedenspflicht des Aufrufers für das Verhältnis zwischen Adressat und Boykottiertem ist durch die Relativität der Friedenspflicht — und auch sonstiger schuldrechtlicher Pflichten — im Verhältnis Aufrufer zum Boykottierten bestimmt. Ein rechts- bzw. vertragsmäßiges Handeln der Adressaten unterfällt nicht einer etwaigen Rechtswidrigkeit des Aufrufs im Verhältnis Aufrufer zum Boykottierten[30]; auch insoweit wirkt sich die prinzipielle Trennung von Aufruf und Durchführung eines Boykotts aus.

Schwieriger — und praktisch wohl relevanter — ist die Rechtslage allerdings im umgekehrten Fall einer vertragswidrigen Boykottdurchführungshandlung durch die Adressaten des Boykottaufrufs. Das *Mittel* der Druckausübung, die Geschäftsverweigerung durch die Adressaten, wäre dann von deren Vertrag nicht gedeckt. Für den Boykott wird bei dieser Konstellation teilweise davon ausgegangen, daß in der Regel die Unzulässigkeit des Mittels auf das Gesamtgeschehen *und den Aufruf* durchschlage und diese ebenfalls als rechtswidrig erscheinen lasse[31]; dies soll nach *Löwisch*[32] jedenfalls dann gelten, wenn zu dem rechtswidrigen Mittel bereits im Boykottaufruf aufgefordert wird.

Löwisch mißt seiner These zwar den Charakter eines „allgemeinen Grundsatzes" zu, gleichwohl scheint deren Überprüfung — gerade angesichts der gezeigten Wertungsverschiebungen durch den Einfluß der Arbeitskampffreiheit des Art. 9 Abs. 3 GG — ebenso angebracht wie lohnend. Zunächst ist dabei zu fragen, worauf die Widerrechtlichkeit des Aufrufs nun *konkret* beruhen soll, „wider welches Recht" also verstoßen wird. Eine vertragliche Pflichtverletzung kommt angesichts der Fallkonstellation, die vom Nicht-(mehr-)Vorliegen vertraglicher Bindungen zwischen Gewerkschaft und Arbeitgeberseite ausgeht, nicht in Betracht. Die sodann verbleibende Prüfung des Deliktsrechts würde —

---

[30] Vgl. für die Haftung der Arbeitnehmer bei einem tarifwidrigen Streik: BAG AP Nr. 3 zu § 1 TVG Friedenspflicht; vgl. aber auch *Nikisch*, II, S. 162; *Brox / Rüthers*, S. 164: „auch arbeitsvertragswidrig". Im Unterschied zum Streik, wo die Arbeitsniederlegung der Arbeitnehmer selbst regelmäßig eine vertragswidrige Handlung darstellt, handelt es sich beim Boykott oft um eine ohnehin in jeder Richtung zulässige Handlung der Arbeitnehmer; etwa bei der Kündigung unter Beachtung der Kündigungsfristen oder beim Nichteingehen eines neuen Arbeitsverhältnisses.

[31] Vgl. etwa *Löwisch*, Anm. AR-Blattei, Arbeitskampf IV, Entsch. 1, unter 2 a; *Oertmann*, Politischer Boykott, S. 89; *Seiter*, Arbeitskampfparität, S. 41. Vgl. jedoch demgegenüber: *Coester*, RdA 1976, 282 (290); *Säcker / Streckel*, Anm. AR-Blattei, Arbeitskampf IV, Entsch. 2.

[32] *Löwisch*, Anm. AR-Blattei, Arbeitskampf IV, Entsch. 1, unter 2 a; skeptisch *Säcker / Streckel*, Anm. AR-Blattei, Arbeitskampf IV, Entsch. 2.

angesichts der hier vertretenen Irrelevanz des Rechts am eingerichteten und ausgeübten Gewerbebetrieb für das Arbeitskampfrecht — bei § 823 Abs. 1 BGB nur dann ansetzen können, wenn man schuldrechtliche Forderungsrechte als „sonstige Rechte" im Sinne der Vorschrift ansähe[33]. Dann allerdings würde das Recht des Boykottierten aus dem Vertragsverhältnis mit den Adressaten durch die Aufforderung zum Bruch eben jenes Vertrages jedenfalls tangiert, möglicherweise auch verletzt. Diese Meinung wird jedoch im allgemeinen zu Recht abgelehnt[34]. Forderungsrechte erfüllen nicht die Qualität absolut geschützter Rechtsgüter. Insofern wird auch die Frage nach der Rechtswidrigkeit eines solchermaßen denkbaren Eingriffes obsolet.

Es verbleibt die Möglichkeit eines Verstoßes gegen § 826 BGB, etwa unter dem Gesichtspunkt der „Verleitung zum Vertragsbruch". In der Tat wird die Bestimmung eines anderen zum Bruch seines Vertrages mit einem Dritten weitgehend als sittenwidrig im Sinne des § 826 BGB angesehen[35]. Jedoch gilt dieser Grundsatz bereits im allgemeinen Zivilrecht nicht einmal stets. Vielmehr wird schon dort gefordert, daß das Verhalten des in Betracht kommenden Schädigers in *qualifizierter Weise* verwerflich sein müsse[36]. Bereits im allgemeinen Zivilrecht besteht demgemäß unter Betonung eines vom Wettbewerb determinierten Charakters vertraglicher Bindungen kein Automatismus bei der Qualifizierung der Herbeiführung einer Vertragsverletzung des Angesprochenen als sittenwidrig; vielmehr werden schon hier die „besonderen Umstände" des Falles in die Bewertung einbezogen. Das bedeutet aber nichts anderes, als daß auch in diesen Fällen die Sittenwidrigkeit *positiv* bestimmt werden muß; dies kann im Einzelfall sehr unterschiedliche Resultate erbringen.

In diesem Stadium der Prüfung kommt dann allerdings die Arbeitskampffreiheit des Art. 9 Abs. 3 GG ins Spiel. Die zum Boykott im Wege der Kundensperre aufrufende Gewerkschaft befindet sich bei ihrer Kampfmaßnahme — sofern sie im übrigen den arbeitskampfrechtlichen Prämissen genügt — im generellen Schutzbereich des Art. 9 Abs. 3 GG. Sie macht von einer ihr von verfassungswegen eingeräumten Befugnis Gebrauch. Dieser Wertungsgesichtspunkt führt bei der notwendigen positiven Bestimmung der *Sittenwidrigkeit* eines Aufrufs

---

[33] Vgl. hierzu bes. *Löwisch*, Deliktsschutz, S. 109 ff.

[34] Vgl. nur BGHZ 12, 308 (317); BGH NJW 1970, 137 (138); *Esser / Weyers*, Schuldrecht, II, 2, S. 142; *Fikentscher*, Schuldrecht, S. 633.

[35] Vgl. hierzu nur *Erman / Drees*, § 826 Anm. 28 m. w. Nachw. zum Streitstand; vgl. zuletzt auch wieder *Scholz / Konzen*, § 12, B, I, 2, a; vgl. schon oben, § 4, I.

[36] Vgl. etwa BGHZ 12, 308 (317 f.); BGH DB 1968, 39: „besondere Umstände des Falles"; *Kötz*, Deliktsrecht, S. 89 ff., 291 ff.; zurückhaltend auch *Esser / Weyers*, Schuldrecht, II, 2, S. 142. Vgl. auch *Staudinger / Schäfer*, BGB, § 826 Anm. 173 ff. m. w. Nachw.

zu etwa damit verbundenen Vertragsverstößen zum Primat der geschützten Arbeitskampfbetätigung. Diese kann nicht der Sittenwidrigkeit des § 826 BGB unterfallen. Wenn schon im allgemeinen Zivilrecht die Verleitung zum Vertragsbruch nur beim Vorliegen „besonderer Umstände" als sittenwidrig qualifiziert wird[37], so können schon angesichts des prinzipiellen Verhältnisses von Arbeitskampfrecht und Zivilrecht[38] für den Aufruf im Rahmen eines im übrigen zulässigen Arbeitskampfes keine strengeren Maßstäbe gelten. Vielmehr wirkt — im Gegenteil — der Schutzbereich des Art. 9 Abs. 3 GG zumindest insoweit privilegierend. Im Ergebnis bedeutet dies, daß auch in denjenigen Fällen, in denen die Adressaten des Boykottaufrufs gegenüber ihrem Vertragspartner kontraktbrüchig werden, diese Wirkung bei arbeitskampfrechtlich zulässigen Boykottmaßnahmen nicht ohne weiteres auf den Aufruf zurückschlägt. Dieser wird nicht automatisch sittenwidrig.

III. Kundensperre und Wettbewerbsrecht

Die Besonderheit des Arbeitskampfmittels Kundensperre liegt in ihrem Wirkungsfeld. Dieses transzendiert den Bereich des Austausches von menschlicher Arbeitsleistung und Entgelt, also den traditionellen Arbeitsmarkt. Die Auseinandersetzung spielt sich stattdessen auf dem Sektor des Güter- und Dienstleistungsmarktes ab, von dem der Boykottierte so weit wie möglich abgeschnitten werden soll. Gerade dieser Gesichtspunkt provoziert aber die Frage nach der Vereinbarkeit solcher Maßnahmen mit den Vorschriften des Wettbewerbsrechts, die — unabhängig von arbeitskampfrechtlich eher nicht einschlägigen Teilfragen — von der Systematik her an dieser Stelle zu prüfen ist.

1. Anwendbarkeit der wettbewerbsrechtlichen Normen bei Arbeitskampfmaßnahmen

Dabei stellt sich zunächst die Frage der Anwendbarkeit der wettbewerbsrechtlichen Normen, also insbesondere derjenigen des UWG und des GWB, bei arbeitskampfrechtlich determinierten Handlungen, die den Gütermarkt betreffen. Nicht weiterhelfen würde hierfür die These, der „Arbeitsmarkt" werde etwa von den Normen des GWB nicht geschützt[39]: Um *diesen* geht es gerade nicht, da die Kundensperre auf dem Gütermarkt selbst angesiedelt ist.

---

[37] Vgl. nur *Staudinger / Schäfer*, BGB, § 826 Anm. 173 ff. m. w. Nachw.

[38] Vgl. oben, § 5, I.

[39] *Ballerstedt*, Festschrift für Böhm, 1965, S. 179 (186); *Emmerich*, Wettbewerbsrecht, 1975, S. 30; *Hendriks*, S. 28 ff.; *ders.*, ZHR 141, 1 (3); *Säcker*, ZHR 137, 455 (464, 477); *Sandrock*, Grundbegriffe, S. 159.

Ein Ausschluß der Geltung von Vorschriften des Wettbewerbsrechts bei Arbeitskampfmaßnahmen könnte sich demgegenüber aus der Kontrastierung von (etwa) § 1 GWB und Art. 9 Abs. 3 GG ergeben. Deren Relation wird teilweise im Sinne einer Alternativität aufgefaßt; beide Materien seien nahtlos gegeneinander abzugrenzen[40]. Danach sollten unter das Kartellgesetz alle die wettbewerbsbeschränkenden Absprachen fallen, die sich auf den Markt für Waren und gewerbliche Leistungen beziehen; unter den Schutz des Art. 9 Abs. 3 GG und damit nicht unter das Kartellgesetz alle diejenigen Absprachen, die die Wahrung und Förderung der Arbeits- und Wirtschaftsbedingungen am Arbeitsmarkt betreffen.

Gerade das Beispiel der Kundensperre zum Zwecke der Verbesserung der Arbeits- und Wirtschaftsbedingungen erweist allerdings die Unschärfe dieses Abgrenzungsversuchs. Bei dieser sind zweifellos beide Sektoren jedenfalls tangiert; eine Zuordnung alleine zu einer Materie würde den anderen Aspekt der Maßnahme ausblenden müssen. Damit wird deutlich, daß es bezüglich bestimmter Handlungen zu Kollisionen zwischen der Materie des Art. 9 Abs. 3 GG und den Vorschriften des Wettbewerbsrechts kommen kann[41], die nicht bereits definitorisch vermieden werden können. Ein genereller Ausschluß der Anwendbarkeit etwa des GWB dadurch, daß Art. 9 Abs. 3 GG überhaupt ins Spiel kommt, also in dem Sinne, daß wegen einer Alternativität *nur* die Norm des Art. 9 Abs. 3 GG einschlägig sein könnte, ist daher nicht gegeben.

Eine prinzipielle Unanwendbarkeit der Vorschriften des Wettbewerbsrechts ist daher nicht anzuerkennen; deren Relevanz kann vielmehr nur dann abgelehnt werden, wenn sie tatbestandlich nicht eingreifen oder aber die Wertung der aus Art. 9 Abs. 3 GG abgeleiteten Arbeitskampffreiheit eine etwaige Tatbestandsmäßigkeit überlagerte.

2. Tatbestandsmäßigkeit der Kundensperre im Rahmen des Wettbewerbsrechts

a) Das Kriterium des „Wettbewerbsverhältnisses“

Eine Tatbestandsmäßigkeit von Kundensperren als Arbeitskampfmittel könnte bereits daran scheitern, daß die wettbewerbsrechtlichen Normen, §§ 1 UWG, 1, 26 Abs. 1 GWB, tatbestandlich ein „Wettbewerbsverhältnis“ zwischen den handelnden Subjekten voraussetzen. In der

[40] *Säcker*, ZHR 137, 455 (467); auch *Rancke*, S. 144, unter dem Gesichtspunkt der Abgrenzung des Arbeitnehmerbegriffes.

[41] *Hendriks*, ZHR 141, 1 (11); Beispiele für eine Überschneidung beider Materien finden sich bei *Langer*, S. 197 ff. *Biedenkopf*, Unternehmer, S. 243, hält diesen Konflikt für — bezogen auf das amerikanische Recht — rechtlich nicht lösbar.

Tat wird dies jedenfalls als Prinzip überwiegend gefordert[42]. Insoweit käme die verrufende Gewerkschaft, die mit dem betroffenen Arbeitgeber nicht in einem Wettbewerbsverhältnis steht, als taugliches Subjekt eines Verstoßes gegen Wettbewerbsnormen überhaupt nicht in Betracht.

Es würde jedoch zu kurz greifen, die wettbewerbsrechtliche Relevanz der Kundensperre bei Arbeitskämpfen bereits mit dieser Überlegung abzutun. Zunächst einmal wird das Erfordernis des Vorliegens eines „Wettbewerbsverhältnisses" durchaus in Frage gestellt[43]. Gerade angesichts der weitgehend akzeptierten *sozialen* Funktion des Wettbewerbsrechts, die (auch) den Wettbewerb als solchen (auch) im Interesse der betroffenen Verbraucher als Schutzobjekt einbeziehen muß, bietet sich an, auch final nicht primär wettbewerblich determinierte Störungen des Wettbewerbs zur Erfüllung des Tatbestandes der einschlägigen Normen genügen zu lassen.

Zum anderen ist auch bereits dogmatisch anerkannt, daß eine Tatbestandsmäßigkeit auch vorliegen kann, wenn ein *fremder* Wettbewerber zum Nachteil seines Mitbewerbers gefördert werden soll[44]. Auf diese Weise können auch Nichtwettbewerber in den Kreis der potentiellen Subjekte von wettbewerbswidrigen Handlungen einbezogen werden, zumal die Absicht der (fremden) Wettbewerbsförderung nicht *alleiniger* Beweggrund des Handelns sein muß[45].

Letztere Konstellation aber ist im Falle der verrufenden Gewerkschaft durchaus zu erkennen. Auch wenn es ihr letztlich um den *Abschluß eines Tarifvertrages* geht, gilt ihre Kundensperre der Beeinträchtigung der Wettbewerbsfähigkeit des Boykottierten und damit der Förderung der übrigen Marktanbieter: Gerade in der Möglichkeit von Marktanteilsverlusten und deren Eintritt liegt die Drucksituation begründet, mit deren Herbeiführung die Gewerkschaft ihre Tarifforderung letztlich durchsetzen möchte. Sicher werden damit nicht final *bestimmte* Wettbewerber *gefördert*, sondern — umgekehrt — alleine bestimmte Wettbewerber, nämlich der Boykottierte, *benachteiligt*. Das reicht jedoch als Wettbewerbshandlung aus, da der gesamte Wettbe-

---

[42] Für das UWG vgl. etwa *v. Godin*, § 1 UWG, Rdnr. 7; für das GWB vgl. *Benisch*, GK, § 26 (4. Lfg.), Rdnr. 6; Frankfurter Kommentar, § 26, Tz. 14; *Langen / Niederleithinger / Schmidt*, § 26, Rdnr. 19; *Müller / Gries / Giessler*, § 26, Rdnr. 2; jew. m. w. Nachw. A. A. LG Frankfurt, WuW/E LG/AG 223 („cash and carry-Bierhandel"); auch *Baumbach / Hefermehl*, 8. A., § 26 GWB, Anm. 10.

[43] Vgl. insbesondere *Baumbach / Hefermehl*, UWG, Einl. Anm. 238.

[44] BGHZ 3, 270 (277); BGH GRUR 1953, 293; BGH GRUR 1964, 210 (212); BGH GRUR 1964, 392 (394); *Baumbach / Hefermehl*, UWG, Einl. Anm. 225.

[45] BGH NJW 1970, 378 (380); *Baumbach / Hefermehl*, UWG, Einl. Anm. 226 m. w. Nachw.

werb insoweit wegen des Ausfalls eines Mitbewerbers beeinträchtigt ist.

Alleine die Abwesenheit eines Wettbewerbsverhältnisses zwischen verrufender Gewerkschaft und boykottiertem Arbeitgeber/Unternehmer vermag insofern die Tatbestandsmäßigkeit von Kundensperren im Rahmen des Wettbewerbsrechts nicht auszuschließen. Demgemäß sind die in Betracht kommenden Tatbestände einer Einzelprüfung zu unterziehen.

b) Die Kundensperre im Maßstab des § 1 UWG

Kundensperren könnten zunächst einen Verstoß gegen § 1 UWG darstellen. Dies wird für Boykotte im Rahmen des Wettbewerbs auch grundsätzlich angenommen[46].

Ein Verstoß gegen § 1 UWG setzt jedoch ein „gegen die guten Sitten" gerichtetes Handeln voraus. Die entsprechende Qualifizierung eines Verhaltens verlangt ihrerseits wiederum eine Interessenabwägung nach allgemeinen Grundsätzen[47]. Für die Kundensperren als Arbeitskampfmittel erlangt dabei seinerseits der Schutzbereich der Norm des Art. 9 Abs 3 GG Relevanz, der bei der Ausfüllung der Generalklausel zumindest Ausstrahlungswirkung erzeugt.

Die Prüfung der Kundensperre am Maßstab der „guten Sitten" kann für den Sektor des Wettbewerbsrechts allerdings nicht abweichend von den Überlegungen zu der „allgemeinen" Norm des § 826 BGB verlaufen. Dort[48] wurde bereits herausgestellt, daß ein Arbeitskampfmittel, das im Wege der Normkomplettierung des Art. 9 Abs. 3 GG verfassungsrechtlichen Schutz genießt, *wegen seiner bloßen Wirkungsweise* in keinem Fall „unverhältnismäßig" oder sittenwidrig sein kann. Der Boykott, und damit als dessen Ausführungsform die Kundensperre, wurde als prinzipiell im Rahmen des Art. 9 Abs. 3 GG gewährleistetes Arbeitskampfmittel der Gewerkschaft erkannt. Die *Wirkungsweise* des Kampfmittels besteht im Absperren eines Boykottierten von seinem Kundenkreis. *Darin* kann nicht zugleich ein — wettbewerbsrechtlicher — Sittenverstoß liegen. Auch wenn sich der Maßstab des § 1 UWG auf den Sinngehalt des Wettbewerbs bezieht[49], also letztlich wettbewerblich determiniert ist, erfordert die Qualifizierung einer einschlägig relevanten Handlung die Berücksichtigung des *Gesamtcharak-*

---

[46] *Baumbach / Hefermehl,* § 1 UWG, Anm. 233; *Ulmer / Reimer,* III, Nr. 885 jew. m. w. Nachw.

[47] *Baumbach / Hefermehl,* UWG, Einl. Anm. 80 m. w. Nachw.

[48] Vgl. § 8, II, 1.

[49] BGH GRUR 1972, 561 (563); *Baumbach / Hefermehl,* UWG, Einl. Anm. 68, 105.

ters[50] der Maßnahme. Damit aber gewinnt Art. 9 Abs. 3 GG als Legitimationsbasis der Kundensperre entscheidende Bedeutung und führt zum Primat der Arbeitskampffreiheit.

Ein Verstoß gegen § 1 UWG ist für die Kundensperre nicht per se anzuerkennen.

c) Kundensperre und §§ 1 Abs. 1, 25 Abs. 1, 2 GWB

Kundensperren könnten § 1 GWB zuwiderlaufen, und, da sie nicht im Wege der „Vereinbarung" zwischen Verrufer und Adressat erfolgen, ein § 1 GWB zuwiderlaufendes abgestimmtes Verhalten im Sinne des § 25 Abs. 1 GWB darstellen. Für die Durchführungsform der Kundensperre im Wege der Nachteilsandrohung gegenüber dem Adressaten käme auch eine Anwendung des § 25 Abs. 2 GWB in Betracht.

Einer Subsumtion unter § 25 Abs. 1 GWB begegnen jedoch Bedenken. Sieht man zunächst einmal von der fraglichen „Unternehmensqualität"[51] der aufrufenden Gewerkschaft ab, so mangelt es jedenfalls an der „Aufeinander-Abstimmung" des Verhaltens. Dies setzte voraus, daß die Beteiligten bewußt und auf Gegenseitigkeitsbasis ihr Tun oder Unterlassen koordinierten[52]. Mit dem „Tun oder Unterlassen" ist allerdings das zukünftige *Marktverhalten* der Beteiligten gemeint; verboten ist das abgestimmte Marktverhalten selbst, nicht bereits die Abstimmung hierüber[53]. Diese Konstellation liegt jedoch bei der Kundensperre im Verhältnis Verrufer und Adressat nicht vor. Die verrufende Gewerkschaft ist selbst kein Teilnehmer am Markt. Eine gewisse Absprache zwischen Verrufer und Adressat wäre, wenn man auch allgemein gehaltene Boykottaufrufe an einen unbestimmten Adressatenkreis in individuelle Teilaufrufe zerlegen würde, durchaus denkbar. Sie richtete sich jedoch nicht auf ein zukünftiges *gemeinsames* Verhalten am Markt, vielmehr soll alleine das Verhalten des oder der Adressaten determiniert werden. Von einer hinsichtlich § 25 Abs. 1 GWB relevanten Abstimmung zwischen Verrufer und Adressaten kann daher keine Rede sein. Aus den gleichen Gründen entfällt auch eine Anwendung des § 25 Abs. 2 GWB bezüglich einer etwaigen Nachteilsandrohung.

Aber auch innerhalb des Adressatenkreises selbst kommt eine Anwendung der Vorschrift nicht in Betracht. Zwar üben nun die Adres-

---

[50] BGHZ 15, 356 (358); *Baumbach / Hefermehl*, UWG Einl. Anm. 102 m. w. Nachw.

[51] Für ein *funktionales* Verständnis des Unternehmensbegriffs im GWB, nach welchem die Tatbestandserfüllung durch ein Rechtssubjekt zu dessen Unternehmensqualität i. S. des GWB führt, tritt *Langer*, S. 16 ff., ein. Danach käme es auf die Prüfung, ob es sich bei der aufrufenden Gewerkschaft um ein „Unternehmen" handelt, nicht an.

[52] Frankfurter Kommentar, § 25, Tz. 11.

[53] *Benisch*, GK, § 25, Rdnr. 9; *Belke*, ZHR 139, 50 (55).

saten des Aufrufs und Durchführenden der Kundensperre ein gleichförmiges Marktverhalten gegenüber dem Boykottierten aus. Dieses ist jedoch nicht „aufeinander abgestimmt“. Die Adressaten handeln nicht in Abstimmung untereinander, sondern final nur im Gefolge des Aufrufs des Verrufers; es handelt sich also um ein — kartellrechtlich irrelevantes — Parallelverhalten. Ein für die Anwendung des § 25 Abs. 1 GWB konstitutives bewußt konvergentes Verhalten[54] kann in der bloßen Befolgung einer Empfehlung in Kenntnis des Empfängerkreises[55] nicht erkannt werden.

d) *Kundensperre und Boykottverbot des § 26 Abs. 1 GWB*

Für Boykotte im Wege der Kundensperre kommt allerdings eine Anwendung des Boykottverbots des § 26 Abs. 1 GWB in Betracht, der gerade die Aufforderung zu Liefer- oder Bezugssperren unter bestimmten Voraussetzungen verbietet.

Läßt man auch hier die Frage des Status der aufrufenden Gewerkschaft als „Unternehmen“ zunächst außer acht[56], so wird bei einer Aufforderung zur Kundensperre zumindest versucht, die Nachfrager, möglicherweise private Haushalte, möglicherweise aber auch „Unternehmen“ oder deren Vereinigungen, zur Sperre des Boykottierten zu bestimmen. Die aufrufende Gewerkschaft initiiert diese Maßnahmen auch in der Absicht, den Boykottierten zu beeinträchtigen; die hierdurch erzeugte Drucksituation ist gerade Ziel des Aufrufs der Gewerkschaft.

Für diejenigen, die vom Vorliegen eines „Wettbewerbsverhältnisses“ zwischen Verrufer und Boykottiertem ausgehen[57], wäre gleichwohl eine Anwendung des § 26 Abs. 1 GWB hinsichtlich einer von der Gewerkschaft vorgenommenen Kundensperre versagt: Die Gewerkschaft ist prinzipiell kein Wettbewerber des boykottierten Arbeitgebers.

Sieht man mit der hier vertretenen Ansicht[58] von dieser Voraussetzung ab, so verbliebe auch im Bereich des § 26 Abs. 1 GWB die Feststellung der „Unbilligkeit“ der Beeinträchtigung, die unstreitig eine Interessenabwägung voraussetzt[59]. In diese fließen wiederum die ver-

---

[54] Frankfurter Kommentar, § 25, Tz. 21.

[55] *Benisch*, GK, § 25, Rdnr. 8.

[56] Vgl. oben, § 9, Fn. 51.

[57] Für das GWB wird dies überwiegend verlangt; vgl. *Benisch*, GK, § 26 (4. Lfg.), Rdnr. 6; Frankfurter Kommentar, § 26 Tz. 14; *Müller / Gries / Giessler*, § 26 Rdnr. 2; *Langen / Niederleithinger / Schmidt*, § 26 Rdnr. 19; jew. m. w. Nachw.

[58] § 9, III, 2, a.

[59] Vgl. nur BGH NJW 1973, 280 („Registrierkassen“); BGH NJW 1972, 482 („Kraftwagen-Leasing“); BGH NJW 1972, 486 („Vermittlungsprovision für Flugpassagen“); Frankfurter Kommentar, § 26, Tz. 36, 65; *Müller / Gries / Giessler*, § 26, Rdnr. 18 a; *Langen / Niederleithinger / Schmidt*, § 26, Rdnr. 26, jew. m. w. Nachw.

fassungsrechtlichen Wertordnungen ein, so daß die Wahrnehmung eines berechtigten, grundrechtlich abgesicherten Interesses eine Tatbestandsmäßigkeit im Sinne des § 26 Abs. 1 GWB ausschließt[60]. Ebenso wie gegenüber dem UWG gilt auch hier, daß die Kundensperre wegen ihrer bloßen Wirkungsweise, die gerade Gehalt des Arbeitskampfmittels ist, keinen Wettbewerbsverstoß darstellen kann.

Für die im Sektor des Art. 9 Abs. 3 GG befindliche Kundensperre einer Gewerkschaft gegenüber dem Tarifgegner bleibt damit § 26 Abs. 1 GWB irrelevant.

---

[60] Vgl. für viele *Benisch*, GK, § 26, Rdnr. 23 m. w. Nachw.

§ 10 Exemplarische Anwendung II: Fallgruppe der Kundensperre in der Form der Durchsetzung mittels weiterer Kampfmaßnahmen

Eine besondere Variante der *Durchsetzung* der Kundensperre stellt die bei den Realformen bereits beschriebene[1] faktische Bewirkung der Sperre mittels zusätzlicher Arbeitskampfmaßnahmen dar. Diese Durchsetzungsform bestimmte auch die Boykottgeschehen in der Seeschiffahrt und hat — wie gezeigt — dort zu der divergierenden Beurteilung im wesentlichen beigetragen. Ihre arbeitskampfsystematische Einordnung setzt zunächst voraus, nach der eher deskriptiven Erfassung bei den Realformen[2] eine spezifisch arbeitskampfrechtliche Kategorisierung vorzunehmen, die dann eine Bewertung des Gesamtgeschehens erlaubt.

I. Die Einordnung der Einzelakte der Boykottdurchführung in arbeitskampfrechtliche Kategorien

1. Die hintereinandergeschalteten Aufrufe zum Arbeitskampf

a) Der (primäre) Aufruf zum Boykott des Gegners und sein Adressat

Der vorliegenden Fallgruppe liegt — wie auch der Grundform der Kundensperre — ein Boykottaufruf der Gewerkschaft zur Sperre des boykottierten Arbeitgebers zugrunde. Dieser primäre Aufruf zum Boykott des Gegners — dem arbeitskampfrechtlich eine eigenständige Bedeutung zukommt[3] — ist im Falle der Seeschiffahrt an die *Hafenarbeitgeber* als Adressaten gerichtet: Diese werden aufgefordert, eine Kooperation mit dem Boykottgegner zu vermeiden und die Abfertigung von dessen Schiffen nicht vornehmen zu lassen. *Dieses* Ergebnis bezweckt der primäre Boykottaufruf, dessen Adressat der Hafenarbeitgeber und alleine er ist, da nur er Partner der Geschäftsbeziehungen des boykottierten Reeders sein kann.

---

[1] Vgl. oben, § 2, III, 2, c.

[2] Vgl. oben, § 2, III, 2, c.

[3] Vgl. oben, § 2, V.

b) Der (sekundäre) Aufruf an die Arbeitnehmer des Adressaten zur faktischen Herbeiführung der Sperre

Für den Fall, daß die Hafenarbeitgeber die Abfertigung nicht *freiwillig* durchführen, ergeht ein *zweiter (Streik-)*Aufruf an die Hafenarbeitnehmer, die Sperre faktisch selbst durchzuführen. Letzterer ist im Verhältnis zum Boykottaufruf *abstrakt*, vor allem aber eigenständig: Er gehört bereits zur *Durchführung* des Boykotts selbst. Seine Zielrichtung ist *nicht* der zu boykottierende Reeder, sondern der Hafenarbeitgeber, von dessen Verhalten er determiniert wird. Der *sekundäre* (Streik-)Aufruf ist demgemäß im Verhältnis Gewerkschaft und ihrer Organisierten zum Hafenarbeitgeber angesiedelt. Vergegenwärtigt man sich das Dreiecksverhältnis Verrufer — Adressat — Boykottierter, so wird die unterschiedliche Zugehörigkeit deutlich: Einmal ist das Verhältnis Verrufer — Adressat angesprochen, zum anderen dasjenige Verrufer — Boykottierter. Die betroffenen divergierenden Rechtskreise unterliegen aber, wie gezeigt, eigenständigen und durchaus unterschiedlichen Regeln; eine undifferenzierte Gleichbehandlung beider Aufrufe oder gar deren Zusammenfassung ist daher verwehrt[4]. Auch wenn etwa der Durchführungsstreik gegenüber dem Hafenarbeitgeber nicht den arbeitskampfrechtlichen Regeln entspräche, beispielsweise wegen eines zwischen beiden speziell vereinbarten Kampfverbotes, so bedeutete dies nicht automatisch die Rechtswidrigkeit des *Boykotts gegenüber dem Boykottierten* insgesamt, sondern nur, daß *diese* Durchsetzungsform nicht zulässig wäre. Würde daraufhin der Hafenarbeitgeber den Reeder *freiwillig* sperren, so wäre der ursprüngliche Boykott selbstverständlich rechtens. Dieser Gesichtspunkt, der bislang vernachlässigt wurde, verdient insbesondere deswegen Beachtung, weil nur er die überwiegend geforderte eigenständige Betrachtung von Boykottaufruf und Boykottdurchführung systematisch ermöglicht.

Dabei wird sicher zu erwägen sein, ob angesichts einer potentiellen Freiwilligkeit der Sperre durch den Hafenarbeitgeber einem Arbeitskampf *diesem gegenüber* nicht ohnehin Bedenken entgegenstünden, weil dieser dann möglicherweise nicht erforderlich wäre. Dies dürfte jedoch nicht stets anzunehmen sein, zumal die Bereitschaft des Hafenarbeitgebers zur Sperre ebensowenig wie das potentielle Kampfverhalten seiner Arbeitnehmer diesbezüglich — und zwar ex ante — ein für allemal feststehen, sondern sich vielmehr angesichts auch von Nachteilsandrohungen durch die verrufende Gewerkschaft eher variabel gestalten wird.

---

[4] Vgl. aber *Birk*, Rechtmäßigkeit, S. 113, der ein Alternativitäts- und Kumulationsverhältnis erwägt: Arbeitnehmer „oder auch bzw. nur“ der Arbeitgeber sollen als Adressaten in Frage kommen.

2. Qualifizierung des Durchführungsstreiks

Ausgangspunkt für die Einordnung der Arbeitsniederlegungen, die die Abfertigung der Schiffe faktisch verhindern sollen, ist deren Qualifizierung als zum Oberbegriff Streik gehörig. Auch partielle Arbeitsniederlegungen — wie hier nur auf bestimmte Arbeiten gegenüber bestimmten Schiffen bezogen — werden prinzipiell als Streik angesehen, auch wenn die Arbeitnehmer ihre Arbeitskraft im übrigen durchaus anbieten[5].

Mit ihren Kampfmaßnahmen verfolgen die Arbeitnehmer in diesen Fällen allerdings nicht *eigene* Ziele, also nicht die Verbesserung ihrer eigenen Arbeitsbedingungen, sondern fremde, nämlich die des Boykottaufrufers, dessen tarifliches Regelungsziel die Hafenarbeitnehmer nicht betrifft. Derartige Kampfmaßnahmen werden allgemein als „Sympathiestreiks" bezeichnet[6], wobei gerade *Birk*[7] herausgearbeitet hat, daß es durchaus verschiedene Formen von („unterstützenden") Sympathiestreiks geben kann.

Der Terminus „Sympathiestreik" ist vielleicht deswegen nicht ganz treffend, weil mit ihm gewöhnlich die Vorstellung verknüpft ist, die Druckausübung auf den *eigenen* Arbeitgeber diene dazu, diesen seinerseits dazu zu bewegen, auf die Arbeitgeberseite im Hauptkampfgebiet, oder auch im Hauptkampfverhältnis, im Sinne eines Nachgebens gegenüber den dortigen Forderungen einzuwirken[8]. Auf diese Sichtweise bezogen sind schließlich auch bestimmte Zulässigkeitskriterien für den Sympathiestreik aufgestellt worden, insbesondere etwa dasjenige der *„Einwirkungsmöglichkeit* auf den Gegner des Hauptkampfes"[9]. Die Ausgangslage ist bei den Fällen in der Seeschiffahrt jedoch völlig anders: Hier wird mit den unterstützenden Maßnahmen der Hafenarbeitnehmer die „Einwirkung" ihres Arbeitgebers auf den Gegner des Hauptkampfes, die Reeder, *unmittelbar* realisiert; die Problematik der Einwirkungsmöglichkeit tritt demgemäß in den Hintergrund.

Gleichwohl soll zur Vermeidung terminologischer Ungereimtheiten auch an dieser Stelle vom „Sympathiestreik" ausgegangen werden. Bei

---

[5] *Birk*, Rechtmäßigkeit, S. 114; *ders.*, AuR 1974, 289 (298); *Hueck / Nipperdey*, II, 2, S. 892 f.; *Nipperdey*, Festgabe Küchenhoff, S. 133 (142); *Rüthers*, ZfA 1972, 403 (407); *Seiter*, Arbeitskampfparität, S. 31. A. A. *Wiedemann*, Anm. AP Nr. 6 zu § 1 TVG Form, Bl. 4, 4 R, der auf diesem Wege offenbar eine Abgrenzung zwischen Streik und Boykott zu finden sucht.

[6] Vgl. *Seiter*, Arbeitskampfparität, S. 30 m. w. Nachw.

[7] *Birk*, Rechtmäßigkeit, S. 22 ff.

[8] Vgl. nur *Seiter*, Arbeitskampfparität, S. 30 m. Nachw. in Fn. 70.

[9] Dies verlangen etwa *Hartje*, S. 279 f., 285 f., 308 ff.; *Hueck / Nipperdey*, II, 2, S. 1009; *Löwisch*, RdA 1962, 314 (315); *ders.*, ZfA 1971, 319 (341 f.); *Söllner*, S. 80; *Tomandl*, S. 123. *Scholz / Konzen*, § 12, B, I, 3, halten das Merkmal der Einwirkungsmöglichkeit für unzureichend.

dem die Kundensperre durchsetzenden Streik handelt es sich also um einen (unterstützenden) Sympathiestreik der Hafenarbeitnehmer.

II. Rechtmäßigkeit von Boykott und Durchführungsstreik

Nach der so gefundenen exakten arbeitskampfrechtlich zugeschnittenen Einordnung der Einzelakte kann nunmehr deren rechtliche Beurteilung im einzelnen erfolgen.

1. Rechtmäßigkeit des Boykottaufrufs und Grundsatz der eigenständigen Beurteilung

Für die Prüfung der Rechtmäßigkeit im Rahmen des Arbeitskampfsystems ist, wie bereits mehrfach betont, eine prinzipiell eigenständige Bewertung von Verruf und Boykottdurchführung vorzunehmen. Diese Vorgehensweise wird gerade angesichts der Boykottfälle in der Seeschiffahrt besonders gefordert. Ausgehend von der Möglichkeit eines transnationalen Boykotts, der für den Bereich der Seeschiffahrt aus naheliegenden Gründen vielleicht sogar typisch sein dürfte, wäre andernfalls eine *gemeinsame* und voneinander abhängige Beurteilung des etwa in der Bundesrepublik erfolgenden Boykottaufrufs und der in anderen Staaten stattfindenden Durchführungsmaßnahmen notwendig. Der Boykottaufruf wäre in seiner Rechtmäßigkeit dann von der Zufälligkeit des Ortes seiner Durchführung abhängig, also vielleicht davon, ob Länder mit restriktiver Streikzulässigkeit angelaufen würden oder andere, deren Rechtsordnung dem Streik größere Spielräume eröffnet. Ob dabei stets Art. 30 EGBGB[10] über derartige Ungereimtheiten hinweghelfen könnte, bleibt offen; ebenso, ob der Weg *Seiters* über den prinzipiellen Primat deutschen Arbeitskampfrechts[11] gangbar ist. Letzteres führte möglicherweise zu der kaum akzeptablen Situation, daß ein im Ausland zwischen dortigen Gewerkschaften und Arbeitgeberverbänden geführter zulässiger Arbeitskampf mit einer Art „relativer Rechtswidrigkeit“ für die inländische Beurteilung belegt würde[12].

Aber auch abgesehen von diesen Vorgaben bei transnationalen Boykottgeschehen haben die bisherigen Erwägungen verdeutlicht, daß eine getrennte Beurteilung prinzipiell erforderlich ist. Ein Boykott ist auf

---

[10] Vgl. hierzu *Seiter*, Arbeitskampfparität, S. 40 ff. m. w. Nachw.; etwas anders *Birk*, Rechtmäßigkeit, S. 144 f. Die kollisionsrechtliche Problematik kann hier nicht weiter verfolgt werden.

[11] *Seiter*, Arbeitskampfparität, S. 42 ff.

[12] Dieser Ansatz steht im Gegensatz zu der These *Seiters*, Arbeitskampfparität, S. 41, wonach die Aufforderung zu einer rechtswidrigen Art des Kampfes ihrerseits nicht rechtmäßig sein könne: Im Umkehrschluß dürfte dann der genannte Ansatz nicht vertreten werden.

sehr unterschiedliche Weise und durch divergente Maßnahmen durchführbar. Der Boykottaufruf seinerseits zielt auf ein in der *Zukunft* liegendes Verhalten des — oft noch unbestimmten — Adressatenkreises. Er kann also prinzipiell offenlassen, auf welche der möglichen Weisen der oder die Adressaten die Realisierung der Sperre vornehmen: unter Bruch ihrer Vertragsbeziehungen mit dem Boykottierten oder erst nach fristgemäßer Kündigung, freiwillig oder erst im Wege der Drohung mit einem Durchführungsstreik der eigenen Arbeitnehmer. Dem Boykottaufruf ist damit eine Gesamtmenge von Ausführungsmodalitäten zugeordnet, die rechtlich unterschiedlich zu bewerten sind. Legt sich der Verrufer nicht auf einen bestimmten Adressaten und für diesen auf eine bestimmte Art und Weise der Durchführung fest, so wird in dieser Gesamtmenge mit Sicherheit auch zumindest *eine* Durchführungsmodalität liegen, die ihrerseits arbeitskampfrechtlich nicht zu beanstanden ist. Dies aber würde ausreichen, den *Gesamtboykott nebst Aufruf* als — wenigstens in dieser Form — rechtmäßig zu qualifizieren. Weitergehend würde damit aber auch verwehrt sein, den Aufruf nun wiederum als rechtswidrig zu bezeichnen, weil gegenüber einer *anderen* Durchführungsform Bedenken bestehen. Auf diese Weise würden Wertungswidersprüche entstehen, die für den Verrufer zu unkalkulierbaren Risiken bei der Verfolgung seiner (legitimen) Interessen führen würden.

Weiter gilt es zu bedenken, daß schon durch den Aufruf und die in ihm angelegte potentielle Gefahr wirtschaftlicher Schädigung durch Verlust des Kundenstammes auf den Boykottierten hinreichend Druck dahin ausgeübt werden kann, daß dieser ohne weitere Durchführungsakte der Adressaten die Forderungen des Verrufers bereits akzeptiert. Dann läge für eine arbeitskampfrechtliche Beurteilung ohnehin nur der Aufruf als Anknüpfungspunkt vor, so daß die arbeitskampfrechtlichen Zulässigkeitsprämissen gerade und nur bezüglich diesem geprüft werden müßten. Auch insoweit ist die Notwendigkeit eigenständiger Beurteilung zu betonen.

Von diesen Überlegungen her ist der Boykottaufruf unter den — hier zugrundegelegten — arbeitskampfrechtlichen Voraussetzungen prinzipiell zulässig. Diejenige Gewerkschaft, die einen Tarifvertrag gegenüber dem Arbeitgeber oder dessen Verband — unter Beachtung etwa noch bestehender vertraglicher Bindungen und einer daraus möglicherweise resultierenden Friedenspflicht — erstrebt, kann zum Boykott des Arbeitgebers oder der verbandsangehörigen Arbeitgeber insgesamt aufrufen. Sie befindet sich dann in Ausübung der ihr durch Art. 9 Abs. 3 GG eingeräumten und abgesicherten Befugnisse. Eine Subsidiarität gegenüber dem Arbeitskampfmittel Streik besteht nach dem Gesagten[13] nicht. Über die Durchführung im einzelnen ist gesondert zu befinden; Interdependenzen ergeben sich dabei nicht automatisch.

2. Rechtmäßigkeit des Durchführungsstreiks

a) Generelle Bewertungskriterien für den Sympathiestreik in Rechtsprechung und Literatur

Die grundsätzliche Problematik der Zulässigkeit von Sympathiestreiks ist im heutigen Arbeitskampfrecht nur unzureichend gelöst[14]. Angesichts der geringen praktischen Relevanz, die solche Streikformen in den letzten Jahren erlangt hatten, und der damit bewirkten relativen Enthaltsamkeit von Judikatur und auch Literatur zu diesem Problemkreis ist der Befund nicht ganz verwunderlich. Die für die vorliegende Untersuchung bedeutsamen Boykottfälle in der Seeschiffahrt haben die Behandlung der Formen unterstützender Arbeitskampfmaßnahmen ein wenig aktualisiert; der Streit um die Aussperrung und die als Form der Sympathieaussperrung zu wertende Lohnverweigerung nach der Betriebsrisikolehre außerhalb des Tarifgebiets[15] hat schließlich auch jüngst zum Überdenken einiger überkommener Positionen angeregt.

Wenngleich die Rechtsprechung zu diesem Komplex bislang spärlich blieb, lassen sich aus einigen Äußerungen immerhin gewisse Anhaltspunkte hinsichtlich einer Bewertung von unterstützenden Streikmaßnahmen erkennen, mit denen das Terrain vielleicht ein wenig abgesteckt ist.

Zum einen hat das Bundesarbeitsgericht in einer Entscheidung aus dem Jahre 1963[16] die Rechtmäßigkeit von Sympathiearbeitskämpfen zwar expressis verbis offengelassen, gleichzeitig aber betont, der Gewerkschaft müsse das Recht zugestanden werden, den Kampfgegner als „wirtschaftliche Größe"[17] zu treffen. In dem betreffenden Fall handelte es sich um einen Konzern, der seine Produktion verlagern und damit die Arbeitskampfmaßnahmen gegenüber dem primären Gegner leerlaufen lassen konnte. Dort seien nicht nur solche Kampfmittel erlaubt, die sich gegen den ursprünglichen Kampfgegner richteten[18]. Das Bundesarbeitsgericht hat des weiteren im Jahre 1976[19] die prinzipielle

---

[13] § 8, II, 2.

[14] Vgl. auch *Scholz / Konzen*, § 12, B, I, 1.

[15] Vgl. *Birk*, Rechtmäßigkeit, S. 70; *Seiter*, Arbeitskampfparität, S. 49. Ähnlich auch *Konzen*, AcP 177, 473 (538 ff.); *Picker*, JZ 1979, 285 ff.

[16] BAG AP Nr. 34 zu Art. 9 GG Arbeitskampf, Bl. 4.

[17] BAG AP Nr. 34 zu Art. 9 GG Arbeitskampf, Bl. 3 R.

[18] BAG AP Nr. 34 zu Art. 9 GG Arbeitskampf, Bl. 3.

[19] BAG AP Nr. 6 zu § 1 TVG Form, Bl. 3, 3 R; *Säcker / Streckel*, Anm. AR-Blattei, Arbeitskampf IV, Entsch. 2, meinen, hiermit habe der Senat die Zulässigkeit von Sympathiekämpfen bejaht.

Zulässigkeit des Boykotts als Arbeitskampfmittel anläßlich eines Falles postuliert, der durch unterstützende Streikmaßnahmen gekennzeichnet war. Und zum dritten hat sich der Bundesgerichtshof im Jahre 1978[20] für die Zulässigkeit eines Streiks gegen einen nichtverbandsangehörigen Arbeitgeber ausgesprochen, mit Hilfe dessen wirtschaftlicher Druck auf die Branche und ihren Arbeitgeberverband ausgeübt werden sollte; dies in der Erwartung, daß die Außenseiter einem dann mit dem Verband abgeschlossenen Tarifvertrag folgen würden. Diese These, die eine (erwartete) Einwirkungsmöglichkeit des zur Unterstützung bestreikten Arbeitgebers auf den Gegner des Hauptkampfes für die Zulässigkeit diesbezüglicher Kampfmaßnahmen ausreichen läßt, läuft materiell auf eine prinzipielle Ermöglichung von Sympathiestreiks hinaus. Zwar ist das Bundesarbeitsgericht an die Direktiven dieser Einschätzung des Bundesgerichtshofs nicht gebunden, möglicherweise wird es diese jedoch bei einer eigenen Entscheidung auch nicht gänzlich außer acht lassen können[21]. Hieraus auf eine prinzipielle Haltung der Judikatur zu Sympathiestreiks zu schließen, wäre sicher allzu sehr im Bereich der Spekulation angesiedelt. Als Resultat läßt sich allenfalls herauslesen, daß ein prinzipielles Verdikt gegen jede Form von Sympathiestreiks nicht zu erkennen, für bestimmte Fallkonstellationen vielmehr ein eher positiver Befund festzustellen ist.

Das Meinungsbild in der Literatur ist demgegenüber vielfältiger. Die Zulässigkeit von Sympathiearbeitskämpfen wird zwar von einer (beachtlichen) Minderheit grundsätzlich abgelehnt[22], überwiegend jedoch wohl eher bejaht[23], dabei allerdings an das Vorliegen durchaus divergierender Prämissen gebunden. Zunächst wird durchweg eine *Akzessorietät* des Sympathiestreiks zum Hauptkampf verlangt[24]: Einen Sym-

---

[20] BGH AP Nr. 56 zu Art. 9 GG Arbeitskampf.

[21] In diesem Sinne auch *Seiter,* Anm. EzA Nr. 21 zu Art. 9 GG Arbeitskampf.

[22] Grundlegend *Rüthers,* BB 1964, 312 ff.; ihm folgend *Ballerstedt,* AuR 1966, 225 (235); *Brox,* Festschrift für Nipperdey, II, 1965, S. 55 (59); *Dütz,* DB-Beilage Nr. 14/79, S. 6; *Evers,* S. 76 ff.; *Raiser,* Aussperrung, S. 93 f.; *Rüthers,* AuR 1967, 129 (131); *ders.,* AfP 1977, 305 (322); *Schwerdtner,* Arbeitsrecht, S. 99. Prinzipiell ablehnend von einem veränderten Ansatz her auch *Scholz / Konzen,* § 12, B, I, 3, b; *Konzen,* SAE 1980, 18.

[23] *Auffarth,* RdA 1977, 129 (135); *Birk,* Rechtmäßigkeit, S. 64 ff.; *Bora,* S. 66 ff.; *Coester,* RdA 1976, 282 (291 f.); *Däubler,* Arbeitsrecht, Bd. 1, S. 174 f.; *Eichmanns,* RdA 1977, 135 (140); *Geib,* S. 124; *Hanau / Adomeit,* S. 72; *Haupt,* S. 61 ff.; *Hueck / Nipperdey,* II, 2, S. 109; *Löwisch,* AR-Blattei, Arbeitskampf II, unter B II 1 b aa (VII); *ders.,* bereits RdA 1962, 314 ff.; *Gerhard Müller,* AuR 1972, 1 (8); *Nikisch,* II, S. 130; *Nipperdey,* Festgabe Küchenhoff, S. 133 (144); *Säcker,* Boykott, S. 73 ff.; *Seiter,* Streikrecht, S. 537; *ders.,* Arbeitskampfparität, S. 47; *Tomandl,* S. 122 ff.; *Zachert / Metzke / Hamer,* S. 199 ff.; *Zöllner,* Arbeitsrecht, S. 307 f.

[24] Vgl. nur *Birk,* Rechtmäßigkeit, S. 80 f.; *Seiter,* Arbeitskampfparität, S. 53 ff., jew. m. w. Nachw.

pathiekampf ohne Vorliegen eines Hauptkampfes könne es schon begrifflich, vor allem aber aus rechtlichen Erwägungen, nicht geben. Letztlich dient dieser Gesichtspunkt der Vermeidung einer „Zwangsbeglückung" der von der erkämpften Tarifregelung begünstigten Arbeitnehmer[25]. Als weiteres Kriterium der Zulässigkeit von Sympathiearbeitskämpfen wird bisweilen eine *Einwirkungsmöglichkeit* des sympathiebekämpften Arbeitgebers auf den Gegner des Hauptkampfes verlangt[26], wobei die Einwirkungsmöglichkeit teils sehr konkret, etwa im Sinne wirtschaftlicher Verflechtung, aber auch eher abstrakt betrachtet wird. Weiter wird gelegentlich ein *Eigeninteresse* der aus Sympathie Kämpfenden am Ausgang des Hauptkampfes gefordert[27], wobei allerdings zum Teil gerade die Unterstützung eines Kampfes mit „Modellcharakter" wiederum als (eigener) Hauptkampf bewertet wird[28].

b) Die prinzipielle Zulässigkeit des Durchführungsstreiks im Lichte dieser Kriterien, insbesondere des Akzessorietätsprinzips

Von den vorgenannten drei Kriterien bleibt für die Fälle der hier zu untersuchenden Art jedenfalls eines ohne Relevanz und kann damit undiskutiert bleiben. Die *Einwirkungsmöglichkeit* auf den Gegner des Hauptkampfes ist hier *konkret* und *unmittelbar* gegeben, sie liegt bereits, ohne daß andere Maßnahmen hinzutreten müßten, in der Arbeitsniederlegung und der damit verbundenen Sperrwirkung selbst. Ein Erfordernis eines — zumindest mittelbaren — Eigeninteresses würde hier zwar einschlägig sein können; ein solches ist allerdings prinzipiell nicht anzuerkennen. Ihm fehlt bislang eine tragfähige Begründung[29]. Offenbar befürchtet man eine Durchbrechung des vielfach verfochtenen Grundsatzes, daß der Bekämpfte zur (tariflichen) Erfüllung des Kampfzieles in der Lage sein soll. Diese Auffassung ist jedoch zu eng[30]; es muß — auch bei Zugrundelegung eines Junktims zwischen Arbeitskampf und Tarifvertrag — genügen, wenn im *Hauptkampf* ein Tarifziel angestrebt wird. Zudem entsteht mit dem Postulat des Eigeninteresses ein gewisser Wertungswiderspruch: Die Verfolgung *eigener* Ziele ist prinzipiell *Haupt-*, nicht Unterstützungskampf[31]. Mit Unterstüt-

---

[25] Vgl. etwa *Säcker*, Boykott, S. 75.

[26] Nachw. bei *Birk*, Rechtmäßigkeit, S. 81 ff., insbes. S. 82, Fn. 320.

[27] *Bulla*, Festschrift für Molitor, 1962, S. 293 (299 f.); *Dietz*, JuS 1968, 1 (7); *Hartje*, S. 114, 157; *Gerhard Müller*, AuR 1972, 1 (8); *Tomandl*, S. 122.

[28] *Rüthers*, BB 1964, 312 (315).

[29] Vgl. auch *Scholz / Konzen*, § 12, B, I, 1.

[30] Abl. auch *Birk*, Rechtmäßigkeit, S. 84 ff.; *Hueck / Nipperdey*, II, 2, S. 1009, Fn. 35; *Zöllner*, Arbeitsrecht, S. 307 f.

[31] *Dütz*, DB-Beilage Nr. 14/79, S. 6.

zungskämpfen um *eigene* Ziele könnten demgegenüber durchaus die für einen Hauptkampf etwa bestehenden Schranken umgangen werden[32]. Unterstützende Sympathiekämpfe wären damit gegenüber Hauptkämpfen privilegiert, ein Ergebnis, das die Befürworter des Erfordernisses eines (mittelbaren) Eigeninteresses gerade nicht intendieren.

Es verbleibt die Frage der Akzessorietät von Sympathiekampfmaßnahmen zum Hauptkampf. Die unscharfe Konturierung dieses Zusammenspiels führt dabei zu ganz unterschiedlichen Folgerungen im Einzelfall. Die begriffliche Verklammerung wird zunächst zur funktionalen erweitert: *Beginn* und *Ende* des Sympathiekampfes können nicht vom Hauptkampf abweichen; der Sympathiekampf kann nicht über den *Charakter* des Hauptkampfes hinausreichen: also kein Erzwingungs-(Sympathie)Kampf zu einem Demonstrations-(Haupt)Kampf. Rechtliche Interdependenzen werden mit der These statuiert, daß der Sympathiekampf nur zur *Unterstützung* eines (rechtmäßigen) Hauptkampfes zulässig sei[33]. Unterschiedliche Anforderungen werden auch an die Qualität des Hauptkampfes gestellt. Zum Teil wird davon ausgegangen, ein Sympathiestreik sei nur möglich, wenn der Hauptkampf seinerseits ein *Streik* sei[34]. Dieser Schluß erfolgt allerdings stets ohne Begründung; eine nähere Betrachtung der entsprechenden Äußerungen legt auch die Annahme nahe, daß diese Konnexität eher beiläufig gefordert wird, weil andere Fallkonstellationen offenbar nicht gesehen werden. Die maßgebliche Aussage liegt jeweils in der prinzipiellen Akzessorietät zum Hauptkampfgeschehen. Auch *Löwisch*[35], der die Boykottfälle gerade im Auge hatte, bezieht seine These hauptsächlich auf die Frage, ob ein Hauptkampf schon mit dem Aufruf zu diesem vorliegt[36]. Lediglich *Hartje*[37] untersucht diesen Aspekt detaillierter und gelangt, unter Berücksichtigung eines Sympathiestreiks gegen eine Aussperrung, zu dem Resultat, daß als Hauptkampf *jede* Kampfmaßnahme in Betracht kommen kann[38]. Dieses Resultat überzeugt. Der Sympathiekampf ist auf die Unterstützung des Arbeitskampfes anderer ausgerichtet. Letzterer ist aber angesichts des prinzipiell fehlenden Typenzwanges bei Arbeitskampfmitteln nicht auf den Streik beschränkt. Eine ausschließliche Hinordnung von Sympathiekampfmaß-

---

[32] Ähnl. *Scholz / Konzen*, § 12, B, I, 2, a.

[33] *Seiter*, Arbeitskampfparität, S. 53. Grundsätzlich auch *Birk*, Rechtmäßigkeit, S. 80, der allerdings (S. 81) auf mögliche Ausnahmen hinweist.

[34] Hierzu tendieren *Brox / Rüthers*, S. 33 f.; *Bulla*, Festschrift für Molitor, 1962, S. 293 (296 f.); *Hueck / Nipperdey*, II, 2, S. 898 f.; *Löwisch*, RdA 1977, 356 (358).

[35] *Löwisch*, RdA 1977, 356 (358).

[36] Hierzu sogleich unten.

[37] *Hartje*, S. 154 ff.

[38] Hierzu tendiert auch *Nikisch*, II, S. 97 m. Fn. 79.

nahmen nur auf (Haupt-)Streiks ist nicht legitimierbar. Sympathiestreiks sind daher prinzipiell auch bezüglich des Arbeitskampfmittels Boykott unter dem Akzessorietätsaspekt zulässig.

Für die zu untersuchenden Fälle des Boykotts durch unterstützende Sympathiestreiks ist allerdings die Frage der Qualität des Hauptkampfes in einem weiteren Sinne relevant. Es handelt sich um das — bereits oben angedeutete — Problem, welche Haupt*kampfmaßnahme* als Basis für Sympathiestreiks dienen kann. Die Frage wird exemplifiziert an den Boykottfällen in der Seeschiffahrt, bei denen die Seeleute auf den Schiffen nicht in den Streik getreten waren. Als zu unterstützende Hauptkampfmaßnahme kommt insofern nur der Boykott*aufruf* der Gewerkschaft in Betracht; dieser wird — und zwar mit der auch hier vertretenen Begründung — überwiegend als solcher qualifiziert und als ausreichend angesehen[39].

Diese Einschätzung ist denjenigen verwehrt, die Boykott*aufruf* und dessen Durchführung nicht prinzipiell trennen. Konsequent lehnt *Löwisch*[40] die Anknüpfung an den Aufruf ab, begnügt sich aber — offenbar doch beeindruckt durch die soziologischen Vorgaben in der Seeschiffahrt — mit dem (Haupt-)Streik einer „nennenswerten" Gruppe der unmittelbar Betroffenen. Die Ansicht *Löwischs* überzeugt nicht. Sie ist bestimmt von der Einstufung des Boykott*aufrufs*, den *Löwisch* allzu eng an den Streikaufruf anlehnt. Deutlich wird dies, wenn er den Boykottaufruf deliktsrechtlich als „Anstiftung" im Sinne des § 830 Abs. 2 BGB ansieht, ihn also nicht als *Arbeitskampfmaßnahme*, sondern nur als deren *Vorbereitungs*handlung qualifiziert. Damit wird die Tragweite speziell eines Boykottaufrufs ein wenig unterschätzt, der ja wegen seiner bereits in ihm angelegten potentiellen Gefährdung des Kundenkreises des Betroffenen und der Unbestimmtheit der Adressaten von einigen gerade als „besonders gefährlich" eingestuft wurde. Bei dem Aufruf handelt es sich — wie gezeigt — jedoch nicht um eine Vorbereitung zum eigentlichen Kampf, sondern um eine — eigenständige — Kampfmaßnahme selbst; zu ihrer Unterstützung sind bereits Sympathiekämpfe möglich.

Die Befürchtung *Löwischs*[41], damit würde der Gewerkschaft die Durchführung reiner „Stellvertreter-Arbeitskämpfe" ermöglicht, da im Tarifgebiet nur ein *Aufruf* herausgegeben werden müsse und der

---

[39] *Birk*, Rechtmäßigkeit, S. 101 f., 115 ff.; *ders.*, AuR 1974, 289 (298 m. Fn. 80); *Coester*, RdA 1976, 282 (290); *Säcker*, Boykott, S. 77; *Säcker / Streckel*, Anm. AR-Blattei, Arbeitskampf IV, Entsch. 2 unter 2 a.
Konzen, AcP 177, 473 (501 m. Fn. 173), hält einen Boykott *ohne* Hauptstreik für zulässig, wenn damit die Durchsetzung eines Tarifziels *ermöglicht* wird; hierzu sogleich unten.

[40] *Löwisch*, RdA 1977, 356 (357 ff.).

[41] *Löwisch*, RdA 1977, 356 (358 f.).

Kampf dann von den am ehesten hierzu in der Lage befindlichen Arbeitnehmern geführt werden könne, erscheint angesichts der Maßstäbe der Arbeitskampfpraxis etwas zu theoretisch. Unter der Prämisse eines *eigenen* Zieles im *eigenen* Kampfgebiet ist die Gewinnung der Arbeitnehmer zum Streik und dessen Durchführung für die organisierende Gewerkschaft stets ein nicht unerhebliches Problem und von zahlreichen, von ihr nicht zu steuernden Faktoren mit abhängig[42]. Bei einem ohne primär eigene Zwecke auf die Unterstützung des Kampfzieles *anderer* gerichteten Kampf erscheint eine Potenzierung der diesbezüglichen faktischen Schwierigkeiten als wahrscheinlich. Hinzu kommt, daß — bei aller Solidarität zwischen den einzelnen Gewerkschaften — keine Gewerkschaft realistischerweise bereit sein wird, ihre Streikkasse zugunsten einer anderen Gewerkschaft in erheblichem Umfang anzugreifen. Dies wäre auch gegenüber den eigenen Mitgliedern, denen dann aus finanziellen Gründen ein eigener Arbeitskampf für die folgenden Jahre unmöglich würde, kaum zu verantworten. Die „Stellvertreter-Kämpfe" scheinen daher als Modell im Bereich des arbeitsrechtlichen Schrifttums zu verbleiben[43].

Die Teleologie des Akzessorietätsgrundsatzes bestätigt das überwiegend verfochtene Ausreichen des Boykott*aufrufs* als Hauptkampf, dem die Unterstützung gilt. Ein Sympathiekampf soll nicht gegen den Willen derer geführt werden, die von der angestrebten Regelung letztlich betroffen sind; eine „Zwangsbeglückung" soll vermieden werden[44]. Angesprochen ist dabei auch das Repräsentationsprinzip, das jeder Gewerkschaft prinzipiell die Wahrnehmung nur der Interessen ihrer eigenen Mitglieder zuweist.

Beide Gesichtspunkte sind in den Boykottfällen der vorliegenden Art jedenfalls vom Grundsatz gewahrt. Die aufrufende Gewerkschaft erstrebt eine Regelung der Arbeitsbedingungen ihrer *Mitglieder* gegenüber deren Arbeitgeber bzw. dessen Verband. Daß sie hierzu von diesen legitimiert ist, kann ernsthaft nicht in Zweifel gezogen werden[45]. Aus der Tatsache, daß die von der Tarifregelung betroffenen Mitglieder nicht selbst in primäre Kampfmaßnahmen eintreten, kann nicht der Schluß gezogen werden, daß die Kampfmaßnahmen *gegen ihren Willen* geschehen würden. Die Verlagerung des Kampfgeschehens (auch) auf Dritte ist eine rein kampf*taktische* Frage, die dann ins Kalkül gezogen wird, wenn auf diese Weise ein Druck auf den Kampfgegner verstärkt oder überhaupt erst ermöglicht werden soll. Auch ein geringeres gewerkschaftliches Aktionsvermögen inner-

---

[42] Vgl. oben, § 6, II, III.

[43] Vgl. schon oben, § 7, III, 2, b.

[44] *Säcker*, Boykott, S. 77.

[45] So auch *Säcker*, Boykott, S. 76.

halb der zu tarifierenden Unternehmen als Ausgangslage für die Anwendung des Kampfmittels Boykott kann die Legitimation der Gewerkschaft für Regelungen in diesem Bereich nicht schmälern. Ansonsten würde gerade dort der Kampfwille der Organisierten und das Mandat der Gewerkschaft in Frage gestellt, wo etwa aufgrund einer besonderen Abhängigkeitssituation der Arbeitnehmer gewerkschaftliche Aktivitäten zur Wahrung der Arbeitnehmerrechte besonders vonnöten wären[46]. Ein Junktim zwischen *aktiver* Kampf*beteiligung* und Kampf*willen* der Arbeitnehmer würde daher an den realen Gegebenheiten vorbeigehen.

Auch *Löwisch* und *Seiter,* letzterer alleine auf den Sympathiestreik der Arbeitnehmer ohne dessen Einbettung in ein Boykottgeschehen bezogen, wollen dieser Problematik Rechnung tragen; *Löwisch*[47] durch das Ausreichenlassen des Streiks einer „nennenswerten Gruppe" der unmittelbar Betroffenen, *Seiter*[48] dadurch, daß er die *Urabstimmung* der Betroffenen genügen läßt: Kampfwillensbildung statt Kampfdurchführung. Der These von Erfordernis des Streiks einer „nennenswerten Gruppe" der Betroffenen ist entgegenzuhalten, daß sie von einem starren Arbeitskampfmodell im Sinne eines Streikprimats ausgeht und die Besonderheiten des Boykotts als eigenständiges Arbeitskampfmittel nicht hinreichend berücksichtigt. Die „Betroffenen", also die Seeleute, befinden sich mit dem Boykott*aufruf* der Gewerkschaft *im Arbeitskampf,* sie führen diesen bloß *nicht* im Wege des Streiks durch. Es wäre widersprüchlich, von denjenigen, wegen deren rechtlicher oder faktischer Streikerschwerung gerade zu einem *anderen* Arbeitskampfmittel, dem Boykott, gegriffen wird, aus einem schematisch verstandenen Akzessorietätserfordernis nun doch den Eintritt in einen Streik zu verlangen. Der Hinweis *Seiters* auf die Notwendigkeit der Kampfwillensbildung ist sicher prinzipiell einleuchtend. Bloß ist bei ihm der *Ansatzpunkt* dieser Prämisse in der Konsequenz seiner Ablehnung des Vorliegens eines Boykottgeschehens verschoben. Die Kampfwillensbildung kann sich richtigerweise nicht auf den Sympathiekampf der (dritten) Arbeitnehmer beziehen, sondern auf den *eigenen* (Haupt-)Kampf. Dieser aber liegt nach der hier vertretenen Auffassung schon im Boykott*aufruf* der Gewerkschaft. Die Willensbildung hätte sich also auch darauf zu beziehen; wobei es allerdings Sache der *Satzung* der Gewerkschaft selbst ist, deren Modalitäten zu regeln. Die Kampfwillensbildung ist ein verbandsrechtliches Internum[49]; sie für bestimmte

---

[46] Dies stellt *Säcker,* Boykott, S. 76, gegen *Löwisch* besonders klar heraus.

[47] *Löwisch,* RdA 1977, 356 (359).

[48] *Seiter,* Arbeitskampfparität, S. 55, 57 ff.; ihm folgen *Scholz / Konzen,* § 12, B, I, 3, c.

[49] Vgl. nur *Birk,* Rechtmäßigkeit, S. 103 m. w. Nachw.

Arbeitskampfmittel *von außen* bestimmen zu wollen, wäre koalitionsrechtlich nicht begründbar. Zu berücksichtigen wäre schließlich auch, daß für den Fall des Erfordernisses der Urabstimmung diese nicht auf ein bestimmtes Unternehmen beschränkt sein dürfte, sondern den gesamten zu tarifierenden Bereich erfassen müßte. Gerade im Bereich der Seeschiffahrt würde dies aus faktischen Gründen — etwa bei mehreren (auf See befindlichen) Schiffen eines Reeders — zu nicht unerheblichen Besonderheiten führen müssen.

c) *Zwischenergebnis*

Als Zwischenergebnis läßt sich daher festhalten, daß der Durchführungsstreik innerhalb eines im übrigen zulässigen Boykottgeschehens seinerseits als unterstützender Sympathiestreik den üblicherweise an Sympathiekämpfe angelegten Erfordernissen, insbesondere auch dem Akzessorietätsgrundsatz, genügt. Er ist insofern prinzipiell rechtmäßig, sofern er seinerseits nicht die arbeitskampfrechtlichen Grenzen überschreitet.

3. Durchführungsstreik und Arbeitskampfsystem

Gerade die Boykottfälle in der Seeschiffahrt mit den dabei stattgefundenen unterstützenden Streikaktionen Dritter stellen angesichts der soeben durchgeführten Prüfung von Sympathiekampfmaßnahmen an den überkommenen Maßstäben diese Kriterien selbst infrage. Zwar konnten die Streikmaßnahmen als schon insoweit zulässig qualifiziert werden. Andererseits hat sich erwiesen, daß die einzelnen Prüfungsgesichtspunkte im Grunde die Problematik nicht vollends erfassen konnten, teilweise gar nicht einschlägig waren oder aber schon durch definitorische Abweichungen ausgeschaltet werden konnten.

a) *Funktionalität des Sympathiekampfes*

Dieser Befund resultiert aus der Tatsache, daß in einer Art *institutioneller* Sicht für Sympathiekämpfe als herkömmliche Kriterien von deren Zulässigkeit solche Merkmale fungieren, die zum einen schematischer Natur und andererseits alleine auf den Hauptstreik ausgerichtet sind. Inhaltlich handelt es sich dabei auch hier teilweise um Relikte Weimarer Arbeitsrechtsdogmatik, die weiterhin fortgeschleppt werden. Ein solches Vorgehen wird jedoch schon methodisch dem System der Arbeitskampffreiheit des Art. 9 Abs. 3 GG — wie es auch vorliegend herausgearbeitet wurde — nicht mehr gerecht.

Die in Art. 9 Abs. 3 GG im dargelegten Sinne und Umfang verankerte Arbeitskampffreiheit ist nicht alleine auf das Kampfmittel des Streiks fixiert. Dieser ist sicher in Art. 9 Abs. 3 GG von verfassungswegen geschützt; dies jedoch nicht als Institution, sondern als typisches, für die Arbeitnehmerseite unverzichtbares Element der Koalitionsfreiheit in Gestalt der Koalitionsbetätigungsgarantie: Nur durch den Streik kann die Arbeitnehmerseite eine Kollektivvereinbarung, in der Regel einen Tarifvertrag, zu angemessenen Bedingungen erreichen[50]. Bereits bei der Prüfung der Verankerung des Boykotts innerhalb des Art. 9 Abs. 3 GG wurde herausgestellt, daß bei der Normkomplettierung des Art. 9 Abs. 3 GG der Koalition dasjenige an Befugnissen zur Verfügung gestellt werden muß, das ihre Betätigung in geeigneter, erforderlicher und wirksamer Weise erlaubt. Dies und der Freiheitsrechtscharakter der Norm verbieten einen Typenzwang bezüglich Arbeitskampfmitteln[51].

Diese Grundaussagen, die im Rahmen der vorliegenden Untersuchung zur Annahme der prinzipiellen Verankerung des Arbeitskampfmittels Boykott im Normbereich des Art. 9 Abs. 3 GG geführt haben, können für den Sympathiekampf nicht zugunsten schematischer, auf einen Hauptkampf bezogener Zulässigkeitsmerkmale teilweise rein begrifflicher Art aufgegeben werden. Vielmehr muß auch dieser *in seiner Funktion* als Mittel wirksamer Koalitionszweckverfolgung begriffen werden[52]. Von hier aus sind dann seine Voraussetzungen und Grenzen zu bestimmen; dies nicht primär in Abhängigkeit zum Hauptkampf, sondern aus der eigenen Funktion und Wirkungsweise heraus.

Diesen Ansatz vertreten neuerdings *Scholz / Konzen* innerhalb einer Untersuchung zur Rechtmäßigkeit von Aussperrungen. Von der Annahme her, daß die Kampfparität, die Maßstab der Erforderlichkeit von Kampfmaßnahmen sei, bereits durch Streik und Aussperrung gewährt sei, gelangen sie jedoch zu einem grundsätzlichen Verdikt gegenüber Sympathiestreiks, da diese typischerweise nicht erforderlich seien. Allerdings konzedieren sie für Fallgestaltungen, bei denen im Tarifgebiet ein Tarifvertrag nicht erreichbar ist, weil die am Tarifvertrag Interessierten rechtlich oder faktisch an dessen Durchsetzung gehindert sind, die Zulässigkeit von Sympathiestreiks, die die Tarifautonomie ansonsten funktionsunfähig würde. Für letztere Fälle sehen sie auch vom Akzessorietätsprinzip weitgehend ab.

Angesichts der oben[53] dargelegten Bedenken gegenüber der Normativität des Paritätsgrundsatzes erscheint ein allein hierauf gestütztes

[50] Oben, § 5, II, III.

[51] Oben, § 6, III, 2, a; § 8, II, 2.

[52] Bereits *Löwisch*, RdA 1977, 356 (358), spricht die „Funktion des Sympathiearbeitskampfes in der Rechtsordnung“ an, zieht jedoch ebensowenig die hier vertretene Konsequenz wie *Seiter*, der zunächst den hier vertretenen Standpunkt einnimmt (Arbeitskampfparität, S. 47), dann aber gleichwohl auf die überkommenen Merkmale, etwa der Akzessorietät, abstellt (Arbeitskampfparität, S. 53 ff.).

prinzipielles Verdikt gegenüber Sympathiekämpfen schon zu weitgehend. Wesentlicher aber noch spricht dagegen, daß die im Ergebnis restriktive Auslegung der Erforderlichkeit vom Standpunkt der vorliegenden Untersuchung her nicht akzeptiert werden kann. Aus der Kontrastierung mit den Fällen, in denen *Scholz / Konzen* — wegen der ansonsten eintretenden Funktionsunfähigkeit des Tarifsystems — Sympathiekämpfe zulassen, wird ersichtlich, daß diese die „Erforderlichkeit" einer Kampfmaßnahme mit der „Unerläßlichkeit" gleichsetzen. Dies aber wurde bereits oben[54] bezweifelt. Zunächst wird die „Erforderlichkeit" einmal bereits durch die „Wirksamkeit" des Kampfmittels relativiert und damit aus der Minimalposition herausgehoben. Die Erforderlichkeit ist eine der Direktiven zur Grundrechtskomplettierung, wird also bei der Schaffung des Instrumentariums relevant. Damit gelangt *auch*, wenngleich nicht nur, der Gesichtspunkt der Effektivität ins Spiel, der eine bloße Negativprüfung am Maßstab der „Unerläßlichkeit" verwehrt. Zum anderen muß auch bezüglich des — *funktional verstandenen* — Sympathiekampfs der Grundsatz gelten, daß die Arbeitskampffreiheit der Koalition die Kampf*taktik* und die Wahl der ihr geeignet erscheinenden — im übrigen zulässigen — Kampfmittel überläßt. Es existiert, wie bereits erwähnt, kein Primat des (Haupt-)Streiks und keine Subsidiarität anderer Arbeitskampfmittel. Will man den Sympathiestreik aus der wenig überzeugenden Verklammerung mit dem Hauptstreik lösen und direkt auf Art. 9 Abs. 3 GG beziehen, so liegt in der Konsequenz hiervon seine prinzipielle Anerkennung als eigenständiges Kampfmittel. Dessen Grenzen ergeben sich dann aus der allgemeinen Arbeitskampfordnung[55].

Der *Umfang* eines *Schutzes* des Sympathiestreiks innerhalb des Art. 9 Abs. 3 GG muß allerdings berücksichtigen, daß dieser sicher nicht das typische und *substantielle* Arbeitskampfmittel der Arbeitnehmerseite ist. Zwar ist es in der Geschichte der Arbeiterbewegung durchgängig aufgetaucht, jedoch niemals im Sinne einer bestimmenden Form des Arbeitskampfes der Arbeitnehmerseite. Auch insoweit gilt, was für den Boykott gesagt wurde: Die Organisation der Gewerkschaften und Arbeitgeberverbände nach dem Industrieverbandsprinzip hat generell drittbezogene Arbeitskampfformen zurücktreten lassen. Zu weitgehend ist es aber, aus der geringeren Typizität mit *Scholz / Konzen*[56] auf die prinzipielle Unzulässigkeit des Sympathiekampfes zu schließen. Dies würde der genannten Normstruktur des Art. 9 Abs. 3 GG nicht entsprechen. Sicher ist davon auszugehen, daß der Sympathiestreik inso-

---

[53] Oben, § 7, I, 2.

[54] Oben, § 6, II, III.

[55] So auch *Birk*, Rechtmäßigkeit, S. 89.

[56] *Scholz / Konzen*, § 12, B, I, 3, b.

fern *in der Regel* nicht im *Kernbereich* des Art. 9 Abs. 3 GG angesiedelt ist, sondern im äußeren Normbereich. Der Sympathiestreik muß sich damit eine Prüfung mit entgegenstehenden Rechtsgütern Dritter gefallen lassen; nicht aber ist er grundsätzlich sofort unzulässig. *Scholz / Konzen* sehen für den Fall einer funktionsunfähigen Tarifautonomie in einem Bereich den Sympathiekampf als erforderlich und zulässig an. Wenn in dieser Fallkonstellation der Sympathiekampf für die Funktionsfähigkeit des Tarifsystems *konstitutiv* ist, so liegt seine Einbeziehung sogar in den *Kernbereich* auf der Hand. Es erscheint dann aber nicht ganz konsequent, ein bestimmtes Kampfmittel als teils im Kernbereich befindlich, zum anderen aber als generell unzulässig zu bezeichnen. Eine solche Betrachtungsweise liefe auch auf ein zu starres Bild der faktischen Lage — unabhängig von der Schwierigkeit deren exakter Beurteilung — hinaus: Sie würde nämlich voraussetzen, daß die reale Ausgangssituation bei Arbeitskämpfen anhand bestimmter Parameter in zwei strikt voneinander geschiedene Bereiche aufgeteilt werden könnte, in deren einem der Sympathiekampf für die Funktionsfähigkeit des Tarifsystems unentbehrlich, im anderen Bereich jedoch strikt verboten wäre. Es leuchtet unmittelbar ein, daß dies die Realität nicht ganz trifft. Vielmehr wird es einen eher umfänglichen Bereich von Situationen geben, in denen die Essentialität von Sympathiekämpfen zur Erreichung eines Tarifvertrages — objektiv ohnehin nicht meßbar — wenigstens nach der subjektiven Sicht der Kampfgegner umstritten und unklar ist. Auch und gerade für diesen Sektor wäre die Frage der Zulässigkeit des Sympathiekampfes zu klären. Der Raster von *Scholz / Konzen* erscheint hierfür zu grobmaschig.

Siedelt man demgegenüber den Sympathiekampf mit der hier vertretenen Meinung für den Regelfall im äußeren Normbereich des Art. 9 Abs. 3 GG an, so erweist sich die Kollisionslösung mit entgegenstehenden Rechten Dritter als zutreffender Ansatzpunkt des notwendigen Korrelats seiner prinzipiellen Anerkennung. Der Schutzumfang der Rechte Dritter ist gegenüber Sympathiekämpfen generell weiterreichend als beim (Haupt-)Streik. Bei letzterem — übrigens auch beim Boykott — stehen sich die *Kontrahenten* gegenüber, die Rechtsgüter des Gegners müssen sich gegenüber erlaubten Arbeitskampfmaßnahmen bestimmte Beeinträchtigungen gefallen lassen. Demgegenüber sieht der Sympathiestreik als *unmittelbaren* Betroffenen einen Dritten vor sich, der *nicht Gegner des Hauptkampfes* ist. Dessen Rechtsgüterschutz ist also graduell stärker angelegt als derjenige des Gegners des Hauptkampfes; Kollisionslösungen, die dieser Position gegenüber der Arbeitskampfbefugnis Rechnung tragen, sind insofern auch umfassender legitimiert. Hier wäre der mögliche Ansatzpunkt des Kerns des Gedankens der „Einwirkungsmöglichkeit“ auf den Gegner des Hauptkampfes, allerdings in entgegengesetzter Sicht: *Weil* der sympathiebekämpfte Arbeitgeber nicht jederzeit und stets durchschlagend auf den Gegner des Hauptkampfes einwirken *kann*, bedürfen seine Rechtspositionen eines stärkeren Schutzes. Anders als der Gegner des Hauptkampfes kann er nicht etwa durch Nachgeben den als Durchgangsstadium gegen ihn gerichteten Arbeitskampf beenden und dessen Lasten von sich abwenden.

Der erweiterte Schutzbereich der Rechte des betroffenen Erst-Arbeitgebers wegen dessen fehlender unmittelbarer Zugriffsmöglichkeit auf die Forderung im Hauptkampf liefert demgemäß den Ansatzpunkt für notwendige Restriktionen des Sympathiestreiks. Dies kann selbstverständlich nicht für diejenigen Fälle gelten, in denen der Sympathiestreik überhaupt erst das Erreichen eines Tarifvertrages ermöglicht. Dort ist, mit *Scholz / Konzen*[57], von der *prinzipiellen Erforderlichkeit* von Sympathiestreiks und deren prinzipieller Zulässigkeit als funktional im *Kernbereich* des Art. 9 Abs. 3 GG liegend auszugehen. In diesem Sektor sind Eingriffe in diese Betätigungsform generell verwehrt. In den übrigen Fällen bestimmen sich die Grenzen aus den gegenüberstehenden Rechten Dritter, die im Rahmen einer Interessenabwägung unter Beachtung des öffentlich-rechtlichen Übermaßverbotes zur Geltung zu bringen sind.

b) Sympathiestreik und Boykottdurchführung

Für die vorliegend zu betrachtenden Fälle des Sympathiestreiks zur Durchführung eines Boykotts bedarf es der Fixierung dieser Grenzlinie im einzelnen nicht[58]. Hier ist nämlich die Besonderheit zu verzeichnen, daß der sympathiebestreikte Arbeitgeber den von den sympathiekämpfenden Arbeitnehmern kampfweise durchzusetzenden Erfolg *unmittelbar* und *selbst* herbeiführen kann. Von ihm wird nicht verlangt, etwa auf den Gegner des Hauptkampfes in *aktiver* Weise einzuwirken; vielmehr soll er nur „passiv" durch die Geschäftsverweigerung der Gesamtsperre der Arbeitnehmerkoalition des Hauptkampfes beitreten. Insofern hat der innerhalb eines Boykottgeschehens sympathiebestreikte Arbeitgeber es selbst in der Hand, die Arbeitskampffolgen von sich abzuwenden. Es liegt gar kein Sympathiestreik der herkömmlichen Art vor. Vielmehr handelt es sich quasi um einen gegen den unmittelbaren Arbeitgeber gerichteten Streik mit dem Ziel einer Geschäftsverweigerung seitens dieses Arbeitgebers gegenüber dem Boykottierten. Hier kann die Erforderlichkeit einer solchen Maß-

---

[57] *Scholz / Konzen*, § 12, B, I, 3, b.

[58] Die Festlegung der Grenzen von Sympathiekampfmaßnahmen im einzelnen ist ein eigenes Thema, es würde den Rahmen der vorliegenden Arbeit sprengen. Vgl. die umfassenden Fragestellungen bei *Hartje*, S. 10 ff.

nahme per „Kettenableitung“ erfolgen: Geht man von der Zulässigkeit des primären Boykotts aus, so bestimmt sich die Erforderlichkeit des Sympathiestreiks daraus, ob dieser zur *Wirksamkeit des Boykottes* notwendig ist. Da es sich um eine bestimmte *Durchführungsform des Boykottes* handelt, wird man dies regelmäßig bejahen, für bestimmte Fälle, wie sie etwa in der Seeschiffahrt aufgetaucht sind, sogar als essentiell bezeichnen können. Angesichts des Wegfalles der möglichen Restriktionen aus einer fehlenden Einwirkungsmöglichkeit ist insofern von der *prinzipiellen Zulässigkeit* von Sympathiestreiks als „Durchführungsakt“ innerhalb von Boykottfällen auszugehen, die für bestimmte Fälle — bei sonstiger Unmöglichkeit des Erreichens eines Tarifvertrags — sogar als *im Kernbereich* des Art. 9 Abs. 3 GG liegend zu qualifizieren sind. Aus dem Gedanken der prinzipiellen Erforderlichkeit von Arbeitskampfmaßnahmen — nun bezogen auf den Projektionspunkt des eigenen Arbeitgebers — wird man jedoch verlangen müssen, daß die Boykott*durchführung* im Wege des Sympathiestreiks nur dann angewandt werden kann, wenn der Arbeitgeber sich nicht bereits durch den Boykottaufruf oder die Androhung von Nachteilen bei Nichtbefolgung zur Sperre bereitfindet. Dies entspricht nur den allgemeinen Prämissen für die Durchführung eines Arbeitskampfes.

Das Ergebnis wird durch eine weitere Überlegung abgestützt. Der Sympathiestreik mit Stoßrichtung auf die Geschäftsverweigerung gegenüber dem Boykottierten ist stets *alleine* auf solche Arbeiten beschränkt, die auf den Boykottierten ausgerichtet sind. Der sympathiebestreikte Arbeitgeber wird also ohnehin nur *partiell* beeinträchtigt, ohne daß dies allerdings den Charakter der Arbeitsniederlegung als Streik verändern würde. Der durchgeführte Sympathiestreik ist bereits aus sich heraus auf eine *Minimalschädigung* des primären Arbeitgebers beschränkt. Auch insoweit ist einem weitergehenden Schutz der Rechte des Kampfbetroffenen Rechnung getragen.

Im Ergebnis ergibt sich damit, daß auch innerhalb der *funktionalen* Betrachtung des Sympathiestreiks die im Rahmen von Boykotten durchgeführten unterstützenden Streikmaßnahmen grundsätzlich zulässig sind. Sie finden ihre Grenzen in den allgemeinen arbeitskampfrechtlichen Schranken, die im einzelnen bereits genannt sind.

4. Durchführungsstreik und Erkämpfung eines Tarifvertrages „auf Vorrat“

Bei den soeben als zulässig qualifizierten durch Dritte erfolgenden Kampfmaßnahmen, Boykottaufruf und Durchführungsstreik, ist dabei vor allem im Bereich von Firmentarifverträgen die Konstellation denkbar, daß die Gewerkschaft im zu tarifierenden Bereich, also etwa im betreffenden Unternehmen (noch) keine Mitglieder hat. Eine solche Ausgangslage ist gerade für die Anwendung des Kampfmittels Boykott relevant. Damit fehlte dort die potentielle Tarifgebundenheit der Belegschaft; der Tarifvertrag würde zunächst — abgesehen von Normen nach § 3 Abs. 2 TVG — keine normativen Wirkungen entfalten. Erst durch Beitritt der Arbeitnehmer zu der tarifschließenden Gewerkschaft erhielten die Tarifvertragsnormen faktisches Gewicht. Es handelt sich also zunächst um einen Tarifvertrag „auf Vorrat".

Seiter[59] lehnt in derartigen Fällen die Zulässigkeit einer kampfweisen Durchsetzung solcher Tarifverträge ab und hält lediglich einen Abschluß auf *freiwilliger* Basis für denkbar; dem Arbeitskampf fehle angesichts der Ungewißheit der Erfassung von Arbeitsverhältnissen die „Erforderlichkeit".

In der Tat erscheint es zunächst bedenkenswert, ob der Arbeitskampf, und damit der Eingriff in gegnerische Rechtsgüter, zulässig sein soll, obgleich die tariflich zu erzielenden Regelungen dem entsprechenden Arbeitnehmerkreis unmittelbar nicht zugute kommen. Eine Analyse der *Funktion* derartiger Tarifverträge weist jedoch den Weg zur exakten arbeitskampfrechtlichen Bewertung. Der zunächst nur wirksame schuldrechtliche Regeln entwickelnde Tarifvertrag soll durch die Etablierung bestimmter Normen über die Regelung der Arbeitsverhältnisse *tarifliche Arbeitsbedingungen* potentiell zur Verfügung stellen, die von der *Gewerkschaft* ausgehandelt und damit in der Regel günstiger sind als die einzelvertraglich vereinbarten. Den Außenseitern soll die Möglichkeit der Umwandlung ihres auf individualrechtlicher Basis bestehenden Arbeitsverhältnisses in ein solches ermöglicht werden, das über einen Tarifvertrag normativ geregelt ist. Der Beitritt zu der Gewerkschaft brächte sie in den Schutzbereich des Tarifvertrages.

Materiell handelt es sich damit um ein Stück gewerkschaftlicher Organisationspolitik. Diese ist unstreitig in Art. 9 Abs. 3 GG mitgeschützt; die Koalitions*bestands*garantie setzt schon voraus, daß es der Gewerkschaft möglich sein muß, durch Mitgliederwerbung die Basis ihrer Existenz zu erhalten[60]. Darüber hinaus ist es auch weithin unbestritten, daß dieser Schutz über die „Existenzerhaltung" hinausreicht[61]. Der *Umfang* dieses Schutzes ist jedoch nicht exakt abgeklärt. *Konzen*[62] veranschlagt den Schutz der Organisationspolitik prinzipiell geringer als denjenigen etwa des Arbeitskampfes. Allerdings setzt er beim Status

---

[59] *Seiter*, Arbeitskampfparität, S. 55 ff.

[60] Vgl. BVerfGE 28, 295 (304); die Problematik wird z. T. auch unter der *Betätigungsgarantie* abgehandelt, vgl. nur die Darstellung bei *Konzen*, BAG-Festschrift, 1979, S. 273 (287 f.).

[61] *Konzen*, BAG-Festschrift, 1979, S. 273 (288).

[62] *Konzen*, BAG-Festschrift, 1979, S. 273 ff. (insbes. S. 288 f.).

quo des Mitgliederbestandes der Gewerkschaft die Schnittlinie zwischen dem unterschiedlich ausgeprägten Schutzumfang an. Geht es um die *Erhaltung* des Mitgliederbestandes, so soll der Koalitionsschutz durchschlagen und fremden Rechtspositionen insoweit vorgehen. Demgegenüber soll dies bei Maßnahmen mit Blick auf das organisationspolitische Werbeinteresse der Gewerkschaft nicht der Fall sein.

Ob der prinzipielle Schutz der koalitiven Bestands- und Betätigungsgarantie in dieser Weise differenziert werden kann, muß im Rahmen der vorliegenden Untersuchung dahinstehen. Auch Konzen räumt nämlich ein, daß zwischen Existenzfähigkeit, Bestandsinteresse und Werbeeffekt zur Erhöhung eines bereits schlagkräftigen Mitgliederbestandes nicht stets exakt unterschieden werden kann[63]; hinzuzufügen wäre, daß auch hier keine Parameter vorliegen, mit denen etwa — ohne ideologisches Vorverständnis — festgestellt werden könnte, die Schlagkraft einer bestimmten Gewerkschaft sei hoch genug. Nimmt man das Beispiel einer kleineren Gewerkschaft, so wird die Schnittlinie am Status quo des Mitgliederbestandes bereits problematisch.

Hier kann der Maßstab der Funktionsfähigkeit des Tarifsystems den geeigneten Ansatzpunkt für die Feststellung des Schutzumfanges bieten[64]. Die Gewerkschaft muß in der Lage sein, den für sie fachlich relevanten Sektor tariflich regeln zu können. Dabei kann auch eine an sich bereits gefestigte Organisation auf die Gewinnung neuer Mitglieder *angewiesen* sein; dies nicht primär wegen der Mitglieder*zahl*, sondern vielmehr zu dem Zweck, den *Geltungsbereich* der tariflichen Regelungen auszudehnen und damit das Unterlaufen eines tariflichen Gesamtgefüges zu verhindern. Gerade der Bereich der Seeschiffahrt liefert hierzu wichtige Hinweise. Ist etwa die Organisation der Arbeitgeberseite so gewählt, daß zahlreiche einzelne Arbeitgeber nicht an einen Verbandstarifvertrag gebunden sind, so erweist es sich, auch etwa zur Verhinderung sogenannter „Schmutzkonkurrenz“, als notwendig, mit Hilfe von Anschlußtarifverträgen das System der tariflichen Regelungen zu stabilisieren. Nur so kann die Gewerkschaft ihrem Arbeitnehmerschutzauftrag umfassend und hinreichend nachkommen. Hierfür erweist es sich als nötig, bei möglichst zahlreichen Arbeitgebern Mitglieder zu gewinnen und somit den Geltungsbereich des Tarifvertrages auf diese auszudehnen. *Dieses* Mitgliederwerbeinteresse dient dann allerdings gerade der Errichtung und Erhaltung eines funktionsfähigen Tarifsystems innerhalb einer Branche, seine Durchführung mittels Tarifverträgen „auf Vorrat“ wird dann durchaus dem Schutzbereich des Art. 9 Abs. 3 GG unterfallen.

---

[63] *Konzen*, BAG-Festschrift, 1979, S. 273 (288).

[64] Vgl. hierzu BVerfGE 20, 312 (318).

Insofern ist also auch das Erreichen eines Tarifvertrages „auf Vorrat“ im generellen Schutzumfang enthalten. Für dessen Restriktion auf einen nur freiwilligen Abschluß bestehen aus dem System des Arbeitskampfrechts keine durchschlagenden Gründe. Freiwillige Tarifverträge hätten auch grundsätzlich nicht die Gewähr des Inhalts von angemessenen Arbeitsbedingungen[65]. Würde dann ein so geschaffener Tarifvertrag normative Kraft erlangen, wäre die Gewerkschaft an ihn gebunden, obwohl er unter Bedingungen zustande gekommen ist, unter denen die Gewerkschaft nicht den notwendigen Druck zur Erzielung angemessener Regelungen einsetzen konnte. Auch Tarifverträge „auf Vorrat“ sind unter den genannten Voraussetzungen erkämpfbar.

5. Durchführungsstreik und Vertragsbeziehungen zwischen Adressat und Boykottiertem

Schließlich bleibt zu überlegen, inwiefern sich die oben als Differenzierungsgesichtspunkt herausgestellte Frage von Vertragsbeziehungen zwischen Adressat und Boykottiertem in Fällen der Boykottdurchführung durch Streik auswirken.

Vorauszuschicken ist dabei zunächst, daß dies für die Zulässigkeit des Durchführungsstreiks prinzipiell ohne Belang bleibt. Bei der Durchführung eines Streiks ist keine Rücksichtnahme auf Vertragsbeziehungen des Gegners geboten; es ist dessen Sache, arbeitskampfbedingte Störungen dieser Rechtsverhältnisse im dortigen *Innenverhältnis* zu regulieren.

Besteht zwischen Adressat, also dem unmittelbar bestreikten Arbeitgeber, und dem Boykottgegner ein Vertragsverhältnis, so kommt der Adressat den ihm in diesem Verhältnis obliegenden Pflichten nicht nach. Darin liegt prinzipiell eine Vertragsverletzung. Diese würde allerdings bei einem Teil der Literatur[66] möglicherweise ohne Folgen bleiben, da dem Adressaten die Leistung durch die Arbeitsverweigerung „unmöglich“ geworden ist. Allerdings bliebe zu bedenken, daß der Adressat streng genommen *nicht* die Wahrnehmung der „Sozialpartnerfunktion“ für sich reklamieren könnte, da er überhaupt nicht am *Tarif*streit partizipiert, sondern nur in dessen Durchführung eingeschaltet ist.

Im Ergebnis muß jedoch jedenfalls berücksichtigt werden, daß die Zulassung eines gegen ihn gerichteten Arbeitskampfes im Wege des unterstützenden Sympathiestreiks die Einbeziehung dieses Arbeitgebers in den Interessenaustrag der sozialen Gegenspieler zur unmit-

---

[65] Hierzu ausführlich *Bunge,* Tarifinhalt und Arbeitskampf, Königstein 1980, S. 239 ff.

[66] Vgl. oben, § 9, Fn. 25, 26.

telbaren Folge hat. Insoweit wäre die „Sozialpartnerfunktion“ auch auf eine Arbeitskampfbetroffenheit in diesem Sinne zu erstrecken.

Wer dann mit der oben[67] beschriebenen Meinung den arbeitskampfbetroffenen Unternehmer von seiner Leistungspflicht wegen „Unmöglichkeit“ entbindet, scheint allerdings zu einem gewissen Wertungswiderspruch zu der Beurteilung derjenigen Fälle zu gelangen, in denen der Dritt-Arbeitgeber etwa bereits auf die Drohung mit einem Durchführungsstreik hin die Geschäftsverweigerung vornimmt. Für diese Fallkonstellation war bei der Kundensperre eine Privilegierung des insoweit vorhandenen vertragswidrigen Verhaltens abgelehnt worden[68]. Vergegenwärtigt man sich die verschiedenen *Formen der Boykottdurchführung:* Aufruf zum Boykott — Aufruf mit Nachteilsandrohung — Durchführungsstreik, so würde in der dritten Stufe das vertragswidrige Verhalten des Adressaten gegenüber dem Boykottgegner offensichtlich günstiger bewertet als dasjenige auf der zweiten Stufe.

Dieses Ergebnis rechtfertigt sich jedoch bereits aus Rechtssicherheitsgründen. Es ist ein — judikativ etwa auch ex post nachzuvollziehender — Unterschied, ob eine Leistung objektiv-faktisch unmöglich wurde oder ob sie aus subjektiv-hypothetischer Sicht unmöglich *schien.* Bereits insofern ist die Differenzierung geboten. Aber auch die systematischen Erwägungen zur Privilegierung von Vertragsverletzungen sprechen für diese unterschiedliche Wertung. Leistungspflichten können auf der Grundlage des Arbeitskampfrechts prinzipiell nur im Verhältnis der antagonistischen Gegenspieler suspendiert werden, nicht aber innerhalb des „gleichen Lagers“. Es besteht dann eine Konnexität zwischen den suspendierten Leistungspflichten und der Organisation und der Intensität des Kampfes der Arbeitnehmerseite. Im Falle der Privilegierung auch der Vertragsverletzung des Adressaten hätte *dieser* es in der Hand, beliebig viele seiner Drittbeziehungen unter Berufung auf die Arbeitskampfsituation zu „suspendieren“, obgleich die Arbeitnehmerseite möglicherweise nur partielle Leistungsverweigerungen durchführt. Der Adressat muß die Störungen seiner vertraglichen Drittverhältnisse mit der geläufigen Schuldrechtsdogmatik lösen. Der scheinbare Wertungswiderspruch erweist sich daher als systematisch gebotene Konsequenz.

---

[67] Vgl. oben, § 9, Fn. 25, 26.

[68] § 9, II, 2.

§ 11 Perspektiven arbeitskampfrechtlicher Einordnung des Boykotts

Die Untersuchung der vorliegenden Fallgruppe der Durchführung der Kundensperre mittels weiterer Arbeitskampfmaßnahmen, aber auch derjenigen der einfachen Kundensperre, haben eine weiterreichende Zulässigkeit dieser Arbeitskampfform ergeben, als es bisher angenommen wurde. Es hat sich gezeigt, daß bezüglich der Beurteilung von atypischen Arbeitskampfmaßnahmen ein schematisches und auch ein wenig oberflächliches Vorgehen den Weg zur exakten systematischen Einordnung verstellt.

Als eine wesentliche Ursache für die durchweg mangelhafte Analye seitens der Judikatur ist — neben der durch die relative Seltenheit bedingten ungenügenden wissenschaftlichen Aufbereitung — die prinzipielle Fixierung arbeitskampfrechtlichen Denkens auf die Kampfmittel Streik und auch Aussperrung zu nennen. Die Ausrichtung auf diese Arbeitskampfformen führte geradewegs zu einer gewissen Institutionalisierung beider; die Arbeitskampf*freiheit* ist in diesem Prozeß ein wenig zurückgetreten. Außerhalb dieser beiden Pole auftretende Erscheinungen im Arbeitskampf werden im Ergebnis restriktiv behandelt. Dies gründet auch in der Tendenz zur Ablehnung des Arbeitskampfes generell, wie es das Bundesarbeitsgericht[1] mit seiner Formel des „Unerwünschtseins“ des Arbeitskampfes exemplarisch zum Ausdruck gebracht hat.

Eine weitere Komponente der kaum geglückten Einordnung von Boykott und Sympathiestreik gleichermaßen ist die Erkenntnis, daß der Bruch mit der Arbeitskampfrechtsdogmatik der Weimarer Zeit und deren realen Grundlagen noch nicht allseits vollzogen ist. Die Fragwürdigkeit *tatsächlicher* Einschätzungen ist anhand der Etikettierung des Boykotts als „schärfste Waffe“ bereits verdeutlicht worden. Wesentlicher aber noch sind die durch die Suspendierungswirkung beim rechtmäßigen Streik sich ergebenden Folgerungen für das Kampfsystem, in das weder Sympathiestreik noch der Boykott hinreichend integriert sind. Insgesamt hat sich damit ein in sich nicht geschlossenes Arbeitskampfsystem ergeben, in welchem sowohl funktionale Elemente neuerer Arbeitskampfrechtsdogmatik als auch eher institutionelle Relikte des früheren Arbeitskampfrechts vermischt waren.

---

[1] BAG AP Nr. 1 zu Art. 9 GG Arbeitskampf.

Hieraus resultieren die aufgezeigten partiellen Wertungswidersprüche. Weitere Ungereimtheiten bei der Behandlung des Boykotts, und zwar auch in der Literatur, sind auf der Basis der das Arbeitskampfrecht beherrschenden Generalklauseln entstanden. Deren Konturenlosigkeit führt nahezu zwangsläufig zu einem eher volitiven Gebrauch und läßt das Arbeitskampfrecht in einem hohen Maße unberechenbar werden[2]. Dieser Nachteil trifft so gut wie ausschließlich die Gewerkschaften, die auf der Basis einer von ihnen geführten prinzipiell legalistischen Politik vom Ex-ante-Standpunkt nur geringe Möglichkeiten haben, sich von etablierten und judikativ festgeschriebenen Arbeitskampfformen wegzubewegen.

Die vorliegende Untersuchung hat demgegenüber gezeigt, daß der diesbezügliche gewerkschaftliche Handlungsspielraum durchaus ein wenig größer als generell angenommen ist. Zusammen mit den weiteren in der Literatur vorgenommenen Analysen zum Boykott als Arbeitskampfmittel und unter Berücksichtigung der — wenngleich zum Teil undifferenzierten — Ansicht des Bundesarbeitsgerichts, der Boykott sei prinzipiell zulässig, wird man nunmehr davon ausgehen können, daß dieser im System des Arbeitskampfrechts durchaus seinen Platz hat.

Arbeitskämpfe sind in der Bundesrepublik Deutschland weitgehend verrechtlicht[3]; in anderen westeuropäischen Ländern ist das Normengeflecht für die Durchführung von Arbeitskämpfen demgegenüber vergleichsweise geringer. In Ländern wie Frankreich, Italien oder England beispielsweise dominiert insofern eher die Arbeitskampf*praxis*[4]. Aber auch bei uns sind Interdependenzen zwischen der Praxis und der rechtlichen Einordnung von Arbeitskampfgeschehen zu erkennen. Dies zeigt nicht zuletzt die judikative Anerkennung des „Warnstreiks“[5]. Die relativ spärliche und restriktive Beurteilung des Boykotts — und auch des Sympathiestreiks — in Judikatur und Arbeitsrechtslehre mag insofern — im Zusammenspiel mit der beobachteten generellen Zurückhaltung gegenüber „neuen“ Arbeitskampfformen — eine Ursache auch in dem eher geringeren faktischen Gebrauch dieser Arbeitskampfmittel haben.

Als Ergebnis der vorliegenden Untersuchung hat sich allerdings gezeigt, daß ein Numerus clausus gewerkschaftlicher Arbeitskampfmittel nicht begründbar ist. Der arbeitskampfrechtliche Handlungsspielraum ist nicht auf den Streik beschränkt.

---

[2] Auf den Gesichtspunkt der Rechtsunsicherheit weist auch das BAG hin, vgl. BAG, BB-Beilage Nr. 4/1980, S. 11.

[3] Vgl. hierzu *Erd*, Verrechtlichung industrieller Konflikte, S. 129 ff.

[4] Vgl. zu dieser *Albers / Goldschmidt / Oehlke*, S. 19 ff.

[5] BAG AP Nr. 51 zu Art. 9 GG Arbeitskampf.

Literaturverzeichnis

Abendroth, Michael / *Beckenbach*, Niels / *Dombois*, Rainer: Hafenarbeit und Streik 1978, in: Arbeiterinteressen gegen Sozialpartnerschaft (Kritisches Gewerkschaftsjahrbuch 1978/79), S. 47.

Abendroth, Wolfgang: Das Grundgesetz, 3. A., Pfullingen 1972.

Adomeit, Klaus: Vermögensbildungsgesetz und Koalitionsfreiheit (Tarifvertrag), in: RdA 1964, 309.

Alber, Jörg: Die Kampfmittelparität der Sozialpartner, Diss. Köln 1971.

Albers, Detlev / *Goldschmidt*, Werner / *Oehlke*, Paul: Klassenkämpfe in Westeuropa — England, Frankreich, Italien, Reinbek, 1971.

Anschütz, Gerhard: Die Verfassung des Deutschen Reichs vom 11. August 1919, 14. A., Berlin 1933.

Arndt, Adolf: Umwelt und Recht. Der Fall Blinkfüer, in: NJW 1964, 23.

— Umwelt und Recht. Zur Güterabwägung bei Grundrechten, in: NJW 1966, 870, 871.

Auffarth, Fritz: Der gegenwärtige Stand des Arbeitskampfrechts in der Bundesrepublik Deutschland unter besonderer Berücksichtigung des Streikrechts, in: RdA 1977, 129.

Badura, Peter: Arbeitsgesetzbuch, Koalitionsfreiheit und Tarifautonomie, in: RdA 1974, 129.

— Das Recht der Koalitionen — Verfassungsrechtliche Fragestellung —, in: ArbR-GW 15 (1977), S. 17.

Ballerstedt, Kurt: Arbeitskampf und Lohnrisiko, in: AuR 1966, 225.

— Probleme einer Dogmatik des Arbeitsrechts, in: RdA 1976, 5.

Baumbach, Adolf / *Hefermehl*, Wolfgang: Wettbewerbsrecht, 12. A., München 1978.

Baumert, Georg: Die Wirkung des Arbeitskampfes auf das einzelne Arbeitsvertragsverhältnis, in: DB 1966, 1888.

Belke, Rolf: Die Geschäftsverweigerung im Recht der Wettbewerbsbeschränkungen, Tübingen 1966.

— Die vertikalen Wettbewerbsbeschränkungsverbote nach der Kartellgesetznovelle 1973, in: ZHR 139, 51.

Benda, Ernst: Industrielle Herrschaft und sozialer Staat, Göttingen 1966.

Benecken, Hartmut: Die Zulässigkeit bislang als tarifvertragswidrig und deliktisch behandelter Streiks, Diss. Münster 1978.

Benisch, Werner: Der organisierte Käuferstreik, in: NJW 1956, 1185.

Bernert, Günther: Zur Lehre von der „sozialen Adäquanz" und den „sozialadäquaten Handlungen", Marburg 1966.

Bertele, Franz: Rechtsnatur und Rechtsfolgen der Aussperrung, Heidelberg 1960.

Bertelsmann, Klaus: Aussperrung, Berlin 1979.

Bieback, Karl-Jürgen / *Reich*, Norbert: Verfassungswidrige Umgestaltung des Unternehmensrechts durch Mitbestimmung? in: AuR 1978, 161.

Biedenkopf, Kurt: Zum politischen Boykott, in: JZ 1965, 553.

— Grenzen der Tarifautonomie, Karlsruhe 1964.

— Unternehmer und Gewerkschaft (im Recht der Vereinigten Staaten von Amerika), Heidelberg 1961.

Binkert, Gerhard: Gewerkschaftliche Boykottmaßnahmen und Arbeitskampfordnung, in: AuR 1979, 234.

Birk, Rolf: Boykott und einstweilige Verfügung im grenzüberschreitenden Arbeitskampf, in: AuR 1974, 289.

— Die Rechtmäßigkeit gewerkschaftlicher Unterstützungskampfmaßnahmen, Stuttgart 1978.

— Tarifrechtlicher Vorvertrag und arbeitsrechtlicher Boykott im Ausland, in: AuR 1977, 235.

Blanke, Thomas: Funktionswandel des Streiks im Spätkapitalismus, Frankfurt 1972.

Bötticher, Eduard: Waffengleichheit und Gleichbehandlung der Arbeitnehmer im kollektiven Arbeitsrecht, Karlsruhe 1956.

Bora, Fahri: Der Sympathiestreik nach Türkischem und Deutschem Recht, Diss. München 1973.

Brecht, Hans-Theo: Arbeitskampf und Verfassung, Diss. Köln 1966.

Brendel, Björn: Einfluß des Arbeitskampfes auf Abnahme- und Lieferverpflichtungen, Diss. Hamburg 1969.

Brox, Hans: Zur Wirkung der rechtmäßigen Aussperrung auf den Arbeitsvertrag, in: Festschrift für Nipperdey, München/Berlin 1965, S. 55.

Brox, Hans / *Rüthers*, Bernd: Arbeitskampfrecht, Stuttgart 1965.

Buchner, Herbert: Die Bedeutung des Rechts am eingerichteten und ausgeübten Gewerbebetrieb für den deliktsrechtlichen Unternehmensschutz, München 1971.

— Konsolidierung des deliktsrechtlichen Unternehmensschutzes, in: DB 1979, 1069.

Bühler, O.: Streikrecht oder nur Streikfreiheit? in: ArbR 1923, 561.

Bulla, Gustav-Adolf: Boykott, Sperre, in: AR-Blattei, Arbeitskampf IV.

— Sympathie-Maßnahmen im Arbeitskampf, in: Festschrift für Erich Molitor, 1962, S. 293.

— Das zweiseitige kollektive Wesen des Arbeitskampfes, in: Festschrift für Nipperdey, München/Berlin 1955, S. 163.

Bunge, Thomas: Tarifinhalt und Arbeitskampf — Zum Problem „freiwilliger", nicht kampfweise erzwingbarer Tarifnormen —, Königstein 1980.

Bydlinski, Franz: Arbeitsrechtskodifikation und allgemeines Zivilrecht, Wien/New York 1969.

von Caemmerer, Ernst: Wandlungen des Deliktsrechts, in: Hundert Jahre Deutsches Rechtsleben, Festschrift zum hundertjährigen Bestehen des Deutschen Juristentages 1860—1960, Bd. II, Karlsruhe 1960, S. 49.

Coester, Michael: Drittbezogene Arbeitskampfmaßnahmen in den USA, Frankreich und der Bundesrepublik, in: RdA 1976, 282.

Däubler, Wolfgang: Das Arbeitsrecht, Bd. 1, Hamburg 1976, Bd. 2, Hamburg 1979.

— Die unverhältnismäßige Aussperrung, in: JuS 1972, 642.

— Gewerkschaftsrechte im Betrieb, Neuwied/Darmstadt 1978.

— Das Grundrecht auf Mitbestimmung, 3. A., Frankfurt 1975.

— Das Grundrecht auf Streik — eine Skizze, in: ZfA 1973, 201.

— Konsumenten-Ombudsmann und Verbraucherselbsthilfe, in: Gerechtigkeit in der Industriegesellschaft, Karlsruhe 1972, S. 57.

— Der Streik im öffentlichen Dienst, 2. A., Tübingen 1971.

Däubler, Wolfgang / *Hege,* Hans: Koalitionsfreiheit, Baden-Baden 1976.

— Tarifvertragsrecht, Baden-Baden 1978.

Dammann, Klaus: Tarifvertrag und Arbeitskampf, Köln 1977.

Deschenaux, Henri: Rapport général sur le boycottage, in: Travaux de l'Association Henri Capitant, Tome X (1956), Paris 1959, S. 49.

Diederichsen, Uwe / *Marburger,* Peter: Die Haftung für Demonstrationsschäden, in: NJW 1970, 777.

Dietz, Rolf: Grundfragen des Streikrechts, in: JuS 1968, 1.

— Die Koalitionsfreiheit, in: Bettermann, Karl August / Nipperdey, Hans Carl / Scheuner, Ulrich (Hrsg.), Die Grundrechte, 3. Bd., 1. Halbbd., 2. A., Berlin 1972, S. 417.

Dietz, Rolf / *Richardi,* Reinhard: Betriebsverfassungsgesetz, 5. A., München 1973.

Doerk, Klaus: Der Streik als unerlaubte Handlung im Sinne des § 826 BGB, Düsseldorf 1954.

Dohnau, Walter-Joachim: Arbeitskampf und Lieferverträge, Diss. Köln 1967.

Dütz, Wilhelm: Die Grenzen von Aussperrung und arbeitskampfbedingter Entgeltverweigerung nach Risiko-Prinzipien und Kurzarbeitsregeln, in: DB-Beilage Nr. 14/79.

— Soziale Mächtigkeit als Voraussetzung eines einheitlichen Koalitionsbegriffs? in: AuR 1976, 65.

Dzielak, Willi / *Hindrichs,* Wolfgang / *Martens,* Helmut: Den Besitzstand sichern! — Der Tarifkonflikt 1978 in der Metallindustrie Baden-Württembergs —, Frankfurt/New York 1979.

Dzielak, Willi / *Hindrichs,* Wolfgang / *Martens,* Helmut / *Schophaus,* Walter: Organisationspolitische Voraussetzungen gewerkschaftlicher Arbeitskampffähigkeit, in: GewMH 1979, 680.

Dzielak, Willi / *Hindrichs*, Wolfgang / *Martens*, Helmut / *Stanislawski*, Verena / *Wassermann*, Wolfgang: Belegschaften und Gewerkschaften im Streik, Frankfurt/New York 1978.

Ehmke, Horst: Verfassungsrechtliche Fragen einer Reform des Pressewesens, in: Festschrift für Adolf Arndt, Frankfurt 1969, S. 77.

Eichmanns, Max: Der Grundsatz der Kampfparität — der augenblickliche Stand der Debatte, in: RdA 1977, 135.

Eisemann, Hans: Aussperrung und Betriebsrisiko, in: BB 1979, 218.

Emmerich, Volker: Wettbewerbsrecht, München 1975.

Engel, Hubert: Ordentliche Kündigungen aus wirtschaftlichen Gründen bei Arbeitskämpfen, in: RdA 1965, 85.

Erd, Rainer: Verrechtlichung industrieller Konflikte, Frankfurt 1978.

Erman, Walter: BGB-Handkommentar, Bd. I, 6. A., Münster 1975.

Esser, Josef: Arbeitskampf und Vertragstreue, in: JZ 1963, 489.

Esser, Josef / *Weyers*, Hans-Leo: Schuldrecht, Bd. II, Teilbd. 2, 5. A., Karlsruhe 1977.

Evers, Hans-Ulrich: Arbeitskampffreiheit, Neutralität, Waffengleichheit und Aussperrung, Hamburg 1969.

Fabricius, Fritz: Einwirkungen von Streik und Aussperrung auf den Arbeitsvertrag, in: RdA 1962, 94.

Fikentscher, Wolfgang: Das Recht am Gewerbebetrieb (Unternehmen) als „sonstiges Recht" im Sinne des § 823 Abs. 1 BGB in der Rechtsprechung des Reichsgerichts und des Bundesgerichtshofs, in: Festgabe für Kronstein, 1967, S. 261.

— Schuldrecht, 6. A., Berlin/New York 1976.

Flühmann, Adrian: Die Auswirkung von Arbeitskämpfen im Arbeitsvertrag, Bern 1976.

Föhr, Horst: Widerspricht die Aussperrung dem Grundsatz der Parität? in: DB 1979, 1698.

Forsthoff, Ernst: Der Entwurf eines Zweiten Vermögensbildungsgesetzes, in: BB 1965, 381.

Frey, Erich: Paritätsfragen im Arbeitskampfrecht, in: AuR 1963, 301.

Galperin, Hans: Inhalt und Grenzen des kollektiven Koalitionsrechts, in: AuR 1965, 1.

Gamillscheg, Franz: Arbeitsrecht, Bde. I und II, (Prüfe dein Wissen), 5. A., München 1979.

— Zivilrechtliche Denkformen des Individualarbeitsrechts, in: AcP 176, 197.

— Die Grundrechte im Arbeitsrecht, in: AcP 164, 385.

— Die Solidarität als Rechtsbegriff, in: Festschrift für Erich Fechner, Tübingen 1973, S. 135.

Geffken, Rolf: Anm. zum Urteil des ArbG Stuttgart v. 9. 7. 1973, in: DuR 1973, 422.

— Anm. zum Urteil des LAG Baden-Württemberg v. 8. 8. 1973, in: DuR 1974, 329.

— Seeleutestreik und Hafenarbeiterboykott, Diss. Bremen 1978.

Geib, Heinz-Jürgen: Begriff, Formen und Zulässigkeit des Sympathiearbeitskampfes unter besonderer Berücksichtigung des Begriffs und der Form der Solidarität und unter Einschluß des Begriffs und der Zulässigkeit des Hilfsarbeitskampfs, Diss. Frankfurt 1971.

van Gelder, Alfons: Die Wirkung rechtmäßiger Arbeitskampfmaßnahmen, in: AuR 1969, 207.

Gerhardt, Michael: Das Koalitionsgesetz, Berlin 1977.

Gesetz gegen Wettbewerbsbeschränkungen: Gesetz gegen Wettbewerbsbeschränkungen und Europäisches Kartellrecht. Gemeinschaftskommentar, (Hrsg. Müller-Henneberg, Hans / Schwartz, Gustav), 3. A., Stand 1979, Köln/Berlin/Bonn/München.

Gester, Heinz / *Kittner*, Michael: Personalratsamt und Koalitionsfreiheit, in: RdA 1971, 161.

Gewerkschaftliche Politik: Gewerkschaftliche Politik: Reform aus Solidarität — Zum 60. Geburtstag von Heinz O. Vetter —, Köln 1977.

Glietsch, Herbert: Die Zulässigkeit neuer Arbeitskampfformen, Bern/Frankfurt 1976.

von Godin, Hans Freiherr: Wettbewerbsrecht, 2. A., Berlin/New York 1974.

Grabitz, Eberhard: Der Grundsatz der Verhältnismäßigkeit in der Rechtsprechung des Bundesverfassungsgerichts, in: AöR 98 (1973), 568.

Grewe, W.: Anm. zum Urteil des LAG Frankfurt v. 18. 9. 1950, in: JZ 1951, 182.

Groh, Wilhelm: Koalitionsrecht, Mannheim/Berlin/Leipzig, 1923.

Grunsky, Wolfgang: Streik und Zurückbehaltungsrecht, in: JuS 1967, 60.

Haase, Wilhelm: Abgrenzung der gemeinsamen Ausübung des Zurückbehaltungsrechts aus dem Arbeitsvertrag vom Streik, in: DB 1968, 708, 757.

Häberle, Peter: Die Wesensgehaltgarantie des Art. 19 Abs. 2 GG, 2. A., Karlsruhe 1972.

Hamann, Andreas / *Lenz*, Helmut: Das Grundgesetz für die Bundesrepublik Deutschland vom 23. 5. 1949, Kommentar, 3. A., Neuwied und Berlin 1970.

Hanau, Peter: Aussperrung und Kampfparität, in: Wirtschaftspolitische Chronik 1978, S. 173.

— Rezension von: Säcker, Franz-Jürgen, Grundprobleme der kollektiven Koalitionsfreiheit, Düsseldorf 1969, in: NJW 1971, 1402.

Hanau, Peter / *Adomeit*, Klaus: Arbeitsrecht, 5. A., Frankfurt 1979.

Hartje, Jürgen: Der Sympathiearbeitskampf — Begriff und Zulässigkeit —, Diss. Freiburg 1971.

Hartwich, Hans-Hermann: Sozialstaat und Arbeitskampf, in: Kittner (Hrsg.), Streik und Aussperrung, S. 349.

Haupt, Volkmar: Begriff, Erscheinungsformen, Rechtsnatur und Grenzen der Zulässigkeit des Sympathiestreiks, Diss. Köln 1966.

von Heckel, Max: Der Boykott, in: Jahrbuch für Nationalökonomie, 3. F. (1895), Bd. X, S. 481.

Helle, Ernst: Boykott und Meinungskampf, in: NJW 1964, 1497.

Hendriks, Birger: Arbeitsrechtliche Vereinbarungen und Kartellrecht, Diss. Hamburg 1976.

— Die kartellrechtliche Zulässigkeit von Streikhilfeabkommen, in: ZHR 141, 1.

Hermann, J.: Verleitung zum Vertragsbruch, in: GRUR 1955, 21.

Hesse, Konrad: Grundzüge des Verfassungsrechts der Bundesrepublik Deutschland, 10. A., Karlsruhe 1977.

Hölters, Wolfgang: Harmonie normativer und schuldrechtlicher Abreden in Tarifverträgen, Berlin 1973.

Hohn, Hannsjosef: Unternehmerhaftung gegenüber Geschäftspartnern bei Arbeitskämpfen, Düsseldorf 1965.

Hoffmann, Reinhard: Beamtentum und Streik, in: AöR 91 (1966), 141.

— Der Grundsatz der Parität und die Zulässigkeit der Aussperrung, in: Kittner (Hrsg.), Streik und Aussperrung, S. 47.

Huber, Ernst-Rudolf: Wirtschaftsverwaltungsrecht, Bd. II, 2. A., Tübingen 1954.

Hubmann, Heinrich: Wertung und Abwägung im Recht, Köln/Berlin/Bonn/München 1977.

— Grundsätze der Interessenabwägung, in: AcP 155, 85.

Hueck, Alfred: Die Bedeutung des Notstandsrechts für das Arbeitskampfrecht, in: RdA 1968, 430.

— Probleme des Streikrechts, in: RdA 1956, 201.

Hueck, Alfred / *Nipperdey*, Hans Carl: Lehrbuch des Arbeitsrechts, Bd. I, 7. A., Berlin/Frankfurt 1963, Bd. II, 1, 7. A., Berlin/Frankfurt 1967, Bd. II, 2., 7. A., Berlin/Frankfurt 1970.

Isele, Hellmut Georg: Grundfragen der Aussperrung, in: JuS 1964, 41.

Isensee, Josef: Beamtenstreik, Bonn 1971.

Joachim, Hans G.: Ist der Grundsatz der Verhältnismäßigkeit ein geeignetes Kriterium für die Erfassung des Phänomens „Arbeitskampf"?, in: Kittner (Hrsg.), Streik und Aussperrung, S. 27.

Juda, Alfred: Der Boykott, Diss. Breslau 1927.

Käppler, Renate: Voraussetzungen und Grenzen tarifdispositiven Richterrechts, Berlin 1977.

Kaskel, Walter: Die neue Arbeitsgerichtsbarkeit, Berlin 1927.

— Arbeitsrecht, 3. A., Berlin 1928.

Katzenstein, W.: Arbeitskampf und Reichsverfassung, in: JW 1928, 274.

Kempen, Otto Ernst: Unzeitgemäße Überlegungen zum Arbeitskampfrecht, in: AuR 1979, 74.

Keßler, Rainer: Bespr. von Franz Jürgen Säcker, Zur Rechtmäßigkeit des Boykotts von Außenseiterreedereien zum Zwecke des Abschlusses von Anschlußtarifverträgen, in: KJ 1977, 328.

Kittner, Michael: Bundesverfassungsgericht und Koalitionsfreiheit, in: GewMH 1976, 154.

— Parität im Arbeitskampf?, in: GewMH 1973, 91.

— Verbot der Aussperrung, Frankfurt 1978.

— (Hrsg.): Streik und Aussperrung, Protokoll der wissenschaftlichen Veranstaltung der Industriegewerkschaft Metall vom 13. bis 15. September 1973 in München, Frankfurt 1974.

Klein, Harald: Koalitionsfreiheit im pluralistischen Sozialstaat, Königstein 1979.

Klosterkemper, Heinrich: Das Zugangsrecht der Gewerkschaften zum Betrieb, Königstein 1980.

Knebel, Jürgen: Koalitionsfreiheit und Gemeinwohl, Berlin 1978.

Koalitionen (Hrsg. Kaskel): Koalitionen und Koalitionskampfmittel, Berlin 1925.

Koalitionsfreiheit (Hrsg. Duvernell): Koalitionsfreiheit und Tarifautonomie als Probleme der modernen Demokratie, Berlin 1968.

von Köller, Karsten: Meinungsfreiheit und unternehmensschädigende Äußerung, Berlin 1971.

Kötz, Hein: Deliktsrecht, Frankfurt 1976.

Konzen, Horst: Der Arbeitskampf im Verfassungs- und Privatrechtssystem, in: AcP 177, 473.

— Aussperrungstaktik und Organisationspolitik, in: Festschrift Bundesarbeitsgericht, 1979, S. 273.

— Tarifbindung, Friedenspflicht und Kampfparität beim Verbandswechsel des Arbeitgebers, in: ZfA 1975, 401.

— Die Tarifeinheit im Betrieb, in: RdA 1978, 146.

— Tarifvertragliche und innerbetriebliche Normsetzung, in: BB 1977, 1307.

— Übernahme und Unterstützung wilder Streiks durch Gewerkschaften, in: ZfA 1970, 159.

— Anm. zum Urteil des BAG v. 17. 12. 1976, in: SAE 1977, 235.

— Anm. zu den Urteilen des BAG v. 8. 12. 1978 und 23. 2. 1979, in: AP Nr. 28, 29 zu Art. 9 GG.

— Anm. zu den Urteilen des BAG v. 14. 2. 1978, in: AP Nr. 57, 58, 59 zu Art. 9 GG Arbeitskampf.

— s. a. unter Scholz, Rupert / Konzen, Horst

Konzen, Horst / *Scholz,* Rupert: Die begrenzte Aussperrung — Zur neuen Aussperrungsjudikatur des Bundesarbeitsgerichts — in: DB 1980, 1593.

Kraft, Alfons: Arbeitsvertrag und kollektive Kampfmaßnahme, in: RdA 1968, 286

— Interessenabwägung und gute Sitten im Wettbewerbsrecht, München/Berlin 1963.

Kraft, Alfons / *Hönn,* Günther: Streikhilfeabkommen im Schnittpunkt von Kartell- und Arbeitsrecht, in: ZHR 141, 230.

Krejci, Heinz: Aussperrung — Verfassungs- und Privatrechtsfragen nach deutschem Recht —, Wien 1980.

Krückmann, Paul: Der Boykott im Lohnkampf, Leipzig 1918.

Krüger, Herbert: Sinn und Grenzen der Vereinbarungsbefugnis der Tarifvertragsparteien, in: Verhandlungen des 46. DJT, Bd. 1, Teil 1, München 1966, S. 9.

Kübler, Friedrich: Boykott gegen Presse, in: AfP 1973, 405.

Kübler, Friedrich / *Schmidt*, Walter / *Simitis*, Spiros: Mitbestimmung als gesetzgebungspolitische Aufgabe, Baden-Baden 1976.

Langen, Eugen / *Niederleithinger*, Ernst / *Schmidt*, Ulrich: Kommentar zum Kartellgesetz, 5. A. Neuwied / Darmstadt 1977.

Langer, Lutz: Der Begriff des Unternehmens im GWB, Diss. Berlin 1978.

Larenz, Karl: Lehrbuch des Schuldrechts, Bd. II, Besonderer Teil, 11. A., München 1977.

— Methodenlehre der Rechtswissenschaft, 4. A., Berlin/Heidelberg/New York 1978.

— Methodische Aspekte der „Güterabwägung", in: Festschrift für Ernst Klingmüller, Karlsruhe 1974, S. 235.

— Anm. zum Urteil des BGH v. 10. 7. 1963, in: AP Nr. 2 zu Art. 5 GG Meinungsfreiheit.

Lauschke, Gerd: Zur Haftung des Unternehmers für Ausfall seiner Lieferungen wegen Arbeitskampfes, in: DB 1966, 137.

Leisner, Walter: Grundrechte und Privatrecht, München und Berlin 1960.

Lenz, Helmut: Die unbehagliche Nähe der Koalitionsgarantie zum Sozialstaat, in: Festschrift für Wolfgang Abendroth, Neuwied 1968, S. 203.

Lerche, Peter: Zur verfassungsrechtlichen Deutung der Meinungsfreiheit (insbesondere im Bereich des Boykotts), in: Festschrift für Gebhard Müller, Tübingen 1970, S. 197.

— Übermaß und Verfassungsrecht, Köln/Berlin/München/Bonn 1961.

— Verfassungsrechtliche Zentralfragen des Arbeitskampfes, Bad Homburg 1968.

Levinson, Charles: Gewerkschaften, Monopole, Konzerne, 2. A., Köln 1975.

Lieb, Manfred: Arbeitsrecht, Karlsruhe 1975.

— Kritische Gedanken zum tarifdispositiven Richterrecht, in: RdA 1972, 129.

Lieberknecht, Otfried: Anm. zum Urteil des BGH v. 18. 11. 1955, in: WuW 1956, 233.

Lion-Levy, E.: Streik, Aussperrung und Boykott nach geltendem Recht, in: NZfA 1921, 529.

Löhr, Marlies: Boykottaufruf und Recht auf freie Meinungsäußerung, in: WRP 1975, 581.

Löffler, Martin: Boykott aus ideologischen Gründen, insbesondere gegenüber Presseorganen (Bericht von der 33. Tagung des Studienkreises für Presserecht und Pressefreiheit 1973), in: JZ 1973, 565 = NJW 1973, 1359.

Löwisch, Manfred: Arbeitskampf und Vertragserfüllung, in: AcP 174, 202.

— Der Deliktsschutz relativer Rechte, Berlin 1970.

— Der Einfluß der Gewerkschaften auf Wirtschaft, Gesellschaft und Staat, in: RdA 1975, 53.

— Leistungsstörungen infolge von Arbeitskämpfen, in: DB 1962, 761.

— Rechtsfragen des Sympathieboykotts, in: RdA 1977, 356.

— Das Übermaßverbot im Arbeitskampfrecht, in: ZfA 1971, 319.

— Anm. zum Urteil des LAG Baden-Württemberg v. 8. 8. 1973, in: AR-Blattei, Arbeitskampf IV, Entsch. 1.

Löwisch, Manfred / *Hartje,* Jürgen: Der wilde Streik nach dem Recht der Bundesrepublik, in: RdA 1970, 321.

Löwisch, Manfred / *Krauß,* Ernst-Friedrich: Der Streik, in: AR-Blattei, Arbeitskampf II.

von Mangoldt, Hermann / *Klein,* Friedrich: Das Bonner Grundgesetz, 2. A., Berlin 1957.

Maschke: Boykott, Sperre und Aussperrung, Jena 1911.

Matthys, Peter: Das Verhältnis zwischen Kartellrecht und kollektivem Arbeitsrecht, Basel und Stuttgart 1969.

Matthöfer, Hans: Streiks und streikähnliche Kampfformen der Arbeitnehmer, in: Das Unternehmen in der Gesellschaft, Wiesbaden 1974, S. 107.

Maunz, Theodor / *Dürig,* Günter / *Herzog,* Roman / *Scholz,* Rupert: Grundgesetz, Kommentar, Loseblattwerk, 4. A., München 1974 ff.

Mayer, Fritz: Der Boykott im Arbeitskampf, Diss. Köln 1932.

Mayer-Maly, Theo: Aussperrung und Parität, in: DB 1979, 95.

Meissinger, Hermann: Grundlagen und Grenzen der gewerkschaftlichen Machtmittel, in: RdA 1956, 401.

Menger, Anton: Das Bürgerliche Recht und die besitzlosen Volksklassen, 4. A., (Neudruck), Darmstadt 1968.

Merten, Detlef: Haftungsprivileg für Demonstrationstäter? in: NJW 1970, 1625.

Metzner, Richard: Das Verbot der Unverhältnismäßigkeit im Privatrecht, Diss. Erlangen 1970.

Meyer, Jürgen A. E.: Von der „sozialen Adäquanz" zur „Verhältnismäßigkeit der Kampfmaßnahmen", in: ZRP 1974, 253.

Meyer-Cording, Ulrich: Die Rechtsnormen, Tübingen 1971.

Meyerowitz: Streik, Aussperrung, Boykott und Verruf in der Rechtsprechung des Reichsgerichts, in: JW 1912, 839.

Moll, Wilhelm: Zum Verhältnis von Streik und kollektiv ausgeübten Zurückbehaltungsrechten, in: RdA 1976, 100.

Mühlen, Alexander: Die Schädigung von Drittbetrieben im Arbeitskampf, Diss. Köln 1967.

Müller, Franz: Die Auswirkungen von Arbeitskämpfen auf Lieferverpflichtungen der Unternehmer, in: ArbR-GW 4 (1967), S. 71.

Müller, Gerhard: Der Arbeitskampf als Rechtsinstitution — Gedanken zum Arbeitskampfrecht in der Bundesrepublik Deutschland, in: AuR 1972, 1.

— Drittwirkung von Grundrechten und Sozialstaatsprinzip, in: RdA 1964, 121.

— Streik und Aussperrung in der Rechtsprechung des Deutschen Bundesarbeitsgerichts, in: Arbeitskonflikte und Arbeitskampf — Humanum —, Köln 1974, S. 63.

Müller, Heinz / *Giessler*, Peter: Kommentar zum Gesetz gegen Wettbewerbsbeschränkungen, Frankfurt (Stand Juni 1979).

Münzberg, Wolfgang: Verhalten und Erfolg als Grundlagen der Rechtswidrigkeit und Haftung, Frankfurt 1966.

Nestriepke, Siegfried: Die Gewerkschaftsbewegung, Bde. 1—3, Stuttgart 1919 bis 1921.

Neudel, Fritz: Kann eine Massenänderungskündigung eine Kampfmaßnahme sein?, in: AuR 1968, 321.

Neumann, Franz: Koalitionsfreiheit und Reichsverfassung. Die Stellung der Gewerkschaften im Verfassungssystem, Berlin 1932.

Neumann, Horst: Der Boykott, Diss. Mainz 1958.

Nikisch, Arthur: Arbeitsrecht, Bd. I, 3. A., Tübingen 1961, Bd. II, 2. A., Tübingen 1959, Bd. III, 2. A., Tübingen 1966.

Nickel, Walter: Zum Verhältnis von Arbeiterschaft und Gewerkschaft, 2. A., Köln 1974.

Nipperdey, Hans Carl: Inwieweit haftet ein Berufsverein der Arbeitgeber oder Arbeitnehmer für unzulässige Kampfhandlungen, und welche Änderungen des deutschen Rechts sind hier, zugleich unter Beobachtung ausländischer Vorbilder, empfehlenswert?, in: Verhandlungen des 34. DJT, Bd. I, Berlin/Leipzig 1926, S. 326.

— Boykott und freie Meinungsäußerung, in: DVBl. 1958, 445.

— Die Ersatzansprüche für die Schäden, die durch den von den Gewerkschaften gegen das geplante Betriebsverfassungsgesetz geführten Zeitungsstreik vom 27.—29. Mai 1952 entstanden sind (Rechtsgutachten für die Bundesvereinigung der Deutschen Arbeitgeberverbände), Köln 1953.

— Zur Frage des Boykotts der „billigen Flaggen“, in: Staat und Gesellschaft, Festgabe für Küchenhoff, Göttingen 1967, S. 133.

— Tatbestandsaufbau und Systematik der deliktischen Grundtatbestände, in: NJW 1967, 1985.

Nörpel, Clemens / *Gusko*, Kurt: Gewerkschaften und kollektives Arbeitsrecht, Berlin 1932.

Oertmann, Paul: Der politische Boykott, Berlin 1927.

Pabst, Franziska: Der Begriff „Kampfparität“ in der höchstrichterlichen Rechtsprechung, Königstein 1980.

Pachtner, Bernd: Streik und Allgemeininteresse, Diss. München 1971.

Paech, Norman: Tarifautonomie und staatliche Intervention, Diss. Hamburg 1965.

Peters, Evemi: Boykott und Liefersperre im Wettbewerbsrecht, Diss. Köln 1957.

Pfarr, Heide: Gewerkschaftliche Rechte im Betrieb, in: AuR 1979, 242.

Pfarr, Heide / *Kittner*, Michael: Solidarität im Arbeitsrecht, in: RdA 1974, 284.

Picker, Eduard: Betriebsrisikolehre und Arbeitskampf, in: JZ 1979, 285.

Polzius, Josef: Zulässigkeit und Grenzen des wirtschaftlichen Boykotts, Diss. Köln 1961.

Promberger, Günter: Arbeitskampf und Einzelarbeitsvertrag, München 1967.

Puttfarcken, Carsten: Der Boykott als juristischer Tatbestand und die Grenzen seiner Zulässigkeit, Diss. Hamburg 1961.

Radke, Olaf: Das Koalitionsrecht als Ausdruck der Freiheit, in: Festschrift für Otto Brenner zum 60. Geburtstag, Frankfurt 1967, S. 113.

Raiser, Thomas: Die Aussperrung nach dem Grundgesetz, Berlin 1975.

— Der Kampf um die Aussperrung, in: ZRP 1978, 201.

Rajewski, Xenia: Arbeitskampfrecht in der Bundesrepublik, 2. A., Frankfurt 1972.

Ramm, Thilo: Die Anerkennung des Streikrechts, in: AuR 1967, 97.

— Arbeitskampf und Liberalismus, in: AuR 1962, 129.

— Der Arbeitskampf und die Gesellschaftsordnung des Grundgesetzes, Stuttgart 1965.

— Der Begriff Arbeitskampf, in: AcP 160, 336.

— Kampfmaßnahme und Friedenspflicht im deutschen Recht, Stuttgart 1962.

— Die Rechtsprechung des Bundesarbeitsgerichts, in: JZ 1964, 494, 546, 582.

— Streik und Arbeitsvertragsbruch, in: AuR 1964, 129.

Rancke, Friedbert: Die freien Berufe zwischen Arbeits- und Wirtschaftsrecht, Berlin 1978.

Redeker, Konrad: Anm. zum Urteil des LG Stuttgart v. 5. 10. 1955, in: NJW 1956, 1073.

Reichsgerichtsräte (Hrsg.): Das Bürgerliche Gesetzbuch, Kommentar, 11. A., Bd. II, 2. Teil, Berlin 1960.

Reuß, Wilhelm: Kollektive und kollektivrechtliche Arbeitskampfziele, in: AuR 1965, 97.

— Kollektivrechtliche und (gebündelt) individualrechtliche Arbeitskampfmittel, in: JZ 1965, 348.

— Der sogenannte „Käuferstreik“, in: AcP 156, 89.

— Die Stellung der Koalitionen in der geltenden Rechtsordnung, in: ArbR-GW 1 (1964), 144.

— Tarifautonomie und Richterrecht, in: AuR 1972, 136.

Reuter, Dieter: Die Arbeitskampffreiheit in der Verfassungs- und Rechtsordnung der Bundesrepublik Deutschland, in: Festschrift für Böhm, Tübingen 1975, S. 521.

— Nochmals: Die unverhältnismäßige Aussperrung — BAG (GS) AP, Art. 9 GG — Arbeitskampf — Nr. 43, in: JuS 1973, 284.

— Streik und Aussperrung, in: RdA 1975, 275.

— Umfang und Schranken des gewerkschaftlichen Zutrittsrechts zum Betrieb unter besonderer Berücksichtigung der Seeschiffahrt, in: ZfA 1976, 107.

Richardi, Reinhard: Arbeitsrecht und Zivilrecht, in: ZfA 1974, 3.
— Aussperrung und Arbeitsverhältnis, in: RdA 1970, 65.
— Der Beschluß des Großen Senats des Bundesarbeitsgerichts vom 21.4.1971, in: RdA 1971, 334.
— Betriebsratsamt und Gewerkschaft, in: RdA 1972, 8.
— Kollektivgewalt und Individualwille bei der Gestaltung des Arbeitsverhältnisses, München 1968.
— Die Stellung des Arbeitskampfes in der gesamtwirtschaftlichen Rechtsordnung, in: RdA 1966, 241.
— Die Verhältnismäßigkeit von Streik und Aussperrung, in: NJW 1978, 2057.

Ridder, Helmut: Zur verfassungsrechtlichen Stellung der Gewerkschaften im Sozialstaat nach dem Grundgesetz für die Bundesrepublik Deutschland, Stuttgart 1960.

Rinck, Gerd: Kritik und Boykott durch Verbraucherverbände, in: BB 1961, 613.

Röpke, Wilhelm: Boykott, in: Handwörterbuch der Staatswissenschaft, Bd. III, 4. A., Jena 1926.

Rowedder, Heinz: Kartellrecht, Heidelberg 1954.

Rüthers, Bernd: Die unbegrenzte Auslegung, 2. A., Frankfurt 1973.
— Zur Kampfparität im Arbeitsrecht, in: JurA 1970, 85.
— Das Recht der Gewerkschaften auf Information und Mitgliederwerbung im Betrieb, München 1968.
— Zur Rechtmäßigkeit von Sympathiearbeitskämpfen, in: BB 1964, 312.
— Rechtsprobleme der Aussperrung unter besonderer Berücksichtigung des Pressewesens, Berlin 1980.
— Die Spannung zwischen individualrechtlichen und kollektiv-rechtlichen Wertungsmaßstäben im Arbeitsrecht, in: AuR 1967, 129.
— Streik und Verfassung, Köln 1960.

Rupp, Hans Heinrich: Vom Wandel der Grundrechte, in: AöR 101 (1976), 161.

Säcker, Franz-Jürgen: Nochmals: Direktions- und Hausrecht als Abwehrrechte gegen gewerkschaftliche Betätigung im Betrieb, in: BB 1966, 784.
— Grundprobleme der kollektiven Koalitionsfreiheit, Düsseldorf 1969.
— Zu den rechtspolitischen Grundlagen der Arbeitskampfentscheidungen des Bundesarbeitsgerichts vom 21. April und 26. Oktober 1971, in: GewMH 1972, 287.
— Gruppenautonomie und Übermachtkontrolle im Arbeitsrecht, Berlin 1972.
— Inhalt und Grenzen des gewerkschaftlichen Zutrittsrechts zum Betrieb unter besonderer Berücksichtigung der Verhältnisse in der Seeschifffahrt, Stuttgart 1975.
— Die Institutions- und Betätigungsgarantie der Koalitionen im Rahmen der Grundrechtsordnung, in: ArbR-GW 12 (1975), S. 17.
— Zur Rechtmäßigkeit des Boykotts von Außenseiterreedereien zum Zwecke des Abschlusses von Anschluß-Tarifverträgen, (Rechtsgutachten für die Gewerkschaft ÖTV), Stuttgart 1976.
— Streikhilfeabkommen und Kartellrecht, in: ZHR 137, 455.

— Wahrnehmung legitimer politischer Interessen und Deliktsrecht, in: ZRP 1969, 60.

— Anm. zu den Urteilen des BAG v. 8. 12. 1978 und 23. 2. 1979, in: AR-Blattei, Berufsverbände, Entsch. 14/16.

Säcker, Franz-Jürgen / *Streckel*, Dietmar: Anm. zum Urteil des BAG v. 19. 10. 1976, in: AR-Blattei, Arbeitskampf IV, Entsch. 2.

Sandrock, Otto: Grundbegriffe des Gesetzes gegen Wettbewerbsbeschränkungen, München 1968.

Sattler, Helmut: Die rechtliche Beurteilung der Boykotterklärung, Diss. Erlangen 1971.

Scheuner, Ulrich: Verfassungsrechtliche Gesichtspunkte in der Fortbildung des Arbeitskampfrechts im Beschluß des Großen Senats vom 21. 4. 1971, in: RdA 1971, 327.

Schippel, Helmut: Das Recht am eingerichteten und ausgeübten Gewerbebetrieb, München/Köln/Berlin 1956.

Schlink, Bernhard: Abwägung im Verfassungsrecht, Berlin 1976.

Schmid, Richard: Aussperrung — Recht oder Unrecht?, Frankfurt 1972.

Schneider, Harald: Die Güterabwägung des Bundesverfassungsgerichts bei Grundrechtskonflikten, Baden-Baden 1979.

Schnorr von Carolsfeld, Ludwig: Die Eigenständigkeit des Arbeitsrechts, in: RdA 1964, 297.

Scholz, Rupert: Arbeitsverfassung und Richterrecht, in: DB 1972, 1771.

— Die Koalitionsfreiheit als Verfassungsproblem, München 1971.

Scholz, Rupert / *Konzen*, Horst: Die Aussperrung im System von Arbeitsverfassung und kollektivem Arbeitsrecht, Berlin 1980.

Schrauder, Gerhard: Wettbewerbsverstöße als Eingriffe in das Recht am Gewerbebetrieb, Bielefeld 1970.

Schwegler, Lorenz: Streikrecht und Rechtsprechung, in: GewMH 1972, 299.

Schwittau, G.: Die Formen des wirtschaftlichen Kampfes, Berlin 1912.

Seiter, Hugo: Arbeitskampfparität und Übermaßverbot unter besonderer Berücksichtigung des „Boykotts“ in der deutschen Seeschiffahrt, Düsseldorf und Frankfurt 1979.

— Streikrecht und Aussperrungsrecht, Tübingen 1975.

Siebrecht, Fritz: Das Recht im Arbeitskampf, 3. A., Köln 1964.

Sinnecker, Eberhard: Die Verrufserklärung (Eine deliktsrechtliche Untersuchung zum Boykott), Diss. Darmstadt 1969.

Sinzheimer, Hugo: Grundzüge des Arbeitsrechts, 2. A., Jena 1927.

Söllner, Alfred: Arbeitsrecht, 6. A., Stuttgart/Berlin/Köln/Mainz 1978.

— Das Begriffspaar der Arbeits- und Wirtschaftsbedingungen in Art. 9 Abs. 3 GG, in: ArbR-GW 16 (1979), S. 17.

— Mächtigkeit und Leistungsfähigkeit als typologische Merkmale der arbeitsrechtlichen Gewerkschaften, in: AuR 1976, 321.

Spengler, Albert: Boykott-Probleme, in: WuW 1953, 195.

v. Staudinger, J.: Kommentar zum Bürgerlichen Gesetzbuch, Bd. II, Recht der Schuldverhältnisse, 5. Teil, 10./11. A., Berlin 1975.

Steindorff, Ernst: Wirtschaftsrechtliche Maßstäbe im Arbeitsrecht, in: RdA 1965, 253.

Strauss, Fritz H.: Der Boykott im Arbeitsrecht, in: Kaskel (Hrsg.), Koalitionen und Koalitionskampfmittel, S. 136.

Streikfreiheit: Streikfreiheit und Aussperrungsverbot — Zur Diskussion einer gewerkschaftlichen Forderung — Neuwied und Darmstadt 1979.

Struck, Gerhard: Interessenabwägung als Methode, in: Dogmatik und Methode — Josef Esser zum 65. Geburtstag — Kronberg 1975.

Talbot-Thomas, Anna: Unlauterer Wettbewerb, Frankfurt 1979.

Thalhofer, Richard: Der Arbeitskampf als Verfassungsproblem, Diss. Saarbrücken 1969.

Thoss, Peter: Das subjektive Recht in der gliedschaftlichen Bindung, Frankfurt 1968.

Tomandl, Theodor: Streik und Aussperrung, Wien/New York 1965.

Ulmer, Peter: Das Recht des unlauteren Wettbewerbs in den Mitgliedsstaaten der EWG, Bd. III (Bearbeiter: Reimer), München/Köln 1968.

Vaubel, Ernst Dirk: Die Anwendbarkeit des Gesetzes gegen Wettbewerbsbeschränkungen auf Tarifvertragsklauseln, Diss. München 1968.

Wahsner, Roderich: Das Arbeitsrechtskartell — Die Restauration des kapitalistischen Arbeitsrechts in Westdeutschland nach 1945, in: KJ 1974, 369.

— Streikrecht und Koalitionsfreiheit, in: DuR 1975, 3.

Weber, Werner: Koalitionsfreiheit und Tarifautonomie als Verfassungsproblem, Berlin 1965.

Wedler, Wilfried: Das Grundrecht auf Streik, Diss. Göttingen 1964.

Weick, Günter: Der Boykott zur Verfolgung nichtwirtschaftlicher Interessen, Frankfurt 1971.

Weller, Bernhard: Massenänderungskündigung und Kampfparität, in: AuR 1967, 76.

Wiedemann, Herbert: Rationalisierungsschutz, Tarifmacht und Gemeinsame Einrichtung, in: RdA 1968, 420.

— Anm. zum Urteil des BAG vom 19. 10. 1976, AP Nr. 6 zu § 1 TVG Form.

Wiedemann, Herbert / *Stumpf*, Hermann: Tarifvertragsgesetz, 5. A., München 1977.

Wiethölter, Rudolf: Zur politischen Funktion des Rechts am eingerichteten und ausgeübten Gewerbebetrieb, in: KJ 1970, 121.

— Rechtswissenschaft, Frankfurt 1968.

Wintrich, Bernd: Die rechtliche Beurteilung von Streiks mit Auslandsberührung, Diss. Frankfurt 1970.

Wohlgemuth, Hans Hermann: Rechtsfragen des Solidaritätsstreiks, in: AuR 1980, 33.

— Staatseingriff und Arbeitskampf, Köln 1977.

Wolf, Manfred: Tarifautonomie, Kampfparität und gerechte Tarifgestaltung, in: ZfA 1971, 151.

Wolter, Henner: Aussperrung, Parität und Verhältnismäßigkeit, in: AuR 1979, 193.

Zachert, Ulrich: Aussperrungsprobleme und ihre juristische Bewältigung, in: AuR 1980, 43.

Zachert, Ulrich / *Metzke*, Maria / *Hamer*, Wolfgang: Die Aussperrung, 2. A., Köln 1979.

Zaum, Hans: Rechtstatsächliche und rechtspolitische Aspekte zum internationalen Arbeitskampf gegenüber multinationalen Unternehmen, Diss. Köln 1974.

Zeuner, Albrecht: Arbeitskampf und Arbeitsvertrag, in: JZ 1962, 425.

— Arbeitskampf und einstweilige Verfügung, in: RdA 1971, 1.

Ziemer, Wolfgang: Die systematische Stellung des Arbeitskampfes in der Rechtsprechung des Bundesarbeitsgerichts, Diss. Regensburg 1975.

Zöllner, Wolfgang: Der Abbau einheitsvertraglicher Arbeitsbedingungen im nicht tariflich gesicherten Raum, in: RdA 1969, 250.

— Arbeitsrecht, 2. A., München 1979.

— Aussperrung und arbeitskampfrechtliche Parität, Düsseldorf 1974.

— Die Rechtsprechung des Bundesverfassungsgerichts zu Art. 9 Abs. 3 GG, in: AöR 98 (1973), 71.

— Über einige extreme Thesen zum Arbeitskampfrecht, in: ZfA 1973, 227.

— Die Zulässigkeit neuer Arbeitskampfformen, in: Festschrift für Bötticher, 1969, S. 427.

Zschaler, Erich: Boykott, Sperre, Aussperrung, Streik, Ausstand, Verruf im Lichte des geltenden Rechts, Diss. Leipzig 1917.

Zweigert, Konrad / *Martiny*, Dieter: Gewerkschaften und Grundgesetz, in: Gewerkschaftliche Politik: Reform aus Solidarität, S. 109.

FSC
www.fsc.org
MIX
Papier | Fördert gute Waldnutzung
FSC® C083411

Kolibri 360 GmbH
Ferdinand-Jühlke-Straße 7
99095 Erfurt, Deutschland
produktsicherheit@kolibri360.de

Druck:
CPI Druckdienstleistungen GmbH
im Auftrag der
Kolibri 360 GmbH
Ferdinand-Jühlke-Str. 7
99095 Erfurt